W0192882

Reiner Nieswandt

Abrahams umkämpftes Erbe
Jetzt verstehe ich den Konflikt in Israel

Reiner Nieswandt

Abrahams umkämpftes Erbe

Jetzt verstehe ich den Konflikt in Israel

kbw bibelwerk

www.bibelwerk.de

ISBN 978-3-460-33182-2

Inhaltsverzeichnis

Vorwort

Keine andere Auseinandersetzung in der zweiten Hälfte des 20. Jahrhunderts hat die Gemüter von einem Drittel der Erdbevölkerung so sehr bewegt wie der Konflikt von Juden und Arabern um das Land Israel, der das Kernthema des größeren Nahostkonflikts darstellt. Auch an engagierten Christen der westlichen Welt ist diese Auseinandersetzung nicht spurlos vorübergegangen.

Als ich zu Beginn der 90er Jahre an der Thematik zu arbeiten begann, sagten mir einige Studienfreunde, ich solle mich mit der Promotion beeilen, damit ich fertig sei, bevor es zu einem (damals aussichtsreichen) Friedensvertrag und einer dauerhaften Konfliktlösung zwischen Israelis und Palästinensern käme. Ich darf sagen: Das Thema selbst ist und bleibt aktuell und ist nicht abgeschlossen, so sehr wie ich mir einen echten Frieden im Gelobten Land für alle Konfliktparteien wünsche. In den vergangenen Jahren konnte ich mein theologisches Nachdenken darüber noch weiter vertiefen. Außerdem, und das ist entscheidend, hat mir die weitere Konfliktentwicklung deutlich gemacht, dass es sich bei den von mir untersuchten Gesichtspunkten nicht um in unserer Zeit hochgespielte Randphänomene handelt, sondern um fundamentale Eckdaten, die eben nicht verschwinden, wenn sich das politische Tagesklima verändert. Damit möchte ich nicht behaupten, dass ich den Nahostkonflikt für einen „ewigen" Konflikt mit „Erbfeindschaften" halte. Aber dieser Konflikt wird sich auch nicht lösen lassen, indem man die unbequemen, häufig religiösen Gesichtspunkte einfach beiseiteschiebt.

In meiner Arbeit als Gemeindepriester, insbesondere bei Vorträgen im Anschluss an meine Dissertation zu diesem Thema, habe ich immer wieder feststellen dürfen, dass ein lebhaftes Interesse bei vielen Menschen vorhanden ist, sie aber angesichts der verwirrenden Vielzahl von vor allem über die Medien verbreiteten Ansichten nicht so recht wissen, wie sie sich selbst dazu verhalten sollen. Sie fühlen sich hin- und hergerissen.

Oft wurde ich gefragt, ob man meine Dissertation noch erwerben könne. Daher bin ich dem Verlag Katholisches Bibelwerk, vertreten durch seinen Lektor Herrn Tobias Dulisch, überaus dankbar, dass er mir die Gelegenheit gibt, das ganze Thema noch einmal aufzuarbeiten, zu aktualisieren und komprimiert darzulegen. Wer es wissenschaftlich genau haben will, der sei auf meine Dissertation verwiesen, die z. B. in Universitätsbibliotheken zur Verfügung steht.

Reiner Nieswandt

Wege zum Verstehen

Grundlegend für eine theologische Auseinandersetzung von katholischer Seite mit dem Landkonflikt in Israel bleibt die Erklärung des Zweiten Vatikanischen Konzils über das Verhältnis der Kirche zu den nichtchristlichen Religionen *Nostra Aetate* (1965). Die Entstehungsgeschichte dieses kurzen Dokuments ist überaus spannend und facettenreich: Zunächst sollte auf dem Konzil eine sog. „Judenerklärung" als Einfügung in das Ökumenismus-Dekret erfolgen. Dieses Vorhaben scheiterte jedoch am Widerstand vor allem der nahöstlichen Konzilsväter, die darin eine theologische Rechtfertigung des Zionismus befürchteten, so dass schließlich eine Erklärung über das Verhältnis der Kirche zu *allen* nichtchristlichen Religionen erfolgte, in der das besonders nahe Verhältnis der Kirche zum Judentum betont wurde, und im direkten Anschluss die Nähe des Islam zum Christentum (Art. 3 und 4). Die Entstehungsgeschichte von *Nostra Aetate* ist ohne den Konflikt im Nahen Osten nicht zu verstehen.

Durch die Erschütterungen, die der Zweite Weltkrieg und insbesondere der Holocaust auch für die Kirchen und ihr theologisches Selbstverständnis mit sich brachten, kam es seitdem verstärkt zu Bemühungen von Theologen in Europa und Nordamerika, das Verhältnis von Kirche und Judentum zu klären und Schritte zur Versöhnung nach annähernd zweitausend Jahren der Feindschaft zu unternehmen. Bei diesem Nachdenken stellte man fest, dass zum biblischen Glauben Israels nicht nur der Gott Israels und das Volk Israel zählen, sondern ebenso das Land Israel als Verortung der Geschichte Gottes mit seinem Volk. Auch Christen haben das Land nie vergessen – so nur sind z.B. die Kreuzzüge zu erklären – aber der christliche Bezug zu dem Land war Israel-vergessen, so wie das christliche Verhältnis zum Judentum sowohl in der Theologie wie auch in „christlichen Nationen" häufig Gott-vergessen war.

Ohne dem Zionismus deswegen religiöse Legitimation geben zu wollen, kommen Christen nicht mehr daran vorbei, ihre Haltung zum Volk Israel in Verbindung mit dem Land Israel zu formulieren. So versteht sich dieses Buch gewissermaßen als Fortschreibung christlicher „Holocaust-Theologie", insofern es die Erkenntnisse dieser Theologie, die den Schrecken der Judenvernichtung während des Zweiten Weltkriegs theologisch zu deuten versucht, voraussetzt; es beschäftigt sich mit dem Überleben und der „Wiedergeburt" Israels nach dieser Katastrophe in einem selbstständigen und allen Widerwärtigkeiten bis heute trotzenden Staat und der religiösen Auseinandersetzung mit diesem Staat im Land der Väter in den drei abrahamitischen Religionen.

Denn mit der Gründung des Staates Israel ist zwar der Traum der Zionisten nach einem eigenen jüdischen Staat in Erfüllung gegangen; aber die daraus resultierenden Probleme sind gewaltig und beschäftigen uns bis heute: Nach der Tragödie der europäischen Juden begann die Tragödie der palästinensischen Araber, die zwar nicht in großer Zahl ermordet, aber aus ihrer Heimat vertrieben wurden, um für die Einwanderung europäischer und orientalischer Juden Raum zu schaffen. So ist Israel mit seinen Nachbarn bis in unsere Tage – und zu Beginn des 21. Jahrhunderts mit der Globalisierung islamistischen Terrors noch einmal verstärkt – zum Brennpunkt der Weltkonflikte geworden.

Theologisch wie methodisch bin ich meinem Lehrer Hans Waldenfels und seinem Entwurf einer „Kontextuelle(n) Fundamentaltheologie" verbunden. Kontextualität bedeutet, dass christliche Theologie nicht unabhängig von Zeit und Raum betrieben werden darf, sondern immer neu in kulturelle und zeitliche Rahmenbedingungen hineinzubuchstabieren und auf dem Hintergrund dieser Bedingungen zu reflektieren ist.

Anliegen dieses Buches ist es, jedem Leser/jeder Leserin die religiösen Grundstrukturen des Konflikts verständlich zu machen. Verstehen ist die Voraussetzung für alle weiteren Schritte, um in Gespräch, Vermittlung und Versöhnung münden zu können.

Vermittlung bedeutet nicht, bequeme aber weltferne Kompromisse vorzuschlagen. Vielmehr zeichnet sich Vermittlung aus der Mitte des christlichen Glaubens durch ihre Kommunikationsfähigkeit aus sowie durch ihren Verzicht auf endgültige Lösungen. Deswegen kann und darf aber auch nicht ständig das Unrecht, das sich die Konfliktparteien bis in unsere Tage fast täglich gegenseitig zufügen und das uns zu je unterschiedlicher Parteinahme provoziert, gegeneinander aufgerechnet werden.

Vermittlung kann nur gelingen, wenn man den anderen mit seinem *Widerspruch* zum eigenen Anspruch *wahr*nimmt und ihm damit sein Existenzrecht zugesteht. Dabei lautet die Maxime:

Alle Menschen, die im Heiligen Land, in Israel und Palästina, als israelische und palästinensische Nation, als jüdisches und arabisches Volk, als Juden, Christen und Muslime oder als Angehörige der kleineren Religionsgemeinschaften im Land (Drusen, Samaritaner und Baha'i), als Gläubige oder Agnostiker leben müssen oder leben wollen, sollen dies in Frieden tun können, unter Berücksichtigung und Garantie ihrer religiösen, kulturellen, nationalen und individuellen Rechte.

Ein Land, drei Namen

Das Land, um das es hier geht, stellt kein geographisch geschlossenes Gebilde dar; es ist vielmehr ein Verbindungs- und Durchgangsland. Nach Südwesten stellt es die Verbindung zu Ägypten und Afrika her, nach Nordosten stößt es über Syrien ans Zweistromland (Mesopotamien, den heutigen Irak) und Asien. Nach Westen über das Mittelmeer öffnet sich das Land nach Europa und zum Atlantik und geht nach Osten in die Arabische Wüste über, wo es auf den traditionellen Pilgerweg der Muslime von Damaskus nach Mekka und Medina trifft. Nach Südosten öffnet sich das Land mit dem Golf von Akaba zum Roten Meer und zum Indischen Ozean. So befindet sich das Land, mit dem wir uns beschäftigen, im Schnittpunkt zweier Meere und dreier Kontinente.

Konnten sich in der Nachbarschaft dieses Landes immer wieder Großreiche herausbilden, so blieb das Land selbst meist Anhängsel dieser Reiche oder zerfiel in kleinere politische Gebilde (das Reich der Könige David und Salomo um 1000 v. Chr. besitzt Ausnahmecharakter).

Heute befindet sich seit seiner Gründung 1948 mit dem Staat Israel ein jüdischer Staat inmitten ihn umgebender überwiegend arabisch-islamischer Staaten. Auch einige der heutigen Nachbarn Israels haben das Potential zu regionalen Großmächten, sei es durch ihren Ölreichtum, sei es durch ihren Bevölkerungsreichtum.

Die drei Namen des Landes lassen sowohl die moderne politische wie auch die religiöse Problematik des einen Landes anklingen. Vor allem die beiden ersteren sind in ihrem Gebrauch heute stark ideologisch besetzt (also „proisraelisch" bzw. „propalästinensisch"), während der letztere Begriff geeignet ist, sich der politischen Auseinandersetzung zu entziehen.

Eretz Israel und Medinat Yisrael

Allein in der Hebräischen Bibel kommt das Wort „Israel" 2514-mal vor, darüber hinaus in jüdischer Literatur und (in griechischer Sprache) im Neuen Testament. „Israel" enthält den Gottesnamen „El" und bedeutet übersetzt entweder „El herrscht" oder „El streit". In Gen 32,29 wird der Name Israel auf den Stammvater Israels Jakob übertragen, nachdem dieser erfolgreich eine Nacht lang mit Gott gerungen hatte („Nicht mehr Jakob wird man dich nennen, sondern Israel [Gottesstreiter]. Denn mit Gott und Menschen hast du gestritten und hast gewonnen"). Die ältesten außerpalästinischen Erwähnungen „Israels" stammen aus den Jahren vor 1200 v. Chr.

Die Bezeichnung „Land Kanaan", wie sie uns aus dem Alten Testament überliefert ist, erscheint um einiges häufiger und ist möglicherweise ursprünglicher. Eindeutig ist jedoch: Kanaan ist das den Israeliten verheißene Land (vgl. Gen 11,31–12,9 und öfter; Gen 12,1f.: „Zieh weg aus deinem Land, von deiner Verwandtschaft und aus deinem Vaterhaus in das Land, das ich dir zeigen werde. Ich werde dich zu einem großen Volk machen ..."). In der Zeit von 931–722 v. Chr. ist „Israel" der politische Name des Nordreiches, bleibt aber ideell auch für das Südreich „Juda" offen. Dies erklärt, warum der Begriff „Israel" mit dem Untergang des Nordreiches 722 v. Chr. unter dem Ansturm der Assyrer nicht einfach verschwand, sondern im Südreich Juda in die dortige theologische Tradition integriert wurde. Seitdem sieht sich Juda als legitimer Erbe und Nachfolger Israels.

Diese Haltung wurde im Babylonischen Exil (586–538 v. Chr.) noch verstärkt. Gerade sein Verlust machte den Exilanten den (religiösen) Wert des Landes deutlich. Für den Propheten Ezechiel wird „Eretz Israel" (= „Land Israel") zum Land der dem Volk verheißenen Rückkehr. Anders als in der Hebräischen Bibel nimmt die außerbiblische Verwendung von „Land Israel" im jüdischen Schrifttum seit dem Exil stark zu.

Der Gedanke einer Rückkehr ins verheißene Land ist im Judentum auch nach der Zerstörung Jerusalems und des Tempels infolge des Jüdischen Krieges 66–70 n. Chr. und dem damit einhergehenden zweiten Exil nie verschwunden und verstärkte sich seit dem 19. Jahrhundert infolge des in Europa anwachsenden modernen Antisemitismus. Jüdische Siedler zogen seitdem in beträchtlicher Zahl ins Land und konnten 1948 ihren eigenen Staat ausrufen – den Staat Israel (hebräisch „Medinat Yisrael").

Palästina

Etwa gleichzeitig mit der Landnahme der Israeliten im palästinischen Bergland, siedelten sich im 12. Jahrhundert v. Chr. Stämme aus dem ägäischen Raum an der Küste Palästinas (vor allem zwischen Aschdod und Gaza) an, die sogenannten „Seevölker".

Der Name „Philistäa" taucht in Ägypten erstmalig um 1170 v. Chr. auf. Der Volksbegriff der „Philister" überträgt sich allmählich auf ihr Siedlungsgebiet, auch im Alten Testament (z.B. Jes 14,29.31 und öfter: „Freu dich nicht, Land der Philister ..." V. 29). Die Entwicklung verläuft

also in etwa parallel zu der des Begriffs „Israel". Die vermutlich ara-
mäische Sprachform *pelischta'in* verändert sich um 500 v. Chr. unter
dem zunehmenden Einfluss griechischer Sprache hin zu *Palaistina*,
die Bewohner sind *Palaistinoi* (= Palästinenser). Geographisch wird
zumeist von „Palästina" gesprochen, politisch von „Judäa".
Erst nach der Niederlage der Juden im Zweiten Jüdischen Krieg
135 n. Chr. durch Kaiser Hadrian setzt sich die Bezeichnung „Palästina" als Provinzname für das ganze Land durch und wurde im weiteren auch der selbstverständliche christliche Sprachgebrauch.
Seit der arabischen Eroberung im Jahr 638 n. Chr. setzte sich die
arabische Schreibweise *falastin* durch.
Im europäischen Sprachgebrauch hat sich „Palästina" als geografische Bezeichnung bis in unsere Tage erhalten. Als politische Größe
war Palästina von 1922–1948 britisches Mandatsgebiet; 1923 wurde
Transjordanien (das heutige Jordanien) vom Mandatsgebiet Palästina
abgetrennt. Die 1947 von den Vereinten Nationen ebenfalls vorgesehene Gründung eines souveränen arabischen Staates Palästina kam
bis heute nicht zustande, lediglich die Schaffung von zwei geogra-
fisch getrennten, aber bis vor Kurzem gemeinsam repräsentierten
Autonomiegebieten im Gazastreifen und in der Westbank.
Heute haben wir es mit dem Paradox zu tun, dass der Siedlungsschwerpunkt der Palästinenser sich unter anderem im biblischen
Kernland (Judäa/Samaria bzw. Westbank) befindet, während der israelische Siedlungsschwerpunkt die zu biblischen Zeiten von den Philis-
tern bewohnte bzw. kontrollierte Küstenebene nördlich von Gaza ist.

Heiliges Land

Der Begriff „Heiliges Land" als Umschreibung des Landes Israel ist im
Alten Testament kaum gebräuchlich. Er bezieht sich zumeist auf einen
Ort, der durch eine Erscheinung Gottes geheiligt ist, z. B. Ex 3,5 die
Dornbuschszene: „Leg deine Schuhe ab; denn der Ort, wo du stehst,
ist heiliger Boden." Beim Propheten Sacharja gibt es eine Erwähnung
des Landes Juda als Heiliges Land: „Der Herr aber wird Juda in Besitz
nehmen; es wird sein Anteil im Heiligen Land sein" (Sach 2,16). Das
spätalttestamentliche Buch der Weisheit (ca. 1. Jahrhundert v. Chr.)
benutzt den Begriff „Heiliges Land": „Du hast auch die früheren Bewohner deines heiligen Landes gehasst, weil sie abscheuliche Ver-
brechen verübten ..." (Weish 12,3f.), weil nach frühjüdischer Sicht das
Land auf einer ersten, niedrigsten Stufe der Heiligkeit steht; am „hei-
ligsten" ist demnach das Allerheiligste des Jerusalemer Tempels.

Das frühe Christentum konnte mit einer solchen Vorstellung zunächst wenig anfangen. Dennoch setzten spätestens ab dem 4. Jahrhundert n. Chr. immer stärkere Pilgerströme in das Land ein, siedelte eine Vielzahl von Mönchen und Nonnen an den Heiligen Stätten der Bibel, sodass seit dem 5. Jahrhundert im oströmischen Machtbereich die Rede vom „Heiligen Land" fest eingebürgert war.

Durch die Pilgerfahrt in das Land wurde der Begriff zunehmend auch im Abendland bekannt, die Rede vom „Heiligen Land" wurde zu dem (!) christlichen Begriff für das Land.

Ausdehnung und Grenzen

Ein Blick in die Hebräische Bibel zeigt uns drei verschiedene Auffassungen von der Ausdehnung des verheißenen Landes, sowohl „maximale" Vorstellungen wie auch kleinräumigere.

Da gibt es zum einen die Ausdehnung des Landes „vom Bach Ägyptens" (wahrscheinlich der Wadi el-Arish im Nord-Sinai) bis zum Euphrat (Gen 15,18 u.ö.). Dies ist womöglich eine idealisierte Beschreibung des davidischen Herrschaftsgebiets um 1000 v. Chr., das auch in späteren Zeiten als Ideal gilt. Dabei wird die Beherrschung von Fremdvölkern durchaus in Kauf genommen, sofern diese Israel nicht zum Götzendienst verführen.

Weiter findet sich häufig die Formulierung „ganz Israel, von Dan bis Beerscheba", allerdings nicht in der Tora, sondern bei den Propheten (z.B. Ri 20,1 u.ö.). Dies ist eine sehr alte Formulierung, die sich auf das Siedlungsgebiet der zwölf Stämme nach der Landnahme bezieht, beginnend im Norden des heutigen Israel bis in den Zentralnegev, wobei ostjordanische Siedlungsgebiete mit gemeint sind.

Der Jordan wird in der Bibel zwar auch gelegentlich als Grenze markiert, hat aber „durchlässigen" Charakter. Die ostjordanischen Siedlungsgebiete Israels haben eher geringe Bedeutung. Das Buch Deuteronomium handelt von der Gesetzgebung Gottes an Mose im Ostjordanland, bevor das Volk ins Gelobte Land hinüberziehen darf. Mose selbst ist es verwehrt, das Land westlich des Jordans zu betreten (Dtn 32; 34).

Die Mischna – das ist die erste Vorform des späteren Talmud – beschäftigt sich mit außerordentlicher Akribie mit den Grenzen des Landes. Dies nicht wegen der biblischen Landverheißungen, sondern weil von den Grenzdefinitionen z.B. die Durchführung des Sabbatgebots und die Zehntabgaben abhängen. Denn nur im Land ist man ganz den Geboten der Tora unterworfen und kann deshalb auch nur im Land im Vollsinn Jude sein. Allerdings bleiben die Grenzen (außer der Jordangrenze) häufig unklar und scheinen eher pragmatisch an der konkreten Siedlung von Juden im Land zur Zeit der Entstehung der Mischna orientiert.

Die modernen Grenzen des Landes sind vor allem ein Resultat des Ersten Weltkriegs, ferner eine Folge der israelisch-arabischen Kriege von 1948 und 1967.

Zwischen 1920 und 1923 erhielt Großbritannien nach den Versailler Verträgen Palästina als Mandatsgebiet zugesprochen, nachdem die Grenzen zum französisch kontrollierten Libanon und Syrien geklärt worden waren. Gegenüber Ägypten blieb es bei der bereits bestehenden Grenzziehung, die noch aus dem Osmanischen Reich überkommen war. Die Ostgrenze wurde durch den Jordan, das Tote Meer und das Wadi Araba festgelegt. Strategisch wichtig wurde für das spätere Israel ein schmaler Zugang zum Roten Meer, das heutige Eilat.

Nach dem Teilungsplan der UNO von 1947 (s. dazu die Karte auf S. 180) sollte das Land zu etwa gleichen Teilen zwischen Juden und Arabern aufgeteilt werden, bei gleichzeitiger Neutralisierung des Großraums Jerusalem (mit Betlehem). Nach dem Scheitern dieses Vorschlags und dem daran anschließenden Krieg konnte Israel die vorgesehenen Grenzen vorwiegend zu seinen Gunsten verschieben. Der Gazastreifen kam unter ägyptische Kontrolle, das Westjordanland wurde von Jordanien annektiert (s. Karte S. 181).

1967 konnte Israel die syrischen Golanhöhen, die jordanische Westbank mit der Jerusalemer Altstadt und die ägyptische Sinai-Halbinsel bis zum Suezkanal erobern (s. Karte S. 182). Das ganze Jerusalem wurde daraufhin zur Hauptstadt Israels erklärt. Nach dem Friedensvertrag mit Ägypten 1979 wurde die Sinai-Halbinsel bis 1982 vollständig geräumt und an Ägypten zurückgegeben. 1981 wurden die Golanhöhen vom israelischen Parlament offiziell zu israelischem Staatsgebiet erklärt. Nach Beginn der Intifada 1987 verzichtete König Hussein von Jordanien offiziell auf alle jordanischen Ansprüche westlich des Jordan. 1995 konnte nach dem Übereinkommen zwischen der israelischen Regierung und der PLO im Gazastreifen und in der Westbank eine palästinensische Autonomie etabliert werden, die im Zuge der weiteren Konfliktverschärfung bis heute immer wieder in ihrer Funktionalität eingeschränkt ist (s. Karte S. 183). Die Frage der Rückgabe der Golanhöhen an Syrien und die Frage nach dem Status Ostjerusalems sind neben der weiterhin problematischen palästinensischen Autonomie die Haupthindernisse für einen dauerhaften Frieden im Land.

Jerusalem

In Jerusalem, arabisch *al-quds* („die Heiligkeit"), konzentriert sich der Konflikt um das Land wie in einem Brennpunkt. Hier ringen die Religionsparteien nicht mehr um Landstriche, sondern um Häuserzeilen und einzelne Häuser. Hier wird mehr als anderswo versucht, Recht durch älteres Recht in Frage zu stellen und neues Recht zu begründen.

Für Juden ist Jerusalem vor allem die Stadt Davids, ihres Eroberers und großen Königs (1996 wurde die 3000-Jahrfeier der Eroberung der Stadt durch David gefeiert; vgl. 2 Sam 5,6-9). Jerusalem steht in der rabbinischen Überlieferung auf der dritten Stufe der Heiligkeit. Hier standen der salomonische und der herodianische Tempel, *der* Ort der göttlichen Gegenwart. So wendet sich der fromme Jude bis heute zum Gebet in Richtung Jerusalem. Besonders an der Westmauer des zerstörten Tempels (im christlichen Sprachgebrauch traditionell „Klagemauer" genannt), kommt dieses Stehen vor Gott zum Ausdruck. Das Betreten des Tempelberges ist Juden verboten, da nur der Hohepriester einmal im Jahr nach vorausgegangener Reinigung das Allerheiligste betreten durfte. Der Fels, auf dem der heutige islamische Felsendom steht, wird sowohl in der jüdischen wie in der islamischen Tradition als Nabel der Welt angesehen.

Auch für Christen ist Jerusalem traditionell das Zentrum des Kosmos. Dieses Zentrum wird aber nicht mehr durch den Tempel markiert, sondern dadurch, dass Jerusalem der Ort der Kreuzigung und Auferstehung Jesu ist. Von Jerusalem ging die Verkündigung des Evangeliums in alle Welt hinaus. So ist das zentrale christliche Heiligtum die Grabeskirche, der Ort, wo sich nach ältester Tradition der Golgota-Hügel und die Grablege Christi befinden.

Für Muslime hat Jerusalem den dritten Rang nach Mekka und Medina als Wallfahrtsstätte und Heiligtum. Muhammad und seine Nachfolger haben viel von der jüdischen wie christlichen Tradition, die mit Jerusalem verbunden ist, übernommen. So war Jerusalem für Muhammad nach jüdischem Vorbild die erste Gebetsrichtung, wird in der islamischen Tradition von Muhammad eine nächtliche mystische Reise von Mekka über Ras Mohammed (das ist die Südspitze der Sinaihalbinsel), Hebron und Betlehem nach Jerusalem berichtet, wo er vom Tempelberg aus zum Himmel erhoben wurde. Nach muslimischer Tradition befindet sich der Heilige Felsen des Tempelbergs direkt unter Allahs Thron, und von Jerusalem aus wird das göttliche Endgericht eingeleitet. Beeindruckt von den christlichen Asketen wurden Jerusalem und seine Umgebung auch zum Ziel muslimischer Mystiker.

Begriffsklärung

In unserer Zeit sind die Begriffe „Israel" und „Palästina" zu politischen Kampfbegriffen geworden, wird der jeweils gegnerischen Seite die legitime Benutzung ihres Begriffs abgesprochen. Daher ist eine Klärung für die weitere Verwendung dieser Begriffe angebracht:

Der Begriff „Israel" wird von mir herangezogen, insofern es sich um die Beschäftigung mit dem Alten Testament handelt, außerdem bei der Beschäftigung mit rabbinischer Literatur und wenn es um den modernen Staat Israel geht.

„Palästina" wird als weiterhin gültiger geografischer Begriff verwendet und wenn das britische Mandat „Palästina" von 1922–48 gemeint ist. Weiter wird der Begriff „Palästina" bei der Beschäftigung mit dem arabischen Landverständnis benutzt.

Der Begriff „Heiliges Land" wird dort verwendet, wo es um die christliche Sicht des Landes geht. Insofern politische Fragestellungen betroffen sind, soll er vermieden werden.

Für die Beschäftigung mit dem ganzen Land als kultureller und religiöser Größe für Juden, Christen und Muslime wähle ich den mittlerweile gerne benutzten Doppelbegriff „Israel/Palästina". Die damit verbundene Unschärfe nehme ich in Kauf. Ich verwende sie aber auch deshalb, weil in ihr die Vision eines vielleicht doch noch möglichen friedlichen Zusammenlebens aller Bewohner in dem einen Land aufscheint.

So unterschiedlich wie die Namen des Landes sind auch seine Grenzen in ihrem Anspruch und in ihrer konkreten Verwirklichung jeweils verschieden geraten. Vor allem das religiöse Judentum besteht auf genauen Grenzbestimmungen, weil von ihnen wichtige religionsgesetzliche Bestimmungen abhängen.

Für das Christentum und den Islam mit ihrem universalen Geltungs- und Verbreitungsanspruch hingegen spielen die Grenzen des Landes nur eine beiläufige Rolle, die historisch unterschiedlich ausfallen und „durchlässig" sind.

I. Historische Wegmarken des Konflikts

Das Landverständnis im Mittelalter

Im Judentum

Im Gefolge der Jüdischen Kriege (66–70/74 n. Chr. und 132–135 n. Chr.), deren trauriger Höhepunkt die Zerstörung der Stadt Jerusalem und des herodianischen Tempels sowie die Vertreibung ihrer jüdischen Bevölkerung aus Stadt und Umgebung war, sammelte sich ein Teil der Versprengten in Jawne am Mittelmeer und später in Galiläa, wo der Sanhedrin als Organ einer begrenzten religiösen wie zivilen Selbstverwaltung der Juden etabliert wurde. Das Bemühen um die Wahrung einer jüdischen Präsenz oder gar Bevölkerungsmehrheit war in den ersten Jahrhunderten nach der Tempelzerstörung vor allem in Galiläa erfolgreich.

Die nun einsetzende Arbeit an der mündlichen Überlieferung der jüdischen Traditionen und deren Verschriftlichung in der Mischna als Vorläuferin und Grundlage des Talmud wurde für das Leben der Juden bis zum Beginn der Aufklärung grundlegend.

Die Mischna

Das Land ist nach Sichtweise der Mischna deswegen heilig, weil es Gottes besonderes Eigentum ist und weil es deswegen für den Gottesdienst rein sein muss. Aus ihm bringt man die Erstlingsgarbe und die Erstlingsfrüchte, die aus anderen Ländern nicht erbracht werden. Durch Übertretung der Gebote Gottes wird das Land unrein und seine jüdische Bevölkerung wird als Konsequenz seines Verhaltens ins Exil geschickt. Im heiligen Raum des Landes wird ferner die heilige Zeit festgelegt. Die Kalenderfestsetzung und die Bestimmung der Neumonde darf nur in Israel geschehen. Nach jüdischer Lehre hat Gott sich im Land Israel offenbart und daher kann man nur dort im Vollsinn Jude sein. Daher sollen Juden das Land nicht ohne besondere Not verlassen. Umgekehrt gilt aber auch, dass das Land jüdisch bleiben bzw. (wieder) werden soll, z.B. durch Rückkauf von Nichtjuden. Schließlich hat das Land noch seine besondere Bedeutung für das jenseitige Leben, insofern vom

Begräbnis im Land Israel eine Garantie für die zukünftige Auferstehung erwartet wird.

Seit dem 4. Jahrhundert kam es zum verstärkten Konflikt mit dem
sich auch im Land Israel zunehmend ausbreitenden Christentum, das
nach der sog. „Konstantinischen Wende" eine Vorzugsstellung erhielt.
Zwischen 636 und 638 gelang den Muslimen die Eroberung Palästinas
sowie weiterer Gebiete zwischen Spanien und Persien, sodass am Ende
des 7. Jahrhunderts ca. 90 % der Juden unter muslimischer Herrschaft
lebten, was sich für das Leben der Juden zunächst überwiegend positiv auswirkte.

Jehuda Halevi

Der Zeitgenosse des Ersten Kreuzzugs Jehuda Halevi (geb. vor 1075–
1141) wird gerne als mittelalterlicher „Zionist" angesehen. Dies liegt
zum einen daran, dass er das Exil der Juden als Strafe Gottes wie als
Bußmöglichkeit ansah. Zum anderen begab er sich selbst auf den Weg
nach Eretz Israel und wurde dort, so die Legende, im Angesicht Jerusalems ermordet.

Von Bedeutung für den Landkonflikt ist Jehuda Halevis theologisches Hauptwerk „Der Kusari", ein fiktiver Religionsdialog, der der
Verteidigung des Judentums dient und sich im Judentum seiner Zeit
großer Beliebtheit erfreute, sowie seine Zionslieder, im 20. Jahrhundert von Franz Rosenzweig ins Deutsche übersetzt.

Im „Kusari" führt Jehuda Halevi die Vorzüge des Landes gegenüber
anderen Ländern auf: Das Land empfing die Offenbarungen Gottes
sowie die Sabbate; viele religiöse Vorschriften können nur im Land befolgt werden. Weiter verweist er auf die Dauerhaftigkeit des Judentums,
während andere Völker der Antike aus der Geschichte verschwunden
seien. Christen und Muslime haben nach Halevi zwar wichtige
Elemente des Judentums angenommen, aber eben nicht vollständig.

Jehuda Halevi hat auch als Dichter der Zionslieder Bedeutung
erlangt. In ihnen kommt die Sehnsucht nach dem Gelobten Land zum
Ausdruck, auch wenn Jerusalem in Trümmern liegt und von Fremden
beherrscht wird. Trotzdem bleibt dieses Land Gottes Land.

Moses ben Maimon

Moses ben Maimon (auch Maimonides; 1135–1204), eine der bedeutendsten Gestalten der jüdischen Geistesgeschichte, wurde im spani-
schen Cordoba geboren. Nach Vertreibung durch die muslimischen
Machthaber gelangte die Familie schließlich ins ägyptische Alexand-

rien, wo Maimonides eine bedeutende Stellung als Arzt, Richter und örtlicher Repräsentant der Juden gegenüber den muslimischen Autoritäten gewann.

Für unsere Fragestellung ist Maimonides' Werk Mishneh Tora (eine systematische Zusammenfassung der Lehren und Anweisungen der mündlichen und schriftlichen Tora) von Bedeutung. Zunächst stuft Maimonides die Zugehörigkeit von Territorien zum Land Israel ab, da von dieser Zugehörigkeit die Geltung der Gebote abhängig ist. Weiter nimmt er eine zehnstufige Abstufung der Heiligkeit innerhalb des Landes vor, mit dem Land auf der untersten Stufe der Heiligkeit.

Nicht zu vernachlässigen sind in unserem Zusammenhang auch Maimonides' Feststellungen zum Thema „Krieg": Der Kampf gegen die Todfeinde Israels sowie die Befreiung des Landes von Nichtjuden sind demnach nicht nur zulässig, sondern geboten – weitere Expansionskriege können folgen; die so gemachten Eroberungen gehören anschließend zum Land Israel. Vom Ende der Zeiten schließlich erwartet Maimonides keine übernatürlichen Erscheinungen, sondern in erster Linie, dass Israel in Frieden und Sicherheit mit seinen Nachbarn leben können wird.

Maimonides' Ausführungen haben nicht nur historische oder fiktive Bedeutung. Sie lassen sich jeweils auf aktuelle Zeitumstände übertragen und spielen daher in den heutigen Diskussionen religiöser Juden eine nicht zu vernachlässigende Rolle. Zudem ist sein Codex das einzige Beispiel für eine Behandlung religionsgesetzlicher Bestimmungen in einem souveränen politischen Rahmen.

Die Kabbala

Das Buch Zohar ist das Hauptwerk der Kabbala, der jüdischen Mystik. Bis heute erfreut es sich großer Wertschätzung im Judentum, so dass es an die dritte Stelle nach Bibel und Talmud gelangte. Im Wesentlichen ist dieses Buch auf Mose de Leon (1250–1305) zurückzuführen, ein – wie die zuvor Genannten – in Spanien geborener Jude.

Grundlage des Zohar ist die Sefirotlehre. Sefirot sind die zehn Wirkungskräfte Gottes, die in einer bestimmten Anordnung alle „unteren" Geschehnisse bestimmen, aber auch umgekehrt durch Israels Toragehorsam oder -ungehorsam positiv oder negativ beeinflusst werden.

Nach der Lehre des Zohar zerstörte das Exil Israels die Einheit von Gott und Volk; die Rückkehr aus dem Exil wird diese Einheit wiederherstellen und so zum Beginn der Erlösung werden. Das kosmische Licht, das im Anfang war und das Gott wegen der Sünder verbarg,

wird von Neuem leuchten, sodass Israel, wie von Gott verheißen, zum
Licht für die Völker wird.

Die Mystik des Zohar findet sich im 20. Jahrhundert u.a. im Denken des ersten aschkenasischen Oberrabbiners Rabbi Abraham Kook
wieder, der wiederum für die religiösen Zionisten und für religiöse
Siedler maßgeblich geworden ist.

Im Christentum

Bis zur Konstantinischen Wende blieben die Christen im Heiligen
Land eine Minderheit, vermutlich weniger als Juden, Heiden und
Samaritaner. Mit der Bekehrung Kaiser Konstantins zum Christentum
begann ab 313 die „liturgische Besitzergreifung" Palästinas durch das
Christentum. Zahlreiche Kirchen und Klöster wurden an Stätten der
alt- und neutestamentlichen Überlieferung gebaut und eingerichtet.
Der Tempelplatz blieb weiterhin unbebaut, während die Grabeskirche
zum Hauptheiligtum Jerusalems wurde. Etwa hundert Jahre nach
Konstantin war auch die heidnische Bevölkerung des Landes fast voll-
zählig zum Christentum konvertiert.

Stimmen der Kirchenväter

Als Beispiel für eine heidenchristliche, vorkonstantinische Haltung sei
der um 100 im heutigen Nablus (nördliche Westbank) geborene Justin
der Märtyrer (†165 in Rom) angeführt, einer der ersten christlichen
Theologen. In seinem nach 155 verfassten „Dialog mit dem Juden
Tryphon" schreibt er, dass die Heiligen (also die Christen) mit Christus
im Land wohnen und die ewigen Güter erben werden.

Gewissermaßen eine Gegenposition dazu markiert der bedeutendste
unter den griechischen Theologen, Origenes, der obwohl seit 230 in
Cäsarea am Meer lebend, kein theologisches Interesse am Land zeigt.

Nach 313 reklamiert der hl. Bischof Cyrill von Jerusalem die Zeu-
genschaft des Landes für die Wahrheit der christlichen Botschaft und
bezeichnete das Land als „fünftes Evangelium".

In den Äußerungen des lateinischen Theologen Hieronymus, der 35
Jahre bis zu seinem Tod in Betlehem lebte (gest. 420) und für die
Vermittlung biblischen Wissens an die abendländische Kirche von un-
schätzbarem Wert ist, wird deutlich, dass nach seinem Verständnis die
Christen legitime Erben des Judentums (und damit des Landes) sind.
Aber auch dieses Erbe ist keinesfalls selbstverständlich, sondern muss

im Glaubensgehorsam erworben werden. Die Heiligkeit des Landes und seiner heiligen Stätten bewirken noch nicht von sich aus Heiligkeit, sondern erst, wenn man heilig im Lande lebt. Der Christ gelangt jedenfalls von Britannien aus genauso gut in den Himmel wie von Palästina (so Hieronymus).

Zu Beginn des 7. Jahrhunderts bröckelte die byzantinische Herrschaft über die christlich-arabischen Stämme, die als Beduinen im Grenzland Palästinas lebten. 636 wurden byzantinische Truppen am Yarmuk im Ostjordanland von den vereinigten arabisch-islamischen Stämmen vernichtend geschlagen und Jerusalem 638 erobert. Im Allgemeinen erging es den Christen (vor allem der Kirchen, die in theologischem Konflikt mit Byzanz standen) in den nun folgenden Jahrzehnten besser, da sie den Muslimen willkommene Steuerzahler waren und deren Regime zumindest in den ersten Jahrhunderten erträglicher war als das der Byzantiner; außerdem konnten sie sich in Leben und Lehre jetzt freier entfalten als zuvor.

Um die Jahrtausendwende

Im 10. Jahrhundert verschlechterte sich die Situation für die orientalischen Christen, nachdem die Byzantiner nach militärischen Erfolgen bis nach Galiläa vorgedrungen waren. Zu dieser Verschlechterung gesellte sich seit dem Beginn des 11. Jahrhunderts die Herrschaft der religiös fanatischen schiitischen Fatimiden in Ägypten (besonders grausam wütete al-Hakim, 996–1021).

Von Osten her ergab sich schließlich die Situation, die zum unmittelbaren Anlass der Kreuzzüge wurde: das Vordringen der Türken aus den Steppen Zentralasiens nach Westen, verbunden mit ihrer Annahme des Islam. 1071 wurde ein byzantinisches Heer bei Manzikert in Kleinasien vernichtend geschlagen, das entscheidende Unglück der byzantinischen Geschichte! Nun begann das lange Sterben von Byzanz, das 1453 mit der Einnahme Konstantinopels endete.

Um die Jahrtausendwende hatte sich die Lage der Menschen in Westeuropa stabilisiert. Unter dem Einfluss sowohl der Lehre Augustins vom „gerechten Krieg" wie des germanischen Ritterideals setzte sich allmählich die Idee durch, dass in einem „Heiligen Krieg" – also in einer von Gott gewollten Angelegenheit – gefallene Soldaten himmlische Belohnung erhalten würden. Kriegerische Auseinandersetzungen unter den Rittern im Abendland wurden durch die von den Päpsten geförderte „Gottesfriedensbewegung" zumindest theoretisch unmöglich gemacht, während der Krieg gegen die Muslime in Spanien zunehmend erfolgreich geführt wurde und den päpstlichen Segen erhielt. So wurde in Spanien der theologische Präzedenzfall für die Kreuzzüge seit dem 11. Jahrhundert geliefert.

Die Wiederherstellung des ungestörten Pilgerverkehrs und die Befreiung der von den Muslimen unterdrückten und bedrängten östlichen Kirchen waren das Thema der Rede, die Urban II. (*um 1039, Papst von 1088 bis 1099) am 27.11.1095 auf der Synode von Clermont hielt, und die ein von ihm selber wohl kaum erwartetes Echo erhielt. Am Ende seiner Ansprache riefen die Menschen „Deus le volt!" – „Gott will es!" und fingen an, auf ihre Gewänder Kreuze aus rotem Stoff zu nähen. Die Kreuzzüge, die Europa und den Orient zweihundert Jahre in Atem halten sollten, nahmen ihren Anfang. Denen, die das Kreuz zur bewaffneten Wallfahrt nahmen, wurde neben dem mit dem Unternehmen verbundenen Kreuzzugsablass das ewige Leben verheißen.

Aus der als begrenztes militärisches Unternehmen geplanten Expedition wurde eine Volksbewegung mit unerwartetem Zulauf. Auch Scharen von Armen schlossen sich in der Erwartung, in das Land zu kommen, wo „Milch und Honig fließen", den Kreuzzügen an; dies oft zum Schaden der militärischen Notwendigkeiten. In Frankreich und im Rheinland, insbesondere entlang der Kreuzzugsstraßen, kam es in der Folge zu schweren Judenpogromen.

1099, nach vier mühseligen Jahren, oft am Rande einer Niederlage, eroberten die Kreuzfahrer mit letzter Anstrengung Jerusalem und die auf dem Weg dahin angesammelte religiöse Spannung entlud sich in einem der schlimmsten Massaker des Mittelalters, dem die in Jerusalem verbliebenen Juden und Muslime zum Opfer fielen – so schlimm, dass sich auch Christen darüber entsetzten.

Bernhard von Clairvaux

Bernhard von Clairvaux (1115–1153), dem bedeutendsten Kirchenmann seiner Zeit, ist nicht nur die Mitgründung des Templerordens zu verdanken. Er war auch derjenige, der die entscheidenden Impulse für den Aufbruch des zweiten Kreuzzugs ins Heilige Land gab, der in einem militärischen Desaster endete.

Imad ad-Din Zengi, Herrscher über Aleppo und Mosul sowie Statthalter des Irak (*1087, †1146), hatte am Weihnachtsabend 1144 die Grafschaft Edessa (das heutige Canli Urfa im Südosten der Türkei) als ersten der Kreuzfahrerstaaten für den Islam zurückerobert und damit einen Schock in allen christlichen Ländern ausgelöst. Papst Eugen III. (1145–1153 Papst), ein Schüler des heiligen Bernhard,

machte in seiner Kreuzzugsbulle *Quantum praedecessores* die Sündhaftigkeit der Christen für diesen Verlust verantwortlich. Schließlich
konnte er Bernhard für die Kreuzzugspredigt in Frankreich und
Deutschland gewinnen.

Nach Bernhards Sicht sollte nicht nur der Orient von den Heiden
befreit werden, sondern auch die Seelen der Kreuzfahrer von ihren
Sünden. So preist er den Aufbruch zum Kreuzzug als Möglichkeit der
aktiven Bußgesinnung an. Bernhards Aufruf ist frei von den endzeitlichen Vorstellungen, die den Ersten Kreuzzug noch begleiteten. Ein
anderer Zisterzienser, dessen Predigten Judenpogrome verursachten,
wurde von ihm in die Schranken verwiesen. Die Adressaten von
Bernhards Predigt waren ausschließlich die waffenfähigen Ritter, die
einen wertvollen militärischen Beitrag zugunsten der Kreuzfahrerstaaten leisten konnten, und an deren Geisteshaltung wusste der
Zisterzienser zu appellieren. Allerdings ist auch Bernhards Predigt für
uns heute nicht unproblematisch: „Tod oder Bekehrung" ist die
Alternative, die er für den Heidenkreuzzug (dem dritten Schwerpunkt
der Kreuzzüge neben der Iberischen Halbinsel und dem Nahen Osten)
im slawisch-baltischen Bereich Mittelosteuropas formulierte.

Wilhelm von Tyrus

Ein anderes Bild erlaubt der um 1130 als Sohn einer bürgerlichen
Einwandererfamilie in Jerusalem geborene Wilhelm von Tyrus (†1186),
der als Chronist der Geschichte des Königreichs Jerusalem Bedeutung
erlangte. Für ihn galt gewiss die Beobachtung eines anderen Kreuz-
zugschronisten, der feststellte, die europäischen Einwanderer seien im
Orient zu Galiläern oder Palästinensern geworden, quasi Eingeborene.
Bemerkenswert ist die Geisteshaltung Wilhelms, die – bei aller religiösen Ablehnung des Islam und der Abscheu gegenüber der Brutalität
der militärischen Auseinandersetzung – auch den Muslimen Gottes-
furcht und redliches Bemühen zugestand. Darüber hinaus erkannte er
an, dass auch die Muslime berechtigte Motive für ihren Kampf um die
Freiheit ihrer Länder und Gerechtigkeit anzuführen wussten.

Spätphase der Kreuzzüge

Von der im Jahr 1187 durch Sultan Saladin (*1138, †1193) an den
Hörnern von Hittin unweit des Sees von Tiberias erlittenen Niederlage
und dem sich anschließenden Verlust Jerusalems und des Großteils
des Landes konnten sich die Kreuzfahrerstaaten in der Folge nicht
mehr erholen. Dennoch kam es zu weiteren Kreuzzugsunternehmen.

Mit dem 5. Kreuzzug (1217–1221) war auch Franziskus von Assisi (*1181/82, †1226) nach Ägypten gezogen und versuchte, den Sultan mit der Kraft des Wortes zu Christus zu bekehren. Dieser hörte sich den Heiligen freundlich an, bot ihm Geschenke an und gab ihm Garantien für die seitdem bestehende franziskanische Kustodie des Heiligen Landes, ohne sich aber überzeugen zu lassen. (Immerhin hat diese Unternehmung Eingang in das Missionskapitel der Franziskanerregel gefunden und ist bis in unsere Tage vorbildlich für ein friedliches Vorgehen von Missionaren.)

Der vormalige Generalmagister der Dominikaner Humbert von Romans schrieb in den Jahren 1272–74 eine der ausführlichsten Verteidigungsschriften für den Kreuzzugsgedanken. Als Einwände gegen die Kreuzzüge führte er auf:

- dass Christen Blutvergießen – auch das Ungläubiger – eigentlich untersagt ist;
- dass die Kreuzzüge Verschwendung von Menschenleben seien und keine Aussicht auf militärischen Erfolg hätten;
- weiter müsste man auch alle anderen Nichtchristen außer den Sarazenen ausrotten;
- schließlich hätten die Kreuzzüge nirgendwo zur Bekehrung von Nichtchristen geführt.

Dagegen antwortete Humbert,

- dass die Kreuzzüge sehr wohl mit dem Christentum vereinbar seien;
- die Sarazenen den christlichen Westen überfallen würden, wenn man sie in Ruhe ließe;
- es Aufgabe der Christen sei, den Himmel zu füllen, nicht die Erde;
- die Sarazenen keinen „gerechten Grund" hatten, vormals christliche Länder zu erobern, sodass es sich also um eine gerechtfertigte Rückeroberung handele;
- Missionserfolge durchaus noch zu erwarten seien;
- die militärischen Misserfolge auf die Sündhaftigkeit der Christen zurückzuführen seien.

Für die orientalischen Christen sowie für Byzanz, das mit seinem Hilferuf an den Westen Auslöser für die Kreuzzüge war, gerieten diese zur Katastrophe. War Palästina trotz muslimischer Herrschaft ein mehrheitlich christliches Land geblieben, so setzte nach der Rückeroberung durch die Muslime ab dem 14. Jahrhundert eine Islamisierungspolitik ein, die dazu führte, dass Christen in allen von Muslimen kontrollierten Gebieten zu Minderheiten wurden, denen es nie mehr so gut ging wie vor den Kreuzzügen.

Im Islam

Verbreitung des Islams

Wie erwähnt, hatten muslimische Truppen im Sommer 636 die Byzantiner am Fluss Yarmuk im Ostjordanland geschlagen und Jerusalem 638, nur sechs Jahre nach dem Tod des Propheten Muhammad erobert. Von der Übergabe der Stadt gibt es drei Versionen, von denen die wahrscheinlichste ist, dass sich die Stadt dem sonst unbedeutenden Stammesfürsten Khalid ben Thabit al-Fahmi ergab, der als Bedingung die Anerkennung der muslimischen Herrschaft forderte sowie die Zahlung des auferlegten Tributs. Wirkungsgeschichtlich am bedeutendsten ist die Version, nach der die Stadt sich nur dem Kalifen (legitimen Nachfolger des Propheten Muhammad) 'Umar (*592, Kalif 634–644) persönlich ergeben wollte. Als dieser die Stadt betrat, habe er nicht im Eingang der Grabeskirche beten wollen, weil die Muslime die Kirche sonst in eine Moschee umgewandelt hätten, sondern ließ sich den in jener Zeit verwüstet daliegenden Tempelplatz zeigen; ferner ließ er den Felsen vom Schutt befreien und ordnete den Bau einer Moschee so an, dass die Muslime den Felsen bei ihren Gebeten im Rücken haben würden – so wie dies heute noch auf dem Tempelplatz mit Felsendom und al-Aqsa-Moschee der Fall ist.

Die Muslime übernahmen vom byzantinischen Reich dessen Verwaltungsstrukturen, machten aber für den Bezirk Palästina Lydda, später Ramle zur Hauptstadt; Jerusalem erlangte erst im Mittelalter wieder Hauptstadtfunktion. Dennoch wurde Jerusalem unter der Umayyaden-Herrschaft seit 640 mit dem Bau des Felsendoms religiös aufgewertet.

Gegen Ende des 9. Jahrhunderts verbreitete sich auch bei muslimischen Gläubigen die Auffassung, dass Jerusalem der Ort des Letzten Gerichts und das Tor zum Paradies sei. Eine zunehmende Zahl von Muslimen arrangierte ihr Begräbnis in Jerusalem.

Innermuslimische Rivalitäten ermöglichten den militärischen Erfolg der ersten Kreuzfahrer. Es dauerte fünfzig Jahre, bis diesen mit der Dynastie der Zengiden und dann unter Sultan Saladin eine existenzielle Bedrohung erwuchs.

dschihad als Programm

Die Eroberung Jerusalems durch die Kreuzfahrer 1099 löste in der islamischen Welt nicht den Schock aus, den man erwarten würde. Auch frühe Aufrufe zum *dschihad* gegen die Kreuzfahrer sprechen kaum einmal von Jerusalem.

Erst der Eroberer Edessas (im Jahr 1144) Imad ad-Din Zengi war es, der zum dschihad gegen die Franken aufrief und die Befreiung Jerusalems zu seinem politischen Ziel deklarierte. So wurde er für seine politischen Nachfolger zu einem Vorbild für die Verbindung von religiösem Eifer (wörtliche Übersetzung von *„dschihad": „Anstrengung", „Kampf")* und kühl kalkulierender Machtpolitik.

Das *dschihad-Motiv* wurde in der Folge nicht nur für den Kampf gegen die Kreuzfahrer aufgenommen, sondern auch als Waffe im Kampf gegen innerislamische Gegner eingesetzt. Denn als Voraussetzung für einen erfolgreichen Kampf gegen die Eindringlinge musste zuerst Syrien geeint werden, um eine Operationsbasis gegen die Franken zu schaffen. So wurden die Herrscher von Damaskus, die ihren Frieden mit den Kreuzfahrern gemacht hatten, als Schänder der al-Aqsa-Moschee denunziert. Die gleiche Taktik wurde erfolgreich gegen Ägypten angewandt, das die Zengiden unter ihre Kontrolle bringen konnten. In dieser Zeit gelangte die Propaganda, die zur Befreiung Jerusalems aufrief, zur Blüte. Eine Predigtkanzel, die nach der Wiedereroberung Jerusalems in der al-Aqsa-Moschee aufgestellt werden sollte, wurde angefertigt. Diese Kanzel wurde 1187 von Sultan Saladin in der al-Aqsa-Moschee aufgestellt und bis 1969 benutzt, als sie durch den Brandanschlag eines fundamentalistischen australischen Christen zerstört wurde.

Nachdem Sultan Saladin die muslimische Kontrolle über Palästina weitgehend wiederhergestellt hatte, wurde die Stadt Jerusalem und ihr Umland von ihm und seinen Nachfolgern nicht mehr vernachlässigt. Hoftheologen arbeiteten ihre religiöse Bedeutung heraus, Baumaßnahmen wurden gefördert. Die erneute Übergabe der Stadt unter Saladins Nachfolger al-Kamil Muhammad al-Malik (*1180, †1238) an die Kreuzfahrer unter dem ihm militärisch überlegenen Kaiser Friedrich II. (bei weiterhin freiem Zugang für die Muslime zu den ihnen heiligen Stätten) zeigt die Eigendynamik der *dschihad*-Propaganda: Trauerfeiern wurden angesetzt, die Regierung öffentlich angegriffen und ihre Legitimität in Frage gestellt. Von den Mameluken, den muslimischen Herrschern über Ägypten und Palästina vom 13.–16. Jahrhundert, wurde der *dschihad*-Gedanke gleichfalls nicht mehr aufgegeben und verfolgt, bis die letzten Kreuzfahrerbastionen 1291 fielen.

Die Rolle Jerusalems im Islam

Eng verbunden mit der *dschihad*-Propaganda sind die literarischen Bemühungen zu sehen, die unter dem Titel *fada 'ilQuds*-Literatur die

Bedeutung der Stadt Jerusalem für den Islam herausarbeiten. Diese Form der Literatur gab es seit dem 9. Jahrhundert auch für andere islamische Städte wie etwa Bagdad oder Basra. Für Jerusalem bis zu seiner Eroberung durch die Kreuzfahrer sind nur zwei solcher Abhandlungen bekannt, denen über zwanzig in den folgenden zwei Jahrhunderten gegenüber stehen. Ihre Themen sind die Rolle der Stadt in der Geschichte der drei großen monotheistischen Religionen, ihre zukünftige Rolle am Jüngsten Tag, die Bedeutung der verschiedenen heiligen Stätten innerhalb und außerhalb der Stadt und der Wert eines Besuches Jerusalems (arabisch: *ziyara*, niemals *hadsch*, der Begriff für die Wallfahrt nach Mekka) bzw. des dauerhaften Wohnens in ihr. Mit dem Ende der Kreuzfahrerzeit und dem Beginn der Mamelukenherrschaft wurde die Bedeutung Jerusalems für die islamische Welt weiter herausgestrichen; zahlreiche religiöse Stiftungen (= *waqf*) wurden etabliert, auch muslimische Mystiker (Sufis) ließen sich nieder.

Im Mittelalter sind die drei abrahamitischen Religionen zum ersten Mal synchron miteinander vergleichbar. Zu diesem Zeitpunkt haben sie ihre wesentlichen Traditionen ausgebildet und verfestigt. Dies bedeutet

- *für das Judentum: Jerusalem und das Land Israel bleiben auf dem Hintergrund des jüdischen Heiligkeitsverständnisses im Zentrum des jüdischen Gedenkens, des Betens und der religiösen Sehnsucht nach einer Wiederherstellung des Volkes Israel im Land.*
- *für das Christentum: Die Ereignisse der biblischen Geschichte des Alten und Neuen Testaments verbinden auch die Christen mit dem Land, verführen diese aber dazu, sich dieses gewaltsam aneignen zu wollen bzw. zurückzuerobern.*
- *für den Islam: Die schnelle militärische Expansion im 7. Jahrhundert lässt das Land für die Muslime zu einem selbstverständlichen Bestandteil der arabisch-islamischen Welt werden; sein Verlust an die Kreuzfahrer führt zur dschihad-Propaganda und zum theologischen Nachdenken über die Bedeutung des Landes und Jerusalems für die Muslime.*

Der moderne Konflikt
und die Wiederkehr der Religionen

Es bietet sich an, den modernen Konflikt um Israel/Palästina anhand von vier Daten zu beschreiben, die als bedeutende Markierungen einen Weg durch die kaum überschaubare Materiallage weisen. Diese Daten sind: 1917, 1948, 1967 und 1987. Zu diesen Zeiten veränderte sich nicht nur die politische Situation im Vorderen Orient nachhaltig, sondern auch das politische und religiöse Denken der davon Betroffenen.

Dieser auf das Wichtigste reduzierte Überblick zeigt auf, dass der Sechstagekrieg von 1967 den Dreh- und Angelpunkt, schließlich aber auch den Wendepunkt für die religiöse Fragestellung darstellt. Diese ist nicht erst mit dem Sechstagekrieg entstanden, sondern seitdem immer mehr aus dem Hintergrund in den Vordergrund getreten.

19. Jahrhundert: Die Nahostpolitik europäischer Mächte

Der Zusammenbruch der osmanischen Herrschaft 1917

Am 8./9. Dezember 1917 hatte der britische General Allenby (*1861, †1936) die türkischen Truppen westlich von Jerusalem geschlagen und war in Jerusalem einmarschiert. Damit ging die vierhundertjährige Herrschaft der Türken in Palästina (seit 1516) endgültig zu Ende.

Allerdings kam dieses Ende nicht überraschend. Schon seit über hundert Jahren hatten die europäischen Großmächte versucht, im Nahen Osten Fuß zu fassen und ihren Einfluss geltend zu machen, vor allem behindert durch ihre gegenseitige Konkurrenz.

Bereits 1798/99 war Napoleon mit Truppen in Ägypten gelandet, um von dort aus die englische Macht in Asien zu erschüttern und nach Palästina vorzustoßen.

Die Osmanen, die bis zum Vorabend des Ersten Weltkrieges ihre christlichen Untertanen auf dem Balkan sowie ihre Einflussgebiete in Nordafrika verloren, blieben ihrerseits nicht untätig und unternahmen in mehreren Anläufen Reformanstrengungen mit dem Ziel, die Einheit des Osmanischen Reiches zu erhalten, aufkommenden arabischen Nationalismus einzudämmen und die europäische Einflussnahme im Orient zu beschränken. Schließlich kam es im europäischen Judentum zu der Bewegung, die unter dem Stichwort „Zionismus" historische Bedeutung erlangte.

Mit der im 19. Jahrhundert einsetzenden globalen Expansion Europas und Nordamerikas unter dem „Banner der Zivilisation" setzte wieder ein verstärktes Interesse am Heiligen Land ein, das ökonomische und strategische Interessen mit der religiös-kulturellen Einflussnahme in Palästina verband.

Russland

Russland verknüpfte sein traditionelles strategisches Ziel der Eroberung des Bosporus mit dem religiösen Ziel der Befreiung der orientalischen Christen vom „osmanischen Joch". 1843 eröffnete das Zarenreich in Jerusalem eine Geistliche Mission, 1858 zogen ein russischer Bischof und ein russischer Konsul in Jerusalem ein. Im gleichen Jahr verlegte auch der orthodoxe Patriarch von Jerusalem, der bisher in Konstantinopel residiert hatte, seinen Amtssitz wieder nach Jerusalem.

Als griechische Mönche 1847 den von den Lateinern gestifteten Silberstern in der Geburtshöhle von Betlehem entfernten, war dies der äußere Anlass für den Krimkrieg (1853–56). Russland, das ultimativ das Protektorat über *alle* orthodoxen Christen im Osmanischen Reich gefordert hatte, musste sich zwar militärisch geschlagen geben, konnte aber das gewünschte Protektorat erlangen. Bis zum Ersten Weltkrieg stellten die nun verstärkt einsetzenden russischen Pilgerzüge ins Heilige Land das stärkste Pilgerkontingent. Behindert wurden die russischen Interessen aber nicht nur durch die westliche Präsenz in Palästina, sondern auch durch Schwierigkeiten mit dem orthodoxen Episkopat Palästinas, der sich bis in unsere Tage fest in griechischer Hand befindet. So galt die russische Unterstützung besonders dem niederen arabischen Klerus und den orthodoxen arabischen Christen.

Frankreich

Auch die französische Einflussnahme in der nahöstlichen Region besaß Tradition. Bereits 1649 hatte Frankreich die seit den Kreuzzügen mit Rom unierten Maroniten des Libanongebirges unter seinen besonderen Schutz gestellt, sodass die maronitische Gemeinschaft nicht nur religiös nach Rom, sondern politisch, wirtschaftlich und kulturell auch nach Frankreich blickte.

1843 zog ein französischer Konsul in Jerusalem ein. Die katholische Kirche stellte 1847 das seit den Kreuzzügen verwaiste Lateinische Patriarchat wieder her. Frankreich bemühte sich bis zum diplomatischen Bruch mit dem Vatikan 1904 intensiv um den Ausbau seines Protektorats über die palästinensischen Katholiken, die durch intensive Konversionsarbeit gewonnen wurden, stand dabei aber immer in Konkurrenz zu den anderen katholischen Mächten Italien, Spanien und Österreich, später auch dem Deutschen Reich. Frankreich hat allerdings nie eine spezifische Palästina-Politik entwickelt, sondern diese im Rahmen seiner Syrien-Politik und seines Protektorats über die nahöstlichen Katholiken verstanden.

Deutschland

Auch Preußen bzw. nach der Reichsgründung 1871 das Deutsche Reich zeigte ein lebhaftes Interesse an Palästina, verfügte aber zunächst über keine Minderheit, die man wie Russland oder Frankreich hätte „schützen" können. 1841 kam es zu einer Übereinkunft mit England, die zur Einrichtung eines gemeinsamen anglopreußischen Bischofssitzes in Jerusalem führte, wobei der Bischof abwechselnd von der englischen und der preußischen Krone ernannt werden sollte. Erster Bischof wurde der konvertierte Jude Michael Solomon Alexander. Ziel sollte die Bekehrung der Juden im Lande zum Protestantismus sein, was aber weitgehend erfolglos blieb, sodass man sich bereits unter dem Nachfolger Alexanders, Samuel Gobat, – und diesmal erfolgreicher – um die Konversion orthodoxer Christen bemühte.

1886 wurde der englisch-preußische Vertrag aufgelöst; das Deutsche Reich protegierte fortan eine selbständige lutherisch-deutsche Kirche und förderte die deutsch-katholischen Aktivitäten mit einer Vielzahl von caritativen, kulturellen und pädagogischen Neugründungen. In dieser Zeit übernahm Deutschland die bisherige englische Rolle, das Osmanische Reich in seinem Bestand zu erhalten (Eisenbahnbau) und mit ihm eng zusammenzuarbeiten, sodass sich als Folge dieses Bündnisses beide Mächte am Ende des Ersten Weltkrieges gemeinsam auf der Verliererseite befanden.

Aus Deutschland kam schließlich das einzige christliche Kolonisationsprojekt, das sich mit Erfolg im Heiligen Land etablieren konnte: Die Siedlungen württembergischer Templer, einer pietistischen Sekte, die 1868 bis 1873 unter großen Schwierigkeiten vier Siedlungen und dann 1902–1907 noch einmal drei Siedlungen gründen konnten. Von der deutschen Reichsregierung, die zu dieser Zeit um ein gutes Einvernehmen mit den Osmanen bemüht war, wurden diese Aktivitäten nicht gerne gesehen und somit kaum unterstützt. Allerdings zeigte das templerische Unternehmen, dass Europäer durchaus in der Lage waren, erfolgreich in Palästina zu kolonisieren und autarke Strukturen aufzubauen.

Möchte man die Politik der kontinentaleuropäischen Mächte im 19. Jahrhundert in einem Stichwort zusammenfassen, so bietet sich das Stichwort vom „friedlichen Kreuzzug" an, der darauf bedacht war, durch ökonomische und kulturelle Durchdringung sowie durch Protektorate über bereits ansässige oder noch zu schaffende Minderheiten den „christlichen" Einfluss im Vorderen Orient neu zu begründen. Durch die gegenseitige Konkurrenz behindert, verblasste diese Idee zu einer Politik, die zunehmend die eigentlichen imperialistischen Ambitionen in den Vordergrund schob.

Großbritannien

Der Erste Weltkrieg schuf schließlich die Situation, in der die Macht sich durchzusetzen vermochte, in der auch noch eine andere Geistesströmung traditionell zuhause ist: die in Großbritannien ansässige Vorstellung von der „restoration of the Jews" (der „Wiederherstellung der Juden"), die eine ideelle Voraussetzung für die britische Unterstützung des Zionismus im 20. Jahrhundert darstellt.

Bereits 1838 hatte Großbritannien als erste europäische Macht einen Konsul in Jerusalem ernannt, um den befürchteten russischen Einfluss einzudämmen. Der nächste Schritt war die bereits erwähnte Einrichtung des anglo-preußischen Bistums. Aus Kreisen englischer Missionare kam 1841 der Aufruf, die Gunst der Stunde zu nutzen und das Heilige Land unter ein christliches Protektorat zu stellen. Gleichzeitig brachten „christliche Zionisten" in England ihre Vorstellungen von der Rückführung der Juden nach Palästina in die außenpolitischen Planungen ein. Doch zunächst verfolgte die britische Politik eine Linie, die – vor allem um Russland zurückzudrängen – an der Wahrung der Integrität des Osmanischen Reiches interessiert blieb (augenfällig während des Krimkrieges, den das Osmanische Reich allein kaum hätte bestehen können). 1882 konnte Großbritannien Ägypten besetzen, mit dem Ziel, seine finanziellen und strategischen Interessen zu wahren. Außerdem gelang in den Jahren 1882–1914 der Abschluss von Protektoratsverträgen rund um die Arabische Halbinsel, von Aden bis nach Kuwait, allerdings immer so, dass eine Brüskierung der Osmanen, die der unbequemen deutschen Orientpolitik Vorschub geleistet hätte, vermieden wurde.

Entstehung des Zionismus im 19. Jahrhundert

Die Entwicklung des europäischen Judentums im 19. Jahrhundert ist von zwei gegenläufigen Entwicklungen gekennzeichnet: Zum einen die Emanzipation des mittel- und westeuropäischen Judentums im

Gefolge der Aufklärung und seine sozial häufig mittelständisch sowie religiös reformerisch orientierte Assimilation an die jeweiligen nationalstaatlichen Gesellschaften; zum anderen verschärfte Unterdrückung und Verfolgung der religiös eher traditionell orientierten Juden vor allem in Osteuropa, was bei ihnen zu erhöhtem Auswanderungsdruck führte sowie zur gelegentlichen Aufnahme sozialistischen Gedankenguts.

Den religiös und sozial bereits vorhandenen Antisemitismus noch verschärfend, greift (nebst anderen) seit dem französischen Diplomaten Arthur de Gobineau (1816–82), der mit seiner Auffassung von der Existenz einer „arischen Herrenrasse" einen nachweisbaren ideologischen Einfluss auch auf Hitler hatte, ein rassisch „argumentierender" Antisemitismus um sich. Im Gefolge von Pogromen im Russischen Reich und antisemitischer Stimmung und Ausschreitungen im übrigen Europa kommt seit Mitte des 19. Jahrhunderts die jüdische Nationalbewegung auf, die wir als Zionismus kennen. Ab 1882 – dem Jahr als Großbritannien Ägypten besetzte – setzte eine erste Einwanderungswelle (auch hebräisch *Alija*, „Aufstieg" oder „Wallfahrt" genannt) russischer Juden nach Palästina ein, die bis 1903 anhielt.

Exkurs 1: Theodor Herzl

Der in einer liberal-säkularen Familie aufgewachsene österreichisch-ungarische Journalist und Schriftsteller Theodor Herzl (1860–1904) wurde zum entscheidenden Begründer und Motor der modernen zionistischen Bewegung am Ende des 19. und zu Beginn des 20. Jahrhunderts.

Bereits während seines Jurastudiums war er für die antisemitischen Übergriffe seiner Umgebung sensibilisiert worden. Vor allem aber war es die antisemitische Hetze und öffentliche Stimmung während des Dreyfus-Prozesses in Frankreich (Alfred Dreyfus war ein Offizier der französischen Armee, der 1894 aufgrund gefälschter Dokumente wegen Spionage für Deutschland verurteilt wurde. Erst 1906 wurde er vollständig freigesprochen und rehabilitiert), den er als Journalist beobachtete. Diese für ihn traumatische Erfahrung ließ in ihm die Vision reifen, die „jüdische Frage" (wie er selbst formulierte) durch massenhafte

Auswanderung in ein anderes Territorium zu lösen. Mit dieser Zielrichtung veröffentlichte er 1896 sein wichtigstes Werk „Der Judenstaat. Versuch einer modernen Lösung der jüdischen Frage". Dieses wurde im westlichen Europa von den meisten Juden abgelehnt, fand aber in Osteuropa begeisterte Aufnahme, und so wurde Herzl die Führerschaft der neuen zionistischen Bewegung angetragen.

1897 wurde in Basel – nachdem München als Tagungsort von der dortigen jüdischen Gemeinde boykottiert worden war – der erste internationale Zionistenkongress abgehalten, der mit der Gründung der Zionistischen Weltorganisation endete, zu deren Präsident Theodor Herzl gewählt wurde.

In den ihm noch verbleibenden Lebensjahren unternahm Herzl vielfältige Aktivitäten auf organisatorischer und diplomatischer Ebene. Zwar wurde er von vielen Staatsmännern freundlich empfangen, aber sein Anliegen umso entschiedener zurückgewiesen (etwa von Kaiser Wilhelm II. sowie Papst Pius X.). Seine Bemühungen um die Unterstützung jüdischer Banken blieben ebenso von bescheidenem Erfolg.

Anders als die Mehrheit der osteuropäischen Zionisten, die den Judenstaat in keinem anderen Land als in Palästina verwirklichen wollten, war Herzl in der Frage nach dem konkreten Territorium zunächst flexibel. Noch in „Der Judenstaat" hatte Herzl offen gelassen, ob der jüdische Staat in Palästina oder etwa Argentinien entstehen sollte. Das britische Angebot einer jüdischen Ansiedlung in El-Arisch im Nord-Sinai erwies sich als praktisch undurchführbar und Herzls Eingehen auf einen britischen Siedlungsvorschlag in Uganda führte zu erbitterten Auseinandersetzungen auf dem 6. Zionistenkongress (u.a. auch mit Martin Buber), da Uganda nicht das brachte, was man in Palästina zu finden hoffte. In dieser äußerst gespannten Situation sprach Herzl das einzige Mal in seinem Leben Hebräisch und zitierte Psalm 137: „Vergesse ich dein, Jerusalem, so werde meiner Rechten vergessen!"

Von seinen Aktivitäten schwer erschöpft verstarb Theodor Herzl am 3. Juli 1904 an einem Herzleiden in Wien.

Herzls Werk „Der Judenstaat" setzte einen immanenten Antisemitismus vor allem der europäischen Völker voraus, der nur durch eine eigene Staatsgründung überwunden werden könnte, weil die Juden ein Volk seien, welches niemals in den anderen Völkern aufginge. Die Staatsidee schließlich sei stark genug, um ein Volk von einem Wohnort nach einem anderen zu versetzen. Von der Abwanderung der europäischen Juden erhoffte sich Herzl das gleichzeitige Verschwinden antisemitischer Ressentiments. Anders aber als christliche oder jüdische Zionisten, die sehr konkret an das biblische Land Israel und dessen Erstreckung dachten, hatte er von dessen Ausmaßen keine Vorstellung; die politische Souveränität des jüdischen Volkes, gleich in welchem Gebiet, war für ihn vorrangig. Schließlich meinte Herzl den Einfluss von Militär und „Klerus" (so Herzl wörtlich) in dem neuen Staatswesen gering halten zu können.

Herzl hatte in „Der Judenstaat" die Erfahrung zum Ausgangspunkt seines Entwurfs gemacht, die jedem europäischen Juden seiner Zeit, gleich ob religiös oder säkular, liberal oder orthodox, gläubig oder ungläubig orientiert, geläufig war: die Erfahrung eines nicht auszurottenden Antisemitismus. Herzl widersprach der Auffassung vieler westeuropäisch-aufgeklärter Juden, der Antisemitismus könnte durch Anpassung der Juden und Volkserziehung eingegrenzt, womöglich zum Verschwinden gebracht werden. So kam er zu der einzigen für ihn denkbaren Lösung:

Die Zukunft der Juden liege nicht in ihren „Gastländern", sondern außerhalb dieser in einem neu zu gründenden Staatswesen. Dieser Staat müsse ein völkerrechtliches Subjekt sein, von den Mächten Europas gefördert und geschützt. Allein dieser Staat könne den Antisemitismus in aller Welt zum Ende bringen, sobald die Juden aus ihrer sozialen Sonderrolle herausfielen und den Christen ihre gesellschaftliche Stellung überließen.

Theodor Herzl kommt das Verdienst zu, frühzeitig die theoretischen und praktischen Voraussetzungen für die Staatsgründung geschaffen zu haben. Allerdings gelang es der zionistischen Bewegung in der Folgezeit nicht, die Juden Mittel- und Osteuropas vor der Vernichtung durch die Nationalsozialisten zu bewahren. Gelungen ist es aber Theodor Herzl und seinen Nachfolgern, den Juden in aller Welt ein erneuertes Selbstbewusstsein zu verschaffen: Auch wenn seine Staatstheorie mehr vom nationalstaatlichen Denken des 19. Jahrhunderts geprägt ist als von den traditionell-religiösen Überlieferungen des Judentums, hat Herzl doch wesentlich dazu beigetragen, den Charakter des Judentums als Volk und Nation auch gegen innerjüdische Gegner zu erneuern und auf ein im Sinne des 19. Jahrhunderts erneuertes nationalstaatliches Fundament zu stellen. In Israel ist es heute Juden möglich, ganz zu ihrem Judesein zu stehen, ohne dafür verfolgt zu werden. Allerdings ist der Antisemitismus mit der Staatsgründung Israel nicht, wie von Herzl erwartet, verschwunden; in der islamischen Welt hat er sich vielmehr verstärkt. Heute ist es oft die Politik des Staates Israel, die politisch „links" oder „rechts" orientierten Antisemiten sowohl in Europa und Amerika wie in den islamischen Ländern „Argumente" für ihre Haltung liefert. Einen hinreichenden Weg für die Lösung des Antisemitismusproblems jenseits pädagogischer Bemühungen hat bislang niemand gefunden.

Der Lösungsvorschlag Theodor Herzls hat, wie sich in der Gegenwart zeigt, nur begrenzte Bedeutung. Denn Herzl hat übersehen (zumindest vernachlässigt), dass die vorgesehene Staatsgründung nicht in einem politisch und ethnisch leeren Raum erfolgen konnte. Insofern weist er Gemeinsamkeiten mit dem europäischen Kolonialgedanken auf, der keine Rücksicht auf die einheimische Bevölkerung nimmt. Auch seine Vision, Militär und jüdischen „Klerus" aus dem politischen Leben herauszuhalten, ließ sich nicht realisieren: Die jüdische Religion ist eine wichtige Legitimationsgrundlage jüdischer Existenz im Land Israel und das israelische Militär ist bis in unsere Tage ein wichtiger, wenn nicht der wichtigste Faktor sowohl der gesellschaftlichen Integration der Neueinwanderer wie der Existenzsicherung des Staates.

Herzls besonderes Verdienst besteht darin, die Voraussetzungen dafür geschaffen zu haben, dass die zionistische Bewegung in kurzer Zeit zu einem Völkerrechtssubjekt wurde. Insbesondere die Anerkennung der zionistischen Bewegung durch englische Staatsmänner während des Ersten Weltkriegs war es, die dem jüdischen Volk zu einer völkerrechtlich anerkannten „Heimstätte" verhalf.

Die islamische Welt im 19. Jahrhundert

Besonders in Ägypten wurde im 19. Jahrhundert die Auseinandersetzung darüber geführt, wie die aus Europa übernommenen technischen und gesellschaftlichen Neuerungen mit den Grundlagen des Islam zu vereinbaren seien. Herausragende Gelehrte waren auf diesem Gebiet Rifa'a at-Tahtawi (1819–1883), Gamal ad-din al-Afgani (1839–1897), der die Einheit der Muslime und einen revolutionären Panislamismus propagierte, sowie dessen Schüler Muhammad 'Abduh (1849–1905), der den gebildeten Muslimen die intellektuelle Brücke baute, die die Kluft zwischen dem technisch-wissenschaftlichen Fortschritt und der traditionellen religiös-kulturellen Welt des Islam überwand und so zum geistigen Vater der späteren Muslimbrüder wurde.

Syrien (einschließlich Palästinas) wies im 19. Jahrhundert drei Grundelemente auf: die städtischen Zentren, in denen sich die osmanischen Statthalter mit den lokal einflussreichen Familien arrangieren mussten; die relativ autonomen Bergregionen, in denen einheimische Lokalherren den Ton angaben, und schließlich die Beduinenstämme mit ihrem saisonalen Weidewechsel zwischen Wüstensteppe und fruchtbarem Land. Noch in der Mitte des 19. Jahrhunderts gab es in Palästina, wie europäische Beobachter berichten, eine beträchtliche praktische religiöse „Toleranz" zwischen den Religionen, die sich in synkretistischen (d.h. religionsüberschreitenden) Praktiken äußerte.

In Palästina führte die Politik der Osmanen, die sich um eine Reform ihres Reiches bemühten, zur oft gewaltsamen Entmachtung der ländlichen Lokalherren und deren Integration in neu geschaffene moderne Strukturen. Jerusalem und andere Städte erlangten mit diesem Prozess seit den Sechzigerjahren allmählich wieder Bedeutung. 1855 wurde der Tempelberg (arab. *Haram ash-Sharif*) europäischen Besuchern zugänglich gemacht. Jerusalem wurde zum Verwaltungssitz des seit 1874 reichsunmittelbaren Sandschaks (= osman. Verwaltungsbezirk) Jerusalem erhoben, der allerdings nur Südpalästina umfasste. Der Norden mit den Sandschaks Akko und Nablus gehörte zur Provinz Beirut.

Die arabische kulturelle Renaissance in der zweiten Hälfte des 19. Jahrhunderts, die Besinnung auf das arabische historische und kulturelle Erbe, ließ im Großraum Syrien – zumal während der Krisenzeiten des Osmanischen Reiches und der einsetzenden kompromisslosen Turkifizierung des Reiches im Gefolge der Reichsreformen – einen arabischen Nationalismus aufkommen.

Die an der Formulierung dieses arabischen Nationalismus überproportional beteiligten christlichen Intellektuellen traten offensiv für die Übernahme europäischen Gedankenguts ein und waren zumeist dezidierte Säkularisten (also für die radikale Trennung von Religion und Staat), da sie naturgemäß mit der Vorstellung eines an islamischen Grundsätzen orientierten Staatswesens wenig anfangen konnten, der die Christen nur an die zweite Stelle – als *dhimmis*, Schutzbürger der muslimischen Herrscher – in einem zu etablierenden arabischen Nationalstaat gestellt hätte. Verbunden mit diesem säkularen Nationalismus war damit die Emanzipation und Integration der christlichen Araber in eine islamisch dominierte Umgebung, sodass sie das Arabertum gegenüber dem Islam hervorheben mussten.

Selbstverständlich gab es auch bedeutende muslimische Säkularisten. Dennoch befanden sich unter den muslimischen Nationalisten viele, die die essentielle Rolle des Islam besonders in der Abgrenzung gegenüber Europa betonten und seit den Achtzigerjahren des 19. Jahrhunderts an die Wiederherstellung des arabisch-islamischen Kalifats dachten. Zentrum der arabischen Nationalbewegung wurde Damaskus. Je stärker die osmanischen „Jungtürken" auf die „Turkifizierung" des Reiches drängten, umso stärker wurde der „Arabismus" zum Instrument der syrisch-arabischen Opposition. Dennoch wollte bis zum Beginn des Ersten Weltkrieges nur eine kleine Gruppe die totale Trennung von Konstantinopel. Die meisten befürworteten das Ziel größerer Autonomie inerhalb eines dezentralisierten Osmanischen Reichs.

Das Aufkommen des Zionismus wurde nicht nur von den durch Landverkäufe der Großgrundbesitzer an die Zionistische Organisation direkt betroffenen meist muslimischen Kleinbauern, sondern ebenfalls von arabischen Nationalisten in Palästina beobachtet und bereits von Anbeginn als potentielle Bedrohung bekämpft, obgleich man bis zum Ersten Weltkrieg immer wieder auch bewundernde Stimmen für den Zionismus vernahm.

Exkurs 2: Yusuf al-Halidi

Ein im 19. Jahrhundert herausragender palästinensischer Intellektueller war der 1842 geborene Yusuf al-Halidi (gest. 1906), dessen einflussreiche Familie sich mit der ebenfalls mächtigen Familie der Husseinis in ständiger Konkurrenz um Macht und

Ämter in Jerusalem befand. Er begann als junger Mann über den zivilisatorischen Vorsprung Europas nachzudenken und so war es nur konsequent, dass er seine Heimat verließ, um zunächst das anglikanische Protestant College auf Malta zu besuchen, bevor er nach Konstantinopel zum Studium ging. Der Kontakt zu Europäern und osmanischen Reformanhängern ließ ihn sowohl in Jerusalem als auch in anderen osmanischen Provinzen immer wieder öffentliche Ämter annehmen, die er nutzte, um z.B. Bildungseinrichtungen zu fördern. Außerdem hielt er sich längere Zeit als Konsul in Rußland und als Gelehrter in Österreich auf. 1877 wurde Yusuf al-Halidi Vertreter Jerusalems in der neu eingerichteten Deputiertenkammer in Konstantinopel. Da er jedoch häufig administrative Willkür und Korruption anklagte, wurde er nach der Auflösung des Parlaments durch Sultan 'Abdülhamid II. ausgewiesen. Sein Selbstverständnis als Araber osmanischer Nationalität beschrieb er in einem Brief wie folgt: Seine Heimat sei Jerusalem, doch die Nation, der er angehöre, sei die osmanische, und das Land, der Staat, in dem er lebe, sei das Osmanische Reich. Auch bezeichnete er das Reich insgesamt als sein Vaterland. Yusuf al-Halidi sah die Integrität dieses osmanischen Reiches als gefährdet an. Daher sei neben den Reformen auch eine intellektuelle Regeneration des Reiches notwendig, eine neue politische Philosophie.

Die letzte von ihm bekannte politische Handlung war ein 1899 verfasster Brief an den französischen Oberrabbiner Zadok Kahn, einen Freund Theodor Herzls. Darin brachte er seine Befürchtung zum Ausdruck, dass die zionistische Bewegung das friedliche Zusammenleben von Muslimen, Christen und Juden in Palästina gefährden würde, und appellierte an die Zionisten, sie sollten Palästina in Frieden lassen. Er schrieb aber auch, dass die Juden durchaus historische Rechte auf Palästina hätten. Dennoch sei insbesondere von den christlichen Bewohnern Palästinas zu erwarten, dass sie den Hass der Muslime gegen die Juden anstacheln würden. Die Volksbewegung gegen die Juden – eine zu erwartende Mischung aus unkontrollierbarer Volkswut und christlichem Antisemitismus – werde kaum zu verhindern sein und deswegen müsse der „geografische Zionismus" aufgegeben und ein anderes Territorium als das Palästinas gefunden werden.

Der Erste Weltkrieg schuf schließlich die Situation, in der es möglich war, die bislang durch die politische Konkurrenz Europas im Gleichgewicht gehaltene Lage gründlich neu zu ordnen. Vor allem an Großbritannien lag es, die nahöstlichen Verhältnisse zu verändern und dabei auf die zionistische oder die arabische Karte zu setzen.

Erster Weltkrieg: Die Rolle Großbritanniens

Das Sykes-Picot-Abkommen

Nach der Kriegserklärung der Entente-Mächte an das Osmanische Reich im November 1914 hatte Großbritannien Zypern annektiert und Ägypten sowie Kuwait zu Protektoraten erklärt. Im Konstantinopel-Abkommen von 1915 sprachen Frankreich und England Rußland für den Fall des Sieges die spätere Kontrolle über die Meerengen am Bosporus und das armenisch besiedelte Nordost-Anatolien zu. Um das Osmanische Reich aus dem Krieg auszuschalten und den türkisch-deutschen Vormarsch auf den Suezkanal zu beenden, unternahmen Briten und Franzosen vom Februar 1915 bis Januar 1916 einen äußerst verlustreichen und letztlich erfolglosen Angriff auf die Dardanellen.

Dennoch gingen die britisch-französischen Verhandlungen über eine Aufteilung der Interessensphären weiter und mündeten in das Sykes-Picot-Abkommen, das 1916 geheim geschlossen wurde. Darin wurde die Aufteilung des arabischen Teils des Osmanischen Reichs in eine französische und eine britische Einflusssphäre vorgenommen. Aufgrund dieser Vereinbarung sollte Frankreich den nordwestarabischen Bereich, also Libanon, das heutige Syrien, das türkische Kilikien und Palästina nördlich der Linie Akko-Nordspitze Tiberiassee erhalten. Großbritannien sollte den heutigen Irak mit der ölreichen Provinz Mossul, sowie das heutige Jordanien als Einflusssphäre erhalten. Der Sandschak Jerusalem (also Südpalästina) sollte unter internationale Kontrolle gestellt werden.

Britische Nahostpolitik

Nach dem Scheitern der alliierten Dardanellen-Offensive hielt Großbritannien es für strategisch geboten, einen Aufstand der arabischen Bevölkerung des Osmanischen Reiches gegen seine Regierenden anzuzetteln. Diesem Ziel diente die Korrespondenz des britischen Hohen Kommissars in Kairo Arthur Henry McMahon (*1862; †1949) mit dem Scherifen Hussein von Mekka (*1853 in Mekka; †1931 in

Amman) zwischen dem 14. Juli 1915 und dem 10. März 1916. Ein Bündnis mit dem Scherifen, dessen Familie sich auf die Verwandtschaft mit dem Propheten Muhammad berief, konnte dem Kampf gegen das Osmanische Reich den antiislamischen Einschlag nehmen, den ein solcher Krieg gewinnen musste, wenn er gegen den türkischen Sultan geführt wurde, der schon zum *„dschihad"* aufgerufen hatte; denn immer noch war der osmanische Sultan „Kalif", d.h. „Stellvertreter", „Nachfolger" des Propheten Muhammad.

Die Zusagen, die McMahon gegenüber Hussein machte, wurden zur Grundlage späterer arabischer Ansprüche auf den Pariser Friedenskonferenzen 1919. Hussein hatte in einem Briefwechsel die Anerkennung als Kalif gefordert und darüber hinaus die Anerkennung der arabischen Unabhängigkeit im Gebiet des heutigen Syrien, Libanon, Irak, Arabien und Palästina. McMahon gestand ihm bereitwillig das Kalifat zu, machte aber territoriale Einschränkungen, die vor allem das Interessengebiet Frankreichs aufgrund des geheimen Sykes-Picot-Abkommens betrafen, das der arabischen Seite schließlich durch die Veröffentlichung der zaristischen Geheimarchive durch die russischen Revolutionäre zur Kenntnis gelangte.

Tatsächlich kam es zu einem arabischen Aufstand gegen die Türken, der, trotz seiner großen Bekanntheit durch Thomas Edward Lawrence (*1888; †1935; genannt „Lawrence von Arabien"), militärisch eher geringen Wert hatte. Dennoch stand Großbritannien nach dem Krieg im Wort.

Die Balfour-Deklaration

Die Politik der von Theodor Herzl und seinen zionistischen Weggefährten ins Leben gerufenen Zionistischen Organisation, möglichst viel Land in Palästina zu erwerben, ruhte zwangsläufig während des Ersten Weltkrieges. Während die Juden Europas patriotisch gesinnt an allen Fronten für ihre jeweiligen Länder kämpften, ging die Führerschaft in der zionistischen Bewegung von Deutschland nach Großbritannien über. Haim Weizmann (1874–1952) gelang es, bei der britischen Regierung Wohlwollen für das zionistische Anliegen zu erringen, und so wurde dem einflussreichen Lord Lionel Walter Rothschild (1868–1937) als Vertreter der Britischen Zionistischen Organisation am 2. November 1917 durch Lord Arthur James Balfour (1848–1930) die Erklärung überreicht, die fortan zur „Magna Charta" des jüdischen Volkes wurde:

> „Seiner Majestät Regierung betrachtet die Schaffung einer nationalen Heimstätte in Palästina für das jüdische Volk (home for the Jewish people)

mit Wohlwollen und wird die größten Anstrengungen machen, um die Erreichung dieses Zieles zu erleichtern, wobei klar verstanden werde, dass nichts getan werden soll, was die bürgerlichen und religiösen Rechte bestehender nichtjüdischer Gemeinschaften in Palästina oder die Rechte und die politische Stellung der Juden in irgendeinem anderen Land beeinträchtigen könnte" (M. Krupp, Zionismus 75).

Auch wenn die Balfour-Deklaration zunächst nur den Rang einer unverbindlichen Absichtserklärung hatte, wurde sie zur Grundlage der Schaffung des britischen Palästina-Mandats und vervollständigte damit den durch den europäisch-arabischen Interessengegensatz bereits bestehenden „Gordischen Knoten", der bis heute nicht aufgelöst werden konnte.

Nach dem Ersten Weltkrieg: Der Beginn der jüdisch-arabischen Konfrontation

Europäische Mandate: Frankreich

Unter dem Eindruck der Russischen Revolution sowie des von US-Präsident Thomas Woodrow Wilson (*1856, †1924; von 1913–1921 Präsident der USA) verkündeten „14 Punkte-Programms" (u.a. vorgesehene Autonomie für die nichttürkischen Völker des Osmanischen Reiches) wurden auf den Pariser Friedenskonferenzen 1919/20 die französisch-englischen Vereinbarungen dahingehend revidiert, dass es zur Schaffung von Mandatsgebieten kam, die eine spätere Unabhängigkeit vorsahen.

Frankreich kontrollierte fortan Syrien und den Libanon, die in den zwanziger und dreißiger Jahren eingeschränkte und während des Zweiten Weltkrieges die volle Unabhängigkeit erhielten. Ein Aufstand der weiterhin intakten Arabischen Bewegung, die als Allgemeiner Syrischer Nationalkongress 1919/20 in Damaskus tagte, wurde von den Franzosen mit Waffengewalt beendet und die französische Herrschaft in Syrien stabilisiert. Frankreich musste zwar – u.a. aus Rücksicht auf seine territorialen Interessen in Mitteleuropa (Elsaß-Lothringen) – auf seine Forderungen nach Einfluss in Palästina verzichten sowie den Briten die Ölprovinz Mossul überlassen, konnte aber weitergehende sowohl britische wie zionistische Ansprüche auf eine Ausdehnung des Palästina-Mandats nach Südlibanon (Litani-Grenze) nicht nur erfolgreich zurückweisen, sondern darüber hinaus den traditionell bereits unter französischem Protektorat stehenden maronitischen „Mont Liban" zum heute ethnisch wie konfessionell gemischten modernen Libanon erweitern.

Deutschland

Das Deutsche Reich versuchte nach dem Ersten Weltkrieg, seine ver-loren gegangenen Positionen vor allem im wirtschaftlichen Bereich (Erdöl) wiederzuerlangen. Da es im Vorderen Orient keine imperialen Ambitionen mehr durchzusetzen vermochte, entwickelte sich das Verhältnis zu den Arabern günstig, zumal diese – vor allem nach der Machtübernahme der Nationalsozialisten – die Deutschen (und mit ihnen das faschistische Italien) als die natürlichen Feinde ihrer neuen Herren England und Frankreich sowie der zionistischen Juden erblick-ten. Vor allem auf diesem Hintergrund scheint die spätere verhängnis-volle Zusammenarbeit des Großmufti von Jerusalem, Amin al Hus-seini (*1893 in Jerusalem; †1974 in Beirut), mit den Nationalsozia-listen erklärbar.

Die Nationalsozialisten begünstigten in den Anfangsjahren des „Dritten Reichs" zunächst die Auswanderung der Juden aus Deutsch-land, doch bald sollte sich zeigen, dass nicht die Vertreibung – die im übrigen von einigen Zionisten als Bestätigung ihrer Ideologie, eine dauerhafte Assimilation der Juden in ihren „Gastländern" sei unmög-lich, begrüßt wurde – sondern nach Ausbruch des Zweiten Welt-krieges (in vollem Umfang) die Vernichtung der Juden das eigentliche Ziel der Nationalsozialisten war. Die europäischen Nachbarländer – wenn sie nicht ohnehin selber (wie vor allem in Osteuropa) eine anti-semitische Politik betrieben – sperrten sich gegen die Aufnahme jüdi-scher Flüchtlinge und so blieb vielen nur noch die von den Briten schließlich für illegal erklärte Einwanderung nach Palästina. Eine große Zahl europäischer Juden konnte eine der Auswanderungs-möglichkeiten nicht mehr ergreifen oder erkannte die Gefahr zu spät, und so wurden etwa sechs Millionen von ihnen Opfer des national-sozialistischen Rassenwahns·

Großbritannien

Der britische Außenminister Lord Balfour hatte zwar 1919 kategorisch die Anwendung des Selbstbestimmungsrechts auf die nicht-jüdischen Gemeinschaften in Palästina ausgeschlossen. Aber die bald einsetzen-den gewaltsamen Unruhen zwangen Großbritannien zu einer In-terpretation der Balfour-Deklaration, die – vom damaligen Kolonial-minister Winston Churchill (*1874; †1965) 1922 formuliert – bis zum Beginn des Zweiten Weltkrieges zur Richtlinie wurde: Churchill unter-strich die doppelte Verantwortung Großbritanniens sowohl gegenüber den arabischen wie den jüdischen Gemeinschaften. Der britische

Versuch, die Palästina-Frage für die einzelnen politischen Gemeinschaften jeweils isoliert zu betrachten, wurde die Linie britischer
Politik bis zu ihrem Scheitern im Jahr 1948.

Der Peel-Bericht

Der britische Peel-Bericht von 1937 sah bereits eine Teilung des
Landes in einen jüdischen und einen arabischen Staat vor, mit einem
dabei vorzunehmenden „Bevölkerungsaustausch", wie er nach dem
griechisch-türkischen Krieg 1920–22 vorgeführt worden war.
Widerstand gegen die Teilungspläne gab es jüdischerseits sowohl auf
Seiten der „Maximalisten" (die von Groß-Israel träumten) wie auf
Seiten der „Idealisten" (etwa eines Martin Buber, *1878; †1965); ara-
bischerseits wurden diese Pläne kategorisch abgelehnt, da die arabi-
sche Bevölkerung in allen Landesteilen die Mehrheit stellte. Jüdische
Befürworter des Peel-Planes fanden sich vor allem in der Führung des
Zionistischen Weltorganisation – David Ben Gurion (*1886; †1973)
und Chaim Weizman (*1874; †1952) – die durch den zunehmenden
Druck auf die deutschen Juden immer mehr auf die britische Seite
gezwungen wurden.

Dies war allerdings nicht der letzte Kommissionsbericht. Die welt-
politische Lage zwang Großbritannien zu weiteren Konzessionen gegenüber der arabischen Welt, da diese mit ihrer politischen Orientierung nach Deutschland und Italien drohten. Eine für 1939 in London
geplante Konferenz scheiterte an der arabischen Verweigerung. Das
daraufhin noch im gleichen Jahr veröffentlichte Weißbuch der britischen Regierung machte deutlich, dass Großbritannien keinen jüdischen Staat schaffen wolle, sondern in den nächsten zehn Jahren
einen unabhängigen Staat Palästina. Dazu sollte die jüdische
Einwanderung – und dies angesichts der Kriegsgefahr und der nationalsozialistischen Judenpolitik – drastisch beschränkt werden, obwohl
sich zu der Zeit keine alternativen Auswanderungsmöglichkeiten
mehr für die europäischen Juden anboten.

Bis 1943 war das Palästina-Mandat von strategischer Bedeutung
für Großbritannien, weil es die Basis sowohl für den Kampf gegen
die deutschen Truppen in Nordafrika wie gegen die französischen
Vichy-Truppen in Syrien bot. Der für Palästina nach dem Weißbuch
ins Auge gefasste Übergang zur Selbstverwaltung blieb ausgesetzt, sicherlich auch wegen der Opposition Winston Churchills gegen das Weißbuch. Hingegen wurden nach Kriegsende 1945 alle
britischen Vorkriegsmodelle einer Konfliktlösung im Palästina-

mandat noch einmal aufgegriffen, erörtert, verworfen und wieder empfohlen.

Die Vereinten Nationen

Schließlich wurde das Problem vor die 1945 gegründete UNO gebracht. Diese war zwar – anders als der Völkerbund – berechtigt, eigene Polizeikräfte für Palästina aufzustellen; dies wurde aber von Großbritannien verhindert, das schließlich bekannt gab, dass es die Mandatsverwaltung am 15. Mai 1948 beenden würde. Großbritannien musste sich eingestehen, dass es aufgrund seiner enormen Kriegsanstrengungen – obwohl es seine Positionen hatte halten können – wirtschaftlich und machtpolitisch am Ende war und sich nur noch durch amerikanische Hilfe behaupten konnte. Dies musste zu Eingeständnissen gegenüber der zunehmend aktiveren amerikanischen Nahostpolitik führen und schließlich zum Rückzug aus dem Palästinamandat als ein Hauptakteur auf der nahöstlichen Bühne.

Die Vereinigten Staaten

Die amerikanische Politik, die nach den Jahren der „splendid isolation" während der Zwischenkriegszeit zunehmend ihre strategischen Interessen im Nahen Osten zu verwirklichen trachtete, war seit 1944 – und ist bis in unsere Tage – von drei Handlungsrichtungen geleitet, die zwar in sich widersprüchlich sind, die man aber immer wieder zu harmonisieren versuchte:

1. Die jüdische Entwicklung in Palästina in eine sozialökonomische Entwicklungsstrategie für den gesamten Nahen Osten einzubetten.
2. Mit Blick auf die amerikanische Erdölpolitik Rücksicht auf arabische Wünsche und Forderungen vor allem auf der arabischen Halbinsel zu nehmen, ohne die prozionistische Politik in Palästina zu beeinträchtigen oder jüdisch-amerikanische Wähler in den USA zu verprellen.
3. In Palästina eine jüdisch-arabische Koexistenz herbeizuführen.

Schließlich waren es die USA, die zusammen mit der Sowjetunion als den beiden neuen Weltmächten, sich vor der UNO für die Gründung des jüdischen Staates einsetzten.

Die Position der Zionisten

Durch die Aufnahme der britischen Verpflichtung in die Friedensverträge mit der Türkei und in das Palästinamandat war die Balfour-Deklaration in ein völkerrechtlich verbindliches Dokument aufgenommen geworden.

Allerdings gelang es den Zionisten nicht, bei den Pariser Friedensverhandlungen ihre territorialen Idealvorstellungen, die auch das Gebiet östlich des Jordan bis nahe an die Hedschasbahn, die von Damaskus über Amman weiter nach Medina führte, sowie den Südlibanon bis nach Sidon und den Golan umfassen sollte, in die Realität umzusetzen. Schließlich auf das Palästina-Mandat westlich des Jordan verwiesen, konnte die Zionistische Weltorganisation ihre Vorkriegspolitik wieder aufnehmen und umfangreiche Landkäufe tätigen. Die politische Entwicklung Mittel- und Osteuropas ließ jedoch nicht den Raum für eine kontinuierliche Entwicklung und einen Ausgleich mit den Arabern entstehen.

Bereits im Gefolge der umfassenden Pogrome in Mittelosteuropa nach dem Ersten Weltkrieg drängten viele osteuropäische Juden zu Beginn der zwanziger Jahre auf ihre Einwanderung nach Palästina. Da diese oftmals kommunistische bzw. sozialistische Gesellschaftsvorstellungen vertraten, kam es zur Errichtung vieler Kibbuzim und zur umfassenden Kultivierung des Landes mit Hilfe europäischer Landwirtschaftstechnik. In den Jahren 1924/25 wanderten an die 45 000 polnische Juden ein.

Bis zum Bericht der britischen Peel-Kommission 1937 kamen noch einige tausend deutscher Juden hinzu, die die bis dahin von der nationalsozialistischen Regierung bevorzugte Auswanderung der Juden zu nutzen wussten, sowie weitere osteuropäische Juden.

Bedingt durch diesen äußeren Druck – und die daraus entstehende Ungleichentwicklung der jüdischen und der arabischen Gesellschaft und Wirtschaft – lief die innere Entwicklung Palästinas unausweichlich auf den Konflikt hinaus:

Bereits 1920 und immer wieder in den folgenden Jahren kam es zu schweren Zusammenstößen zwischen Juden und Arabern und damit verbunden vielen Toten auf beiden Seiten. Die Zionisten gründeten daraufhin die Hagana, eine paramilitärische Selbstschutzorganisation, die zum Kern der späteren israelischen Armee wurde. Der Zionistischen Organisation gelang bis zum Zweiten Weltkrieg der Aufbau eines effizienten politischen Gemeinwesens, das in den Auseinandersetzungen mit der britischen Mandatsmacht und den Arabern selbständig und schlagfertig genug war, um sich ohne größere Schwierigkeiten nach dem Ende der Mandatszeit selbst verwalten, regieren und verteidigen zu können.

Am Vorabend des Zweiten Weltkrieges wurde die Lage der Zionisten zunehmend verzweifelter. Großbritannien weigerte sich, eine uneingeschränkte jüdische Einwanderung nach Palästina zuzulassen, so dass diese in die Illegalität gedrängt wurde. Politisch konnten die Zionisten aber vorläufig nicht die Seite wechseln, sondern blieben auf Gedeih und Verderb an die Briten verwiesen. So formulierte David Ben Gurion die Richtlinie zionistischer Politik während des Krieges: „Wir werden in diesem Krieg mit Großbritannien kämpfen, als ob es kein Weißbuch gäbe. Und wir werden das Weißbuch bekämpfen, als ob es keinen Krieg gäbe."

Das britische Weißbuch von 1939 wurde durch die im Laufe des Krieges forcierte illegale jüdische Einwanderung nach Palästina unterlaufen. Die Hagana war in erster Linie mit der Organisation dieser Einwanderung beschäftigt. Kleinere jüdische extremistische Gruppen kämpften auch mit terroristischen Mitteln sowohl gegen die Mandatsmacht wie gegen die arabische Bevölkerung, was von diesen nicht ohne entsprechende Antwort blieb.

Am Ende des Krieges befanden sich ca. 460 000 überlebende Juden in europäischen Flüchtlingslagern, die zur politischen Manövriermasse zwischen den USA, Großbritannien und der Zionistischen Organisation wurden. Die Zionisten wünschten die sofortige Einwanderung dieser Menschen nach Palästina, was Großbritannien zu verhindern suchte. Schließlich fanden sie sowohl in den USA wie auch in der Sowjetunion Bündnispartner, die sich beide für die Gründung des jüdischen Staates vor der UNO einsetzten (das Wohlwollen der Sowjetunion für Israel bestand allerdings nur wenige Jahre).

Die Arabischen Staaten

Im *Bilad asch-Scham*, dem Land Syrien (das heutige Syrien ist nur ein kleiner Teil davon), hatte 1919/20 die arabische Nationalbewegung unter der Führung Faisals (*1883, †1933; ein Sohn von Hussein war er es, der in der Hauptsache mit „Lawrence von Arabien" 1916/18 gegen die Osmanen gekämpft hatte) ein unabhängiges Königreich ausgerufen. Infolge der britisch-französischen Politik, den Vorderen Orient gemäß dem Sykes-Picot-Abkommen unter sich aufzuteilen, wurde dieses Reich von Briten und Franzosen zerschlagen. Damit war auch die Politik Faisals hinfällig geworden, die gegenüber dem zionistischen Siedlungswunsch zunächst eine wohlwollende Haltung eingenommen hatte. Dieses ursprüngliche Wohlwollen orientierte sich an der traditionellen islamischen Vorstellung der *millet*-Autonomie für nicht-muslimische Minderheiten innerhalb der islamischen Welt, die vor allem innere Autonomie der Minderheiten als „Schutzbürger" vorsieht.

Immerhin kamen die Briten Hussein und seinen Söhnen insofern entgegen, dass sie Hussein als Herrscher im Hedschas (dem Bereich Mekkas und Medinas) anerkannten – aber gleichzeitig die Familie der Sauds unterstützten, die Hussein in den Zwanzigerjahren aus dem Hedschas vertrieben und das bis heute bestehende Königreich Saudi-Arabien gründeten –, Faisal als König des Irak einsetzten (1930 unabhängig, bei Aufrechterhaltung des britischen Einflusses) und seinen Bruder Abdallah (*1881 in Mekka, †1951 in Ost-Jerusalem von einem palästinensischen Gegner ermordet) zum Emir, später König von Transjordanien (1921–1951) ernannten, das 1923 vom Palästinamandat getrennt und engster Bündnispartner Großbritanniens im Nahen Osten wurde.

Die miteinander konkurrierenden Ansprüche der saudisch-wahhabitischen Dynastie, der haschemitischen Dynastie – der Familie Husseins, die sich auf Verwandschaft mit dem Propheten Muhammad beruft – sowie des ägyptischen Königshauses auf das Kalifat (und damit die sowohl politische wie religiöse Nachfolgerschaft des Propheten Muhammad) konnten auf einem Wahlkonvent 1926 in Kairo – und bis in unsere Tage – nicht ausgeglichen werden.

Der Herrscher, der für die Zionisten während der Dreißiger- und Vierzigerjahre die größte Bedeutung erlangte und der seinerseits einem Ausgleich mit ihnen zuzustimmen vermochte, war Emir Abdallah von Transjordanien. Sowohl die jordanische wie die zionistische Seite waren sich bewusst, dass sie auf eine Kooperation aus strategischen und ökonomischen Gründen verwiesen waren. Abdallah wollte seinen Einfluss in Palästina wahren und die Zionisten zogen eine jordanische Herrschaft in bestimmten Teilen Palästinas einer palästinensischen Souveränität vor. So war Abdallah schließlich der einzige arabische Herrscher, der dem britischen Peel-Bericht – und zumindest indirekt dem UN-Teilungsplan von 1947 (s. Karte S. 180) – zustimmte.

Während des Zweiten Weltkrieges forcierten vor allem Ägypten und der Irak ihre Anstrengungen, von Großbritannien loszukommen, was dieses erfolgreich unterband. So war die arabische Nationalbewegung am Ende des Krieges geschwächt und mehr mit eigenen Problemen als mit der Palästinafrage befasst. Allerdings vermochten die bereits unabhängigen arabischen Staaten durch ihren Beitritt zu den Vereinten Nationen sowie durch die Gründung der Arabischen Liga 1945 international an Gewicht zu gewinnen. Eine Konferenz der arabischen Staaten 1946 in Bludan (Syrien) rief zum (bewaffneten) Widerstand gegen die Teilungspläne für Palästina auf, auch wenn sich

Emir Abdallah von Transjordanien (1946 zum König proklamiert) wahrscheinlich insgeheim mit den Zionisten arrangierte. 1947 schließlich wurde gegen die Stimmen der arabischen Staaten von der UN-Vollversammlung die Resolution 181 verabschiedet, die einen unabhängigen jüdischen und einen unabhängigen arabischen Staat in Palästina vorsah. Die arabischen Staaten protestierten gegen diese Entscheidung und erklärten sie für ungültig, da sie unvereinbar mit der UN-Charta und nur aufgrund des US-amerikanischen Drucks zustande gekommen sei. Bald darauf überschritten die ersten arabischen Freiwilligentruppen die Mandatsgrenze und schließlich erklärten fünf arabische Staaten am 15. Mai 1948 dem gerade ausgerufenen Staat Israel den Krieg.

Die palästinische Nationalbewegung

Während die anderen Regionen des Fruchtbaren Halbmondes nach dem Ersten Weltkrieg unter europäische Herrschaft gerieten und die Bewohner dieser Länder, die doch die arabische Unabhängigkeit gefordert hatten, folgerichtig die neuen Herren als ihre nationalen Gegner ansehen mussten, hatte sich die arabische Bevölkerung Palästinas zusätzlich mit dem Anspruch der Zionisten auseinanderzusetzen. Anders als etwa in Ägypten, wo in jenen Jahren auch auf religiöser (islamischer) Ebene Modernisierungsanstrengungen unternommen wurden, wurde der palästinische Islam konserviert und befand sich mehr als in den übrigen arabischen Ländern in der Defensive.

In der palästinensischen Nationalbewegung gab es unmittelbar nach dem Ersten Weltkrieg zwei Strömungen: Die jüngeren Vertreter einflussreicher Familien wollten den „großsyrischen" Staat und betrachteten Palästina als Südwestsyrien, während die älteren für ein autonomes Palästina im britischen Mandat eintrat. Großbritannien wollten sie dazu bringen, die Balfour-Deklaration zu widerrufen. Mit der Niederlage Faisals gegen die französischen Truppen in Syrien kam die Idee einer politischen Union mit Syrien ans Ende und bereits seit 1921 rückten spezifisch palästinensische Interessen in den Mittelpunkt der Auseinandersetzung.

Da die arbeiterzionistische Richtung darauf bedacht war, Juden in „normalen" Berufen zu beschäftigen, führte dies nicht – wie in europäischen Siedlungskolonien – zur Ausbeutung, sondern eher zur Verdrängung einheimischer Arbeitskraft. Die sich daraus ergebenden sozialen Umbrüche in einer traditionell strukturierten Gesellschaft mussten unweigerlich zur Konfrontation der palästinensischen Araber mit dem Zionismus führen. Des Weiteren wurde mit dieser Verdrängung die Entwicklung einer modernen mittelständischen arabischen Schicht verhindert, so dass sich die palästinensische Gesellschaft unter Führung der miteinander konkurrierenden Jerusalemer Familien der Naschabibis und der Husseinis kaum weiterentwicklen konnte.

Auch die politische Konstellation wirkte in diese Richtung. Die Schaffung repräsentativer politischer Gremien mit Entscheidungsbefugnis wurde mit Hinweis auf die britische Verpflichtung zur Schaffung der jüdischen nationalen Heimstätte verhindert. Lediglich der „Oberste Muslimische Rat" – eine in der Kolonialgeschichte der islamischen Länder einmalige Einrichtung, als Pendant zum Oberrabbinat und den christlichen Patriarchen Jerusalems zu verstehen – wurde als Repräsentationsorgan der Muslime anerkannt, ohne jedoch das Recht zu effektiver politischer Mitwirkung zu erlangen. So musste den Arabern der Zionismus als das eigentliche Hindernis auf dem Weg zu nationaler Unabhängigkeit erscheinen.

Dennoch wurde der Oberste Muslimische Rat in den nächsten Jahren zum entscheidenden Faktor islamisch-palästinensischer Politik, da er zum einen die *Scharia*-Gerichte beaufsichtigte und zum anderen das islamische *waqf*-Eigentum verwaltete.

War das Verhältnis von arabischen Muslimen und Christen zu Zeiten der osmanischen Herrschaft oft gespannt gewesen, kam es nun zur Solidarisierung beider Gruppen. Diese Solidarisierung wurde auch nicht dadurch gestört, dass der von den Briten 1922 zum Jerusalemer Großmufti ernannte Amin al-Husseini, der immer mehr zum religiösen und politischen Sprecher der muslimischen Palästinenser wurde, die religiösen Gefühle der Muslime gegen den Zionismus anfachte.

Der Konflikt um die Westmauer des Jerusalemer Tempels 1928 verschaffte dem Großmufti die Gelegenheit, an die religiösen Gefühle der Muslime zu appellieren und dafür Sympathien in der gesamten arabischen und islamischen Welt zu erringen. Für die gleichzeitig ausbrechenden Unruhen, die zu Massakern an der (ursprünglich gar nicht zionistisch orientierten) alteingesessenen jüdischen Bevölkerung Hebrons und Safeds führte, wird ebenfalls die islamische Propaganda des Mufti verantwortlich gemacht.

1931 fand in Jerusalem eine panislamische Konferenz statt, die die Palästina-Frage deutlich unter religiösen Gesichtspunkten behandelte. Viel wichtiger aber waren in den dreißiger Jahren die Anstrengungen des Obersten Muslimischen Rates, das Bewusstsein für Palästina als muslimisches „Heiliges Land" zu schärfen. Zu diesem Zweck wurde eine Kampagne im ganzen Land eingeleitet, während der in den Moscheen über die Heiligkeit Palästinas gepredigt wurde. Außerdem trat der Oberste Muslimische Rat in Konkurrenz zum Jüdischen Nationalfonds als Landkäufer auf und polemisierte gegen arabische Landverkäufe an die Zionisten, wohlwissend, dass diese sich auch in den eigenen Reihen befanden.

Der führende muslimische Gelehrte seiner Zeit, Rashid Rida (*1865 im Libanon; †1935 in Kairo), der an dem Jerusalemer Kongress 1931 teilgenommen hatte, wurde vom Rat aufgefordert, eine *fatwa* (ein religiöses Rechtsgutachten) zu veröffentlichen, die den Landverkauf an Nichtmuslime verbot.

1936–39 war der Mufti der politische Führer des arabischen Aufstands (den er mit Rücksicht auf seine Abhängigkeit von den Briten nie als *dschihad* deklarierte), welcher schließlich in einen palästinensischen Bürgerkrieg mündete und in der Folge die politischen Strukturen der Palästinenser um ihre wichtigsten Köpfe brachte sowie ihre berechtigten Anliegen durch die Haltung des Mufti diskreditierte. Dieser konnte sich seiner Verhaftung durch die Flucht in den Irak und dann ins Deutsche Reich entziehen, wo er ab 1941 als SS-Mitglied und Propagandist des *dschihad* gegen Alliierte und Juden eine aktive Rolle in der nationalsozialistischen Politik der „Endlösung" spielte.

Araber vs. Zionisten

Der Kampf der Araber gegen den Zionismus traf die traditionell in Palästina ansässigen Juden besonders hart. Hatte die palästinensische Nationalbewegung anfänglich noch zwischen den alteingesessenen Juden, dem „alten Jischuw", dem man volle Bürgerrechte zugestand, und den neueingewanderten Zionisten, dem „neuen Jischuw", unterschieden, so gab man diese Unterscheidung während der zwanziger Jahre auf. Eine Folge dieser mangelnden Unterscheidung war, dass die antizionistischen Stellungnahmen zunehmend antisemitischen Charakter erhielten und so nicht nur der Großmufti meinte, im Dritten Reich den richtigen Partner zu finden.

Die mangelnde politische Repräsentanz gegenüber den Briten und die verstärkte Betonung der islamischen Dimension des Konflikts zeigte nun auch bei der ärmeren muslimischen Bevölkerung ihre Wirkung:

Parallel zur Bewegung der Muslimbrüder in Ägypten trat in Palästina die Bewegung des Scheichs 'Izzaddin al-Qassam (*1882; †1935 bei einem Gefecht mit britischer Polizei) auf. Al-Qassam stand den

Vorstellungen des ägyptischen Gelehrten Raschid Rida nahe, der versucht hatte, den Islam von modernistischen Irrtümern zu reinigen und zum reinen Islam der Alten zurückzukehren. Als Prediger in Haifa spielte er eine wichtige Rolle bei der Gründung des Muslimischen Vereins Junger Männer. Er lehnte eine politische Herrschaft von Nichtmuslimen über Muslime grundsätzlich ab und sah in der Ablösung der osmanischen durch die britische Herrschaft einen eindeutigen Fall von Verpflichtung zum *dschihad*. Für al-Qassam und seine aus der sozialen Unterschicht stammenden Anhänger war der Konflikt vor allem ein Streit zwischen Muslimen und Nichtmuslimen, die in Palästina eingedrungen waren. Ihre Gegner waren nicht nur Zionisten, sondern auch die Briten, deren Mandatsherrschaft sie kompromisslos ablehnten. Anders als etwa Mufti al-Husseini wandte sich al-Qassam strikt gegen eine Zusammenarbeit mit christlich-palästinensischen Gruppierungen.

Nach der Revolte von 1936–39 (s.o.) war die arabische Bevölkerung während des Zweiten Weltkriegs mit der Wiederherstellung ihres Alltagslebens beschäftigt, was sogar eine gewisse Verbesserung der arabisch-jüdischen Beziehungen mit sich brachte. Zusätzlich kam es zu einem kriegsbedingten Wirtschaftsaufschwung in Palästina, von dem alle Landesbewohner profitierten.

Während Amin al-Husseini mit seinem Auftreten in Deutschland das palästinensische Anliegen diskreditiert hatte, gelang es den Zionisten, aufgrund der Schrecken der Schoah, weltweite Sympathie für ihr Anliegen zu gewinnen. Al-Husseini versuchte weiterhin, Einfluss auf die palästinensische Nationalbewegung zu nehmen und gab sich politisch unflexibel, während die nach wie vor einflussreichen Jerusalemer Familien unfähig waren, ihre traditionelle Interessenpolitik den zeitgegebenen Anforderungen anzupassen. So waren die arabischen Palästinenser nicht in der Lage, ihren Widerstand gegen die britischen Teilungspläne und gegen die UN-Teilungsresolution von 1947 effektiv zu organisieren.

1948: Die Geburt des Staates Israel

Nach dem Zweiten Weltkrieg rechnete Großbritannien damit, dass die neue Weltmacht Sowjetunion sich der Gründung eines Staates Israel in der UNO widersetzen würde. Dies war jedoch eine Fehleinschätzung. Im Gegenteil, die Sowjetunion begrüßte ausdrücklich die Pläne zu einer Teilung Palästinas und der Schaffung eines Judenstaates, wegen der jüdischen Leiden während des Krieges und in der Hoffnung, dass ein Judenstaat ein für allemal die britische Herrschaft im Nahen Osten zerstören würde. Außerdem erwartete die Sowjetunion durch die Ausstrahlung des Zionismus eine Stärkung sozialrevolutionärer Bewegungen in den arabischen Nachbarstaaten.

Staatsgründung und Kriegserklärung

Die „United Nations Special Comission on Palestine" (UNSCOP) arbeitete den am 29.11.1947 mit großer Mehrheit von der UN-Vollversammlung gegen die überwiegend arabischen Stimmen angenommenen Teilungsplan aus (s. die Karte S. 180). Dieser sah eine Teilung des Palästinamandats zu etwa gleichen Teilen vor, wobei die Juden die Wüste Negev, die Araber den größeren Teil Galiläas erhalten sollten. Jerusalem sollte (mit Betlehem) internationalen Status erhalten. Hatten die Vertreter der palästinensischen Araber ihre Mitarbeit bei UNSCOP verweigert, da sie der Kommission jede Legitimation absprachen, waren zumindest die Vertreter der arabischen Staaten zur Mitarbeit bereit gewesen. Die Zionisten stimmten dem Teilungsplan (enttäuscht) zu, während die arabischen Staaten ihn als rechtswidrig ablehnten. Großbritannien, das die militärische Lage in Palästina kaum noch zu kontrollieren vermochte, weigerte sich, die alleinige Verantwortung für die Durchführung des Teilungsplanes zu übernehmen und erklärte, es werde an keiner Lösung mitarbeiten, die nicht von beiden Seiten akzeptiert würde. Schließlich kündigte es für den 15. Mai 1948 die Beendigung seines Mandats und den Rückzug seiner Truppen an.

Am Freitag, 14. Mai 1948, kurz vor Sabbatbeginn, erklärte David Ben Gurion die Unabhängigkeit des jüdischen Staates auf Grundlage des Teilungsbeschlusses der Vereinten Nationen und seine Öffnung für eine umfassende jüdische Einwanderung. Sofort erklärten die arabischen Nachbarstaaten dem neuen Staat Israel den Krieg.

Nach der jüdischen Tragödie in Europa begann nun die Tragödie der palästinensischen Araber. Über die arabischen Fluchtbewegungen und die Flüchtlingszahlen gibt es unterschiedliche Angaben. Solide Einschätzungen gehen von rund 750 000 palästinensischen Flüchtlingen aus, die von jüdischem Militär vertrieben wurden bzw. sich nach Massakern in arabischen Dörfern auf die Flucht begaben. Etwa 150 000 Palästinenser verblieben als Flüchtlinge im jüdischen Herrschaftsbereich, vor allem in Galiläa.

Konnten Bischöfe und Priester der verschiedenen christlichen Konfessionen nach Beendigung der Kampfhandlungen zumeist zu ihren Wirkungsstätten zurückkehren, wurde dies den islamischen religiösen Würdenträgern unmöglich gemacht. So verblieben 1948 nur ein Qadi und zwei Sufi-Orden in Israel, viele Moscheen und andere religiöse Einrichtungen mussten schließen.

Der junge Staat positioniert sich

Dem neuen Staat Israel war es 1947–49 gelungen, sich erfolgreich zu verteidigen. Die vom UN-Teilungsplan vorgesehenen Grenzen konnten sogar zu seinen Gunsten zu einer Demarkationslinie verschoben werden, die die zunächst vorgesehenen Grenzen um einiges übertraf. Besonders schmerzlich wog allerdings der Verlust der jüdischen Altstadt Jerusalems während des Krieges, der schwersten Auseinandersetzung zwischen jordanischen und israelischen Truppen. Trotz gegenteiliger Waffenstillstandsvereinbarungen durften Juden bis 1967 nicht mehr an die Westmauer des Tempels. Die unter arabischer Kontrolle verbliebenen Gebiete Westbank und Gaza-Streifen wurden von Jordanien einverleibt bzw. kamen unter ägyptische Kontrolle (s. Karte S. 181).

Israel musste in den folgenden Jahren gewaltige innere Probleme bewältigen: Nicht nur jüdische „Displaced Persons" aus Europa und zionistische Idealisten aus Amerika, sondern auch die Mehrheit der in orientalischen (islamischen) Ländern lebenden Juden wanderten in den folgenden Jahren nach Israel ein.

Der neue Staat Israel war weder eine Theokratie (ein Gottesstaat), wie sie von religiösen Gruppen gewünscht wurde, noch ein kommunistischer Staat bzw. eine Volksrepublik, wie sie von radikalen Mitgliedern der Kibbuzbewegung gefordert (und von der Sowjetunion erwartet) worden war. Vielmehr setzte sich unter dem Druck der äußeren Verhältnisse ein pragmatisch orientierter demokratischer Sozialismus mit Nationalisierung weiter Wirtschaftsbereiche durch. Eine ebenso bedeutsame Rolle erhielt die israelische Armee als Faktor für die Integration von Neueinwanderern und die Bereitstellung neuer Eliten.

Vor allem war es David Ben Gurion, dessen Realismus es zu verdanken ist, dass der neue Staat eine parlamentarisch-demokratische Republik wurde, die sich trotz fortbestehender sozialistischer Denkmuster an westlichen Prinzipien der Liberalität und Pluralität orientierte.

Die Staatsgründung Israels im 20. Jahrhundert schaffte eine historisch völlig neuartige Situation, die nicht nur die politischen Nachbarn wie die Israelis selber zu bewältigen hatten und haben, sondern die auch für die aus dem Judentum entstandenen bzw. von diesem beeinflussten Nachbarreligionen Christentum und Islam eine Herausforderung darstellte. Hatte es doch fast zweitausend Jahre (und somit über die – fast vollständige – Existenzdauer dieser beiden Religionen) keine eigene jüdische Staatlichkeit mehr gegeben, war dieser Zustand oft genug als ein Argument für das Verworfensein oder Überholtsein des Judentums angesehen worden. Aber auch für die an die Situation des Exils gewöhnten Juden bedeutete der eigene Staat eine Herausforderung, da sie sich nun die Frage stellen mussten:

- Worin besteht das qualifizierend Neue im Judesein in Land und Staat Israel?
- Nach welchem Gesetz (dem göttlichen oder dem von Menschen gemachten) sollen die Bürger dieses Staates leben und wo sollen seine politischen Grenzen verlaufen?

Nach der Staatsgründung konnte der jüdische Landerwerb einen qualitativen Sprung machen, insofern die gesamte von den Briten geschaffene State Domain sowie als „herrenlos" deklariertes Land vom Staat übernommen und zu unveräußerlichem „Land Israels" gemacht wurde. Zur Konfiszierung arabischen Landes wurden weitere Gesetze und Notstandsverordnungen geschaffen.

1967: Der Sechstagekrieg

In den 50er-Jahren gelang die allmähliche Konsolidierung des Staates Israel; 900 000 Juden wanderten nach Israel ein, während den palästinensischen Flüchtlingen die Heimkehr verweigert wurde. Gleichzeitig wurde der Landbesitz der bisherigen Eigentümer vom israelischen Staat enteignet und jüdischen Eigentümern zugeführt.

„Speerspitze" des Westens?

In den Ost-West-Konflikt trat Israel 1956 mit seiner Beteiligung an der britisch-französischen Invasion in Ägypten ein. Wenngleich diese Aktion israelischerseits dadurch motiviert war, Israel von Terrorüberfällen aus dem ägyptisch kontrollierten Gaza-Streifen zu befreien und einen Zugang für das bis dahin von Ägypten blockierte Eilat am Golf von Akaba zu schaffen, so ist doch festzuhalten, dass mit dieser Aktion der arabische Eindruck verfestigt wurde, Israel sei nur eine Speerspitze des westlichen Kolonialismus. Die Sowjetunion nutzte die Situation, indem sie fortan als Protektor des arabischen Nationalismus gegen den westlichen Imperialismus auftrat. Die arabischen Nachbarn Israels wurden seitdem mit sowjetischen Waffen ausgerüstet.

Israelischer „Befreiungsschlag" 1967

Für den Sechstagekrieg im Juni 1967, der mit einem vollständigen Sieg der israelischen Streitkräfte und der Eroberung des Gaza-Streifens, des Sinai, der Westbank und Ostjerusalems sowie der Golanhöhen endete (s. Karte S. 182), werden die Verantwortlichen auf der jeweils anderen Seite ausgemacht. Wahrscheinlich hat niemand wirklich diesen Krieg gewollt. Drohgebärden arabischer Politiker, ständige Guerillatätigkeit im Grenzgebiet mit Jordanien und Syrien, womöglich Fehlinformationen des sowjetischen Geheimdienstes an die arabischen Regierungen sowie eine zunächst zögerlich agierende israelische Regierung, die tief sitzende Ängste innerhalb der israelischen Bevölkerung vor einer möglichen Wiederholung der Schoah förderte, machten den militärischen Befreiungsschlag für das israelische Selbstverständnis unausweichlich.

Für die jüdische Seite stellte sich nach dem Krieg die Frage: Hat hier nicht Gott selber ins Geschehen eingegriffen, als er die israelischen Truppen zu diesem glänzenden Erfolg führte? Hat mit dem Sechstagekrieg vielleicht sogar der Anbruch der messianischen Zeit begonnen? Diese Frage wird auch in christlichen, zumeist protestantisch-fundamentalistischen Kreisen vor allem in Nordamerika aber auch in Europa gestellt, wenngleich sie naturgemäß mit anderen Inhalten als bei den Juden beantwortet wird. Für das Judentum in aller Welt gab der Sechstagekrieg den Anlass, sich endgültig mit dem Staat Israel zu solidarisieren und letzte Widerstände gegen den Zionismus zu überwinden.

Für die arabische Seite war diese vernichtende Niederlage Anlass, sich auf die islamischen Wurzeln zu besinnen und das Vertrauen auf europäisch-säkulare Werte als Ursache der arabischen Niederlage zu verstehen.

Gründung der PLO

Eine weitere Folge des Sechstagekriegs war das „Erwachen" der palästinensischen Nation. Hatten sich die arabischen Nachbarn vergeblich und oft nur in Verfolgung eigener Interessen um die Palästinenser gekümmert, so nahmen diese von jetzt an das Heft selber in die Hand, um ihre nationalen Ziele zu verwirklichen. Die 1964 gegründete PLO wurde von den arabischen Staaten als einziger Repräsentant der palästinensischen Araber anerkannt. Die Ausweisung sozial und politisch wichtiger arabischer Persönlichkeiten durch die israelische Militärverwaltung ermöglichte es der Fatah, der Mehrheitsorganisation innerhalb der PLO, die politische und militärische Führung des Kampfes gegen Israel an sich zu reißen, welcher fortan aus dem Exil geführt wurde. Der internationalen Öffentlichkeit wurde dieser Kampf nur allzu oft durch blutige Terroraktionen bekannt gemacht. Aber auch innerhalb Syriens, Libanons und Jordaniens, wo Palästinenser in größerer Zahl leben, spielen diese bis heute eine nicht immer unproblematische Rolle, die gelegentlich zu blutigen Auseinandersetzungen führte.

Eine weitere – zunächst auch für die Palästinenser positive – Folge des Sechstagekrieges war die „Wiedervereinigung" des alten Mandatsgebietes; fortan (zumindest bis zum Beginn der Intifada) konnten israelische Araber wieder mit ihren Verwandten in der Westbank und im Gazastreifen in Kontakt treten und ihren Zusammenhalt stärken. Für viele israelische Araber wurde der „Tag des Landes" vom 30. März 1976 zu einer Wasserscheide in ihrem politischen Bewusstsein, als sie gemeinschaftlich mit den Palästinensern der besetzten Gebiete in einem Generalstreik gegen Landenteignungspläne der israelischen Behörden in Galiläa und im Negev protestierten.

Kein Frieden

Die Erwartung der israelischen Regierung, die arabischen Länder seien nach dem Sechstagekrieg zu Friedensgesprächen bereit, erfüllte sich nicht. Diese gaben sich nicht geschlagen und wurden rasch durch die Sowjetunion wieder aufgerüstet. Das größer gewordene Israel hatte mit dem Sieg nach wie vor keinen Frieden in Aussicht: Am Suezkanal kam es nach dem Sechstagekrieg zu einem „Abnutzungskrieg", der unvermittelt im Oktober 1973 in den Jom Kippur-Krieg überging. Dieser Krieg, der am höchsten jüdischen Feiertag, im islamischen Fastenmonat Ramadan, durch einen gleichzeitigen massiven Angriff syrischer und ägyptischer Truppen auf die israelischen Stellungen im Sinai und im Golan eröffnet wurde, kam für die Israelis völlig überraschend. Nur mit Mühe behaupteten sich die israelischen Truppen und nach umfassenden amerikanischen Waffenlieferungen konnten sie nach drei Wochen das Blatt militärisch zu ihren Gunsten wenden. Das diplomatische Zusammenspiel von USA und Sowjetunion führte zu einem erneuten Waffenstillstand. Auch wenn Israel sich behaupten konnte und militärisch am Ende wieder überlegen war, war es strategisch der Verlierer des Krieges. Die arabische Welt hatte gezeigt, dass auch sie in der Lage ist, einen modernen Krieg zu führen.

Verstärkt seit der Regierungsübernahme 1977 durch den national-konservativen Likud-Block Menachem Begins (*1913; †1992; in den vierziger Jahren von der britischen Mandatsregierung als Terrorist gesucht, von 1977–1983 israelischer Ministerpräsident) wurde die jüdische Besiedlung in den besetzten Gebieten vor allem der Westbank wie des Gaza-Streifens forciert. Hatte die Arbeiterpartei das Festhalten an den besetzten Gebieten stets mit Sicherheitserwägungen begründet, so spielten diese nur noch eine untergeordnete Rolle, da die konservative Regierung nicht daran dachte, irgendein Stück vom Land Israel aufzugeben.

Umso erstaunlicher war 1977 das Eingehen des israelischen Ministerpräsidenten Menachem Begin auf das Friedensangebot des ägyptischen Präsidenten Anwar Sadat (*1918; †1981, von Islamisten ermordet), der einige Jahre zuvor die Freundschaft mit der Sowjetunion aufgekündigt und die Anlehnung an den Westen gesucht hatte. Unter der Ägide der Vereinigten Staaten begannen langwierige Verhandlungen, die 1979 zum Friedensvertrag führten. Israel räumte den Sinai vollständig, gegen entsprechende Sicherheitsgarantien. Auch sollten nach den Vereinbarungen des Friedensvertrags Autonomieverhandlungen mit den Palästinensern aufgenommen werden, was aber in der Folgezeit durch die Likud-Regierung verschleppt wurde, während der Frieden mit Ägypten von der PLO und fast allen anderen arabischen Staaten abgelehnt wurde.

1982 kam es zum Libanon-Feldzug der israelischen Armee, der – obwohl militärisch erfolgreich, da die PLO ihre Stellungen im Libanon räumen musste – politisch zum Desaster für die konservative Regierung geriet. Zum ersten Mal formierte sich in Israel eine Friedensbewegung mit großem Zulauf, insbesondere nach den Massakern an Palästinensern in den libanesischen Flüchtlingslagern Sabra und Shatila durch libanesische Verbündete Israels. Ob israelische Regierungsstellen ihre Billigung für diese Massaker gaben, ist bis heute nicht geklärt worden, wird aber öfters unterstellt.

Ein ideologisches Vakuum entsteht

Stehen mit dem Datum 1917 vor allem die völkerrechtliche Fragestellung und mit dem Datum 1948 vor allem der Zusammenhang von Schoah und Staatsgründung Israels im Vordergrund, so erweist sich das Ereignis des Sechstagekrieges 1967 für unsere Fragestellung, die sich auf die religiösen Elemente im modernen Nahostkonflikt konzentriert, als Dreh- und Angelpunkt: Dieser unter militärischen Gesichtspunkten glänzend geführte Feldzug, in dem Israel ein Gebiet erobern konnte, das in etwa dem biblischen Großreich der Könige David und Salomo entsprach – in dem neben der Sinaihalbinsel bis zum Suez-Kanal und dem Gazastreifen sowie den Golanhöhen vor allem die biblischen Kernlande Judäa und Samaria (also die bis dahin jordanisch kontrollierte Westbank) sowie die Jerusalemer Altstadt besetzt bzw. befreit werden konnten (je nach Perspektive) – *führte bei Juden, Christen und Muslimen zum Aufkommen religiöser Emotion und theologischer Reflexion.* Verstärkt machen seitdem Gruppen auf sich aufmerksam, die im Westen unter dem Begriff „*Fundamentalisten*" zusammengefasst werden: Dabei handelt es sich in der Regel um Gruppierungen, die eine eng geführte konservative Religiosität mit einem radikalen politischen Programm zu verbinden verstehen, die Gegner einer modernen, demokratischen und pluralistischen Gesellschaftsordnung sind, dabei aber deren technologische Vorzüge (z.b. Internet) für sich zu nutzen wissen, und denen für die Durchsetzung ihres Programms häufig fast jedes Mittel geboten ist.

Für die Fragestellung ist der Jom Kippur-Krieg deswegen wichtig, weil er in Israel ein ideologisches Vakuum hinterließ. In dieses konnten in der Folge radikal-religiöse Zionisten vorstoßen, die mit ihrem Pioniergeist an die Aufbruchstimmung der sozialistischen Pionier- und Siedlungsbewegung in der Aufbauphase des Landes anknüpften. Arabischerseits befinden sich seit dem Krieg Islamisten im Aufwind.

1987: Die Intifada beginnt

Der am 8. Dezember 1987 spontan ausgebrochene aktive Widerstand der Palästinenser gegen die jüdische Besatzungsmacht in der Westbank und im Gazastreifen sowie im israelischen Kernland soll die letzte gewichtige Markierung dieses historischen Überblicks sein.

Für die Palästinenser bedeutete die Intifada Bewusstwerdung ihrer nationalen Identität. Kein im ehemaligen Palästinamandat lebender Araber konnte sich dieser entziehen. Die im Exil residierende PLO war genauso wie die Muslimbruderschaft (s. S. 104–107) in den besetzten Gebieten durch den Ausbruch der Intifada überrascht worden. Am 15. November 1988 wurde durch die PLO im algerischen Exil der Staat Palästina ausgerufen, nachdem zuvor König Hussein von Jordanien seine Souveränitätsansprüche auf die Westbank aufgegeben hatte.

Für die Israelis bedeutete die Intifada neben ihren wirtschaftlichen Auswirkungen auf die israelische Ökonomie auch eine moralische

Krise. Die israelische Armee wurde nicht mehr wie früher gegen feindliche Armeen eingesetzt, sondern vielfach gegen Steine werfende Kinder und Jugendliche. Der Dienst in den besetzten Gebieten wurde von immer mehr israelischen Soldaten verweigert. Auch das internationale Ansehen Israels wurde durch die Intifada in Mitleidenschaft gezogen. Viele ehemalige Freunde wandten sich enttäuscht ab, alte und neue Antisemiten in aller Welt sahen mit Schadenfreude, dass die Juden sich in ihrem eigenen Staat anscheinend nicht besser verhalten als ihre Feinde im vormaligen Exil. Auch die innerjüdischen kritischen Stimmen wurden zunehmend lauter, welche nach einem Rückzug aus den besetzten Gebieten riefen.

Die Intifada hat zudem eine politische Krise des Staates Israel hervorgerufen. Das Dilemma, das mit der Intifada bewusst geworden ist, ist folgendermaßen formuliert worden: Der Idealstaat Israel soll jüdisch, demokratisch und israelisch sein. Aber unter den gegebenen Bedingungen kann er entweder nur jüdisch und demokratisch sein, durch Verzicht auf die Westbank und den Gazastreifen, dann ist er nicht israelisch; oder er ist jüdisch und israelisch, unter Einbeziehung der besetzten Gebiete, dann ist er nicht demokratisch, weil er die Nichtjuden ausgrenzt; oder er ist israelisch und demokratisch, dann müssten die Palästinenser zu gleichberechtigten Bürgern werden. Dann kann dieser Staat aber nicht im ursprünglich gedachten Sinn jüdisch sein.

Theologische Folgen

Sowohl in der palästinensisch-christlichen wie in der europäisch-christlichen Theologie bewirkte die Intifada ein Umdenken. Waren viele europäische Theologen bis dahin vorwiegend daran interessiert, die Existenz des Judenstaates im Land der Väter theologisch zu legitimieren, setzte jetzt ein verstärktes Bemühen um einen theologisch begründbaren gerechten Ausgleich zwischen Juden und Arabern ein. Von palästinensischen Christen westlicher Konfessionen wird seit der Intifada das Bemühen verstärkt, mit einer kontextuellen Theologie die theologischen Grundlagen für eine weitere Existenz einheimischer Christen im Heiligen Land zu legen und einen Ausgleich anzustreben, der ein Aufgeriebenwerden zwischen radikalen jüdischen und muslimischen Kräften zu verhindern vermag.

Auf internationalem Parkett

International hatte die Akzeptanz für die israelische Politik unter der Likud-Regierung bereits sehr nachgelassen. Ein Großteil der Staatsmänner wie der internationalen Öffentlichkeit erblickte die einzig sich anbietende politische Lösung in einem Rückzug Israels aus den besetzten Gebieten, gemäß den UN-Resolutionen 242 vom 22. November 1967 und 338 vom 22. Oktober 1973. Den Palästinensern in den besetzten Gebieten sollte demgemäß die Autonomie bzw. die volle Unabhängigkeit zugestanden werden.

Diese Einstellung hat sich nicht zuletzt aus der Veränderung der Weltsituation nach dem Ende des Kalten Krieges ergeben: Die Sowjetunion als Gegner der USA existierte nicht mehr und der 2. Golfkrieg 1991 zeigte, dass die USA und europäische Mächte sehr erfolgreich auch mit den Gegnern Israels (z.b. Syrien und Saudi-Arabien) kooperieren konnten und auf diese Weise eine politische Vorherrschaft des Westens in der Region zu stärken vermochten. Politisch gehörten Israel, die PLO wie auch Jordanien zu den Verlierern des 2. Golfkriegs: Israel, weil es von den USA trotz der irakischen Raketenangriffe auf sein Land zu militärischer Passivität verurteilt worden war und dies, obwohl es erstmals während seiner staatlichen Existenz vor der Möglichkeit stand, durch weitreichende Massenvernichtungswaffen bedroht zu werden; die PLO und die Palästinenser, weil sie von der irakischen Aggression auf Kuwait Hilfe für ihr eigenes Anliegen erwartet hatten, nachdem Saddam Hussein versucht hatte, die kuwaitische und die palästinensische Frage miteinander zu verbinden; Jordanien schließlich, weil es den Irak strategisch unterstützt hatte. Allerdings zeigte sich in der Folgezeit, dass die Forderung des amerikanischen Präsidenten George Bush sen. nach einer neuen Weltordnung zumindest am israelisch-arabischen Konflikt nicht spurlos vorübergegangen war.

Frieden vom Verhandlungstisch

Seit Oktober 1991 saßen erstmals alle am Konflikt um Israel/Palästina beteiligten Parteien am Verhandlungstisch. Mit den israelischen Parlamentswahlen vom Juni 1992 konnte die Israelische Arbeitspartei den Likud-Block und die mit ihm verbündeten Rechtsparteien ablösen und den Weg zum Kompromiss mit der arabischen Welt einschlagen, dessen erste Frucht 1993 das israelisch-palästinensische Abkommen über eine Autonomie in Jericho und im Gazastreifen war (Osloabkommen I und 1995 „Oslo II", siehe Karte S. 183). Die PLO wurde von Israel als offizielle Vertretung der Palästinenser anerkannt; umgekehrt wurden aus der PLO-Charta alle Passagen gestrichen, die die Vernichtung Israels als Ziel palästinensischer Politik formulierten. Yitzhak Rabin (*1922, Generalstabschef im Sechstagekrieg 1967; unter anderem israelischer Ministerpräsident 1974–77 und ab 1992; †1995 nach einem Mordanschlag durch einen jüdischen Extremisten), Schimon Peres (*1923; unter anderem 1984–86 und 1995–96 israelischer Ministerpräsident; seit Juni 2007 israelischer Staatspräsident) und Jassir Arafat (*1929; †2004; 1957 Mitbegründer der Fatah, ab 1969 Vorsitzender der PLO, ab 1996 bis zu seinem Tod Präsident der palästinensischen Autonomiegebiete) erhielten dafür 1994 den Friedensnobelpreis. Der Friedensprozess wurde von radikalen Gegnern beider Seiten mehrfach durch Gewalttaten torpediert. Immer wieder kam es zu Selbstmordanschlägen von Palästinensern mit vielen Toten und entsprechenden israelischen Reaktionen. Seit 1996 – mit der erneuten Regierungsübernahme des Likud-Blocks unter Benjamin Netanjahu (*1949; 1996–99 israelischer Ministerpräsident) – kam der Friedensprozess faktisch zum Stillstand.

Die Intifada geht weiter

Ein Besuch des damaligen Oppositionsführers Ariel Scharon (*1928; israelischer Kriegsheld, unter anderem 2001–06 israelischer Ministerpräsident) auf dem Tempelberg, dessen Zugang für Juden (aus religiösen Gründen) eigentlich verboten ist, im September 2000 löste die zweite Intifada aus, in deren Folge wiederum unzählige Tote auf beiden Seiten zu beklagen waren. Um die Wahrscheinlichkeit palästinensischer Attacken einzuschränken, wurde seit 2003 eine Mauer rund um das Westjordanland gebaut (s. Karte S. 184); gleichzeitig veröffentlichte Scharon seinen Plan, die israelische Besatzung aus dem Gazastreifen zurückzuziehen und die dortigen jüdischen Siedlungen aufzulösen, was bis September 2005 erfolgte. Der Tod Jassir Arafats im November 2004 machte der Weltöffentlichkeit deutlich, wie sehr die palästinensischen Geschicke von seiner Person abhängig waren. Nach lange herausgezögerten freien Wahlen zum palästinensischen Parlament errang die islamistische Hamas (s. S. 107–110) die absolute Mehrheit und stellt seitdem den Ministerpräsidenten, in ständigem Konflikt mit dem neuen Präsidenten der Palästinensischen Autonomiebehörde, Mahmud Abbas, und ohne Anerkennung durch die westliche Welt. Nach Kämpfen mit den von der Fatah kontrollierten Polizeikräften im Gaza-Streifen im Juni 2007 übernahm die Hamas dort faktisch die Macht, sodass die Palästinensischen Autonomiegebiete zum jetzigen Stand faktisch zweigeteilt sind. Internationale Friedensbemühungen haben bis zum Sommer 2008 keine neuen Ergebnisse gebracht.

Fazit

Der Traum des Theodor Herzl von der Rückkehr der Juden ins Gelobte Land und der Gründung eines Judenstaates hatte sich 1948 erfüllt, aber die seiner Gründung vorausgehenden bzw. mit ihr einhergehenden Ereignisse waren furchtbar: die Schoah der Juden in Europa mit ihren 6 Millionen Opfern, damit verbunden das Verschwinden einer lebendigen jüdischen Diaspora in weiten Teilen Europas und nach der Staatsgründung im Orient, sowie die Vertreibung von etwa 750 000 Palästinensern und einem noch sechzig Jahre nach der Staatgründung nicht gelösten Nahostkonflikt.

Mit Israel entstand ein Staat, in dem Juden nicht mehr als unterdrückte und verfolgte Minderheit leben, sondern in Freiheit und Demokratie. Es herrscht bis heute kein Frieden, aber sie besitzen nun ein eigenes Land – das ihrer Vorväter. Demgegenüber sind die politischen Aussichten der Palästinenser im Jahr 2008 als trübe zu bezeichnen.

II. Wer warum gegen wen kämpft: Die Konfliktparteien

Gottgewollt oder widergöttlich?
Das jüdische Ringen um „Eretz Israel"

Die Darstellung der jüdischen Diskussion über die religiöse Bedeutung von Land und Staat Israel erfolgt in zwei Teilen. Im ersten Teil werden religiöse Parteien und Gruppierungen in Israel vorgestellt; im zweiten Teil kommen jüdische Denker des 20. Jahrhunderts, die sich zum Thema äußerten, zu Wort. Hierbei wird deutlich werden, wie vielfältig – und gelegentlich widersprüchlich – sich das jüdische Spektrum darstellt.

Die Haltung religiöser Parteien und Gruppierungen

NRP

Die jüdisch-orthodoxe Nationalreligiöse Partei (NRP) ist aschkenasischer (osteuropäischer) Herkunft und die älteste prozionistische Gruppierung im religiösen Judentum. Sie wurde 1902 im litauischen Wilna zunächst als „Geistliches Zentrum" gegründet, um bei aller grundsätzlichen Bejahung des Zionismus ein Gegengewicht zu den säkular orientierten Zionisten zu schaffen.

Grundlage ihrer Ideologie ist die Auffassung, dass das Judentum nicht nur ein Volk und nicht nur eine Religion ist, sondern eine unauflösliche Einheit von beiden darstellt. Daraus ergibt sich konsequent die Forderung und einzige Rechtfertigung des jüdischen Staates, welcher dazu zu dienen hat, das jüdische Religionsgesetz zur Geltung zu bringen. Es verwundert nicht, dass die Nationalreligiösen auf die Staatsgründung mit uneingeschränkter Zustimmung reagierten.

Von 1951 bis in unsere Tage an vielen israelischen Regierungen als Koalitionspartner beteiligt, bemühte sich die NRP vor allem um das Feld der Innenpolitik, wo sie ihre Vorstellungen zur Verwirklichung der Sabbatvorschriften, zu den Speisegesetzen, zum Schulwesen und zum Zivilrecht häufig durchzusetzen vermochte.

Für die NRP bedeutete der Sechstagekrieg von 1967 einen Wendepunkt, der langsam zur Entfremdung in der bisherigen Koalition mit
der Arbeitspartei und schließlich zur Regierungsbildung zusammen
mit dem Likud-Block 1977 führte. Die Eroberung der biblischen
Kernlande hatte die Kräfte innerhalb der Partei an Einfluss gewinnen
lassen, die – inspiriert von den Lehren des ersten aschkenasischen
Oberrabbiners Abraham Kook (s. auch S. 74–76) – davon überzeugt
sind, dass das Festhalten an den eroberten Gebieten besonders unter
religiösen Gesichtspunkten notwendig ist. Schließlich wurden prominente NRP-Mitglieder zu Fürsprechern und Wegweisern der Siedlerbewegung Gusch Emunim (s. S. 68–72).

Seit Beginn der achtziger Jahre (beginnend mit der Räumung des
Sinai gemäß dem Israelisch-Ägyptischen Friedensvertrag, den die
NRP unterstützt hatte) verloren die Nationalreligiösen zunehmend an
Terrain innerhalb ihrer Wählerschaft. Viele ihrer Wähler orientalischer
Herkunft begannen, die Schass-Partei zu wählen, oder sie schlossen
sich radikalen Siedlerparteien an. Schließlich spaltete sich 1988 eine
kleine Gruppe von orthodoxen Friedensaktivisten ab, die allerdings
erfolglos für die Knesset, das israelische Parlament, kandidierten.
Dennoch ist die NRP in den vergangenen Jahren immer wieder an
Regierungen unter Führung des Likud-Blocks beteiligt gewesen. Nach
den Wahlen vom März 2006 hat die NRP 9 Parlamentssitze (2003
6 Parlamentssitze; 1999: 5; 1996: 9) von 120 insgesamt.

Vom Sinai-Gebiet abgesehen, ist die NRP als älteste religiöse Partei
in Israel zu keinerlei territorialen Kompromissen bereit (gemäß der
halachischen Grenzdefinitionen). So lehnte sie das Autonomieabkom-
men der israelischen Regierung mit der PLO 1993 ab, begrüßte aber
den Friedensschluss mit Jordanien 1994, in welchem die Jordangrenze akzeptiert und dem jordanischen Königshaus die Verwaltung
der islamischen heiligen Stätten in Jerusalem überantwortet wurde.

Die politischen Veränderungen und das Abwandern bisheriger
Wähler zu anderen Parteien haben am Ende der Achtzigerjahre zu
intensiven Diskussionen über den Charakter des religiösen Zionismus
geführt. Dem Vorwurf seitens der Ultraorthodoxie, die Nationalreligiösen seien zu kompromissbereit der säkularen Mehrheit in Israel
gegenüber, galt es entgegenzutreten. Der originär religiöse Charakter
der NRP, vor allem der ihres politischen Aktivismus sowie die
Einforderung eines legitimen Pluralismus innerhalb der Orthodoxie
angesichts moderner Entwicklungen wurden als profilierungsfähig
erkannt.

Die religiöse Bedeutung des Staates Israel wird von der NRP in dreifacher Hinsicht betont: Zum einen ermöglichte der Staat Israel die Rettung von Juden aus Europa und den orientalischen Ländern; des Weiteren ermöglicht er ein alle Bereiche menschlichen Lebens umfassendes Leben gemäß der Tora, was unter Diasporabedingungen niemals möglich war. Dies gilt insbesondere für gesellschaftliche Aufgaben. Nicht zuletzt ist die jüdische Identität, vor allem die der Juden in den USA und in der Sowjetunion, durch die Staatsgründung gestärkt und vor dem Verschwinden bewahrt worden.

Zu diesen religiös bereits wertvollen Entwicklungen treten schließlich explizit theologische Deutungsmöglichkeiten der Staatsgründung hinzu: Der Staat Israel ist nach dieser Sichtweise die Erfüllung der göttlichen Verheißungen, insbesondere des Versprechens, das Exil mit der Wiederherstellung nationaler Souveränität zu beenden und die Juden aus den Ländern ihrer Zerstreuung in das Land Israel zu führen.

Agudat Israel

Die 1912 in Kattowitz gegründete ultraorthodoxe Gruppierung Agudat Israel war ursprünglich streng antizionistisch, da ein jüdischer Nationalstaat nach europäischem Vorbild nicht der Tora entsprechen kann. Stattdessen müssten die Juden für die Heimkehr nach Zion beten, dürften die Erlösung selber aber nicht beschleunigen. Bedingt durch den zunehmenden Druck auf die mittel- und osteuropäischen Juden seit den dreißiger Jahren nahm die Agudat schließlich eine pragmatische Haltung ein, suchte den Schulterschluss mit den Zionisten und forcierte die Auswanderung ihrer Anhänger in das Palästinamandat.

1947 wurde eine Vereinbarung erreicht, die es der Agudat ermöglichte, am politischen Leben des neuen jüdischen Staates teilzunehmen. Dafür wurden ihr Konzessionen bzgl. des Sabbats, der Speisegesetze, des Ehestandes und der Erziehung gemacht. Diese Vereinbarung ermöglichte es der Agudat, an allen israelischen Parlamentswahlen teilzunehmen und israelische Staatsbürger zu sein, ohne diesen Staat wirklich anzuerkennen.

Während der Regierungszeit der Israelischen Arbeitspartei blieb die Agudat nach einer kurzen Regierungsbeteiligung bis 1952, die an der Frage des weiblichen Militärdienstes scheiterte, in der Opposition. Dennoch stimmte sie häufiger mit der Regierung und konnte Zugeständnisse erlangen, beispielsweise die vollständige Freistellung ihrer Frauen vom Militärdienst und die ihrer Männer vom Militärdienst bis zum Ende ihrer religiösen Studien. Außerdem wurden sie der Autorität des Oberrabbinats entzogen und konnten so ihre religiöse Autonomie bewahren. Diese Politik wurde nach der Regierungsübernahme durch den Likud-Block fortgesetzt und durch Einbindung der Agudat in die Likud-Regierungen von 1977 bis 1992 noch verstärkt, sodass sie seit den Achtzigerjahren zunehmend ihre frühere defensive Haltung aufgab und innen- wie außenpolitisch offensiv Stellung bezog. Hielt die Agudat früher – getreu ihrer antizionistischen Haltung, nach der der Staat Israel (und damit seine territoriale Ausdehnung) völlig irrelevant im religiösen Sinne sei – territoriale Kompromisse gegenüber Syrien und Ägypten, wie auch bzgl. Westbank und Gaza für möglich, so ist sie seit dem Ende der Achtzigerjahre zunehmend in das nationalistische Fahrwasser des in Brooklyn lebenden „Rabbi von Lubawitsch", Menachem Mendel Schnerson (*1902 in der Ukraine, †1994 in New York; von Anhängern als Messias verehrt und erwartet), geraten, der alle territorialen Kompromisse ablehnte und im Gegensatz zur traditionellen Parteilinie ein militantes Festhalten an den von Israel eroberten Gebieten verlangte. Seit 1999 hatte die Agudat zusammen mit anderen ultraorthodoxen Gruppen als ultraorthodoxes Bündnis der Vereinten Tora-Partei nur noch fünf Parlamentssitze inne (1996: 4). Als Liste Vereinigtes Tora-Judentum kamen die Agudat zusammen mit der Degel ha Tora – einer nicht-chassidisch orientierten ultraorthodoxen Gruppierung, die sich 1987 von der Agudat abspaltete – bei den Wahlen im März 2006 auf 6 Abgeordnetensitze in der Knesset.

Neturei Karta

Die an Zahl ihrer Anhänger geringe Gruppierung Neturei Karta (wörtlich „Wächter der Stadt" mit Bezug auf Ps 127: „Wenn nicht der Herr die Stadt bewacht, wacht der Wächter umsonst"; V. 1), spaltete sich 1934 von der Agudat ab, nach deren Reorganisation in Palästina. Ihre Gründer protestierten damit gegen die zunehmend auf Zusammenarbeit mit den Zionisten setzende Linie innerhalb der Agudat, der sie vorwarfen, mit ihrer Haltung den Zionismus zu legitimieren. Neturei Karta hat bis heute ihren streng antizionistischen Charakter bewahrt. Denn der moderne jüdische Staat kann als ein Produkt des säkularen Zionismus nicht mit der Halacha in Übereinstimmung gebracht werden. Diese Verschmelzung von Halacha und Staat kann erst der Messias zustande bringen. Die Staatsgründung ist daher als pseudomessianisch zu verurteilen. So befinden sich nach dieser Sicht die Juden aufgrund ihrer Sünden auch im Land Israel im Exil.

So wie der Staat Israel für die Neturei Karta eine Gotteslästerung darstellt, hatten ihre Anhänger in der Vergangenheit selten Probleme, die Errichtung eines Palästinenserstaates zu befürworten. Einige erzielten sogar ein gutes Übereinkommen mit Palästinenservertretern und nahmen an der antiisraelischen „Zionismus"-Konferenz im Frühjahr 2007 in Teheran teil.

Die Anhänger von Neturei Karta wohnen in eigenen Stadtvierteln (etwa in Jerusalem in Mea Shearim) und beteiligen sich in keinster Weise am öffentlichen Leben Israels. Sie verweigern die Zahlung von Steuern wie auch die Ableistung des Militärdienstes und treten – anders als die Agudat – nicht als Partei bei den Parlamentswahlen an. Hinzu kommt ihr in der Öffentlichkeit bisweilen gewalttätiger Protest gegen die Nichteinhaltung des Sabbats in vielen Bereichen, sodass sie von der Mehrheit der israelischen Bevölkerung kritisch betrachtet, bisweilen sogar als „Schmarotzer" verachtet werden, die auf Kosten und unter dem Schutz der Mehrheitsgesellschaft leben.

Schass

Die 1984 ins Leben gerufene Schass-Partei markiert in eigentümlicher Weise eine bemerkenswerte Veränderung in der israelischen Gesellschaft: Waren in den Gründerjahren des Zionismus und des Staates Israel die aschkenasischen – also aus (Ost-)Europa stammenden Juden – politisch und ideologisch dominierend, so gewann mit der Gründung dieser Partei erstmals das sephardische (orientalische) Judentum an Gewicht, das von den übrigen Parteien bis dahin meist ignoriert worden war.

Inspiriert wurde die Gründung von Schass durch den greisen Rabbi Eliezer Schach (*1898; †2001), der so den zunehmenden Einfluss des Rabbi Schnerson innerhalb der Agudat eindämmen wollte.

Der dauerhafte Erfolg der Schass-Partei (1996: 10, 1999: 17, 2003: 11, 2006: 12 Parlamentssitze) liegt vor allem darin, dass sie erfolgreich an alle orientalischen Juden zu appellieren versteht, nicht nur an die Ultraorthodoxen unter ihnen, sondern auch solche, die religiös „traditionell" empfinden und sich von aschkenasischen Rabbinern diskriminiert fühlen. So konnte sie aus dem ganzen orientalischen Wählerspektrum Stimmen für sich gewinnen, auch von Wählern, die sich früher für den Likud-Block entschieden hatten.

Immer wieder war die Schass-Partei an Regierungen sowohl unter Führung des Likud-Blocks wie der Israelischen Arbeitspartei beteiligt, oft in innenpolitischem Konflikt mit liberalen Abgeordneten. In

Sicherheits- und Grenzfragen war die Führung der Schass-Partei in der Vergangenheit eher gemäßigt eingestellt.

Gusch Emunim

Die religiös-politische Gruppierung, die in den vergangenen Jahren international am meisten Aufsehen zu erregen vermochte, ist Gusch Emunim, der „Block der Getreuen", eine religiöse und säkulare Anhänger umfassende Dachorganisation von Siedlern in den besetzten Gebieten. Das Entstehen dieser Gruppe ist direkt auf die Folgen des Sechstagekriegs zurückzuführen. Bis heute hat sie ihre prinzipielle Distanz zu den politischen Parteien bewahrt, die es ihr erlaubt, diese (bis hin zum rechten Flügel der israelischen Arbeitspartei) als „pressure group" zu beeinflussen, ohne sich von ihnen für ihre Zwecke vereinnahmen zu lassen. Hinzu kommt aufgrund geschickter Propaganda eine breite Unterstützung der Ziele der Siedlerbewegung durch die israelische Bevölkerung auch des Kernlandes. Erst später wurden eigene Siedler-Parteien gegründet, die aber nicht alle Siedlerstimmen erfassen.

Der Sechstagekrieg warf die Frage auf, wie mit den nun kontrollierten Gebieten zu verfahren sei, zumal die im gleichen Jahr verabschiedete UN-Resolution 242 eindeutig den Rückzug aus den eroberten Gebieten verlangte. Wollte die regierende israelische Arbeitspartei an den Gebieten zumindest vordergründig vor allem aus Gründen der militärischen Sicherheit festhalten, so kamen bald schon Stimmen auf, die ein unbedingtes Festhalten an einmal (und womöglich durch göttliches Eingreifen) erworbenen Gebieten und deren Besiedlung – durch „Wehrsiedlungen", ähnlich den Kibbuzim der Mandatszeit, aber ohne deren Sozialismusverständnis – verlangten.

Für viele nationalreligiöse Juden wurde 1967 zum Jahr Null, dem Beginn der nun sicherlich einsetzenden Erlösung. Darum galt es nicht mehr, wie in der Mandatszeit, den Staat Israel zu begründen, sondern den säkularen Staat Israel zu „judaisieren".

1968 wurde durch Rabbi Moshe Levinger (*1935), einem Schüler von Rabbi Zvi Yehuda Kook (*1891; †1982) und späteren Führer von Gusch Emunim, in einem Hotel im Herzen Hebrons eine Pessach-Feier durchgeführt. Um diese Gruppe zu bewegen, wieder aus dem Hotel auszuziehen, dabei aber nicht den Koalitionspartner NRP zu verstimmen, stimmte die Regierung der Gründung der Stadt Kiryat Arba, nur wenige Kilometer außerhalb Hebrons, durch jüdische Siedler zu.

Analytiker von Gusch Emunim haben für den Erfolg dieser Gruppe drei aufeinander bezogene Faktoren ausgemacht:

a) die Lehren von Rav Abraham Kook (1865–1935; s. S. 74–76), dem ersten aschkenasischen Oberrabbiner im britischen Palästinamandat;

b) deren Interpretation durch seinen Sohn Zvi Yehuda Kook, die in der Gründung seines Vaters, der Merkaz HaRav-Yeshiva (Yeshiva = Religionsschule), vertreten wurden und aus der die religiösen Gusch Emunim-Führer hervorgingen (diese bedeutende Yeshiva wurde im März 2008 zum Ziel eines blutigen Anschlags);

c) das allmähliche Erstarken des konservativen Zionismus unter Führung von Menachem Begin und dem Likud-Block mit seinen Großisrael-Vorstellungen, der nach seiner Regierungsübernahme 1977 den Neubau von Siedlungen in den besetzten Gebieten hoch subventionierte und damit einen Anreiz auch für „durchschnittliche" Familien schuf, sich in den Neugründungen anzusiedeln.

Widerstand gegen Regierungsbeschlüsse und die Infragestellung ihrer Legitimität, wenn sie dem messianischen Ziel zuwiderlaufen, ist ein weiteres Kennzeichen des Gusch; insofern ist die Akzeptanz des Staates und seiner Armee eingeschränkt. Das Unterlaufen behördlicher Anweisungen vergleichen seine Mitglieder mit dem illegalen Widerstand der Zionisten gegen die Briten während der Mandatsära. Beobachter des Gusch hat es denn auch nicht überrascht, dass einige Wortführer von Gush Emunim auch das israelische – an westlichen Maßstäben orientierte – Demokratieverständnis in Frage stellen und an seiner Statt ein an halachischen Maßstäben orientiertes politisches System zu etablieren wünschen.

Ein weiterer Vorwurf, der in den vergangenen Jahren immer wieder gegen Gusch Emunim erhoben wurde und zumindest teilweise Berechtigung hat, ist die ideologische, vielleicht auch materielle Unterstützung jüdischer gewalttätiger Aktionen gegen arabische Einrichtungen und Funktionäre, sowie die Einschüchterung der arabischen Bevölkerung in den besetzten Gebieten. Die Entdeckung eines jüdischen terroristischen Untergrunds zu Beginn der Achtzigerjahre – die spektakulärste Aktion waren einige erfolglose Versuche, die islamischen Heiligtümer auf dem Jerusalemer Tempelberg in die Luft zu sprengen, um daran anschließend den dritten Tempel zu errichten – hat den Gusch viel von seinen Sympathien in der israelischen Bevölkerung gekostet und ihm Kritik auch von Seiten religiöser Autoritäten eingebracht. Dennoch waren seine Führer nur selten bereit, sich von derlei Aktionen eindeutig zu distanzieren.

In den vergangenen Jahren scheint sich ein bemerkenswerter Trend zu stabilisieren, der zeigt, dass die Beziehungen zwischen der modernen religiösen Orthodoxie – aus der sich die Mehrheit der Gusch-Anhänger rekrutiert – und der bislang antizionistisch orientierten Ultraorthodoxie sich zu verbessern scheinen, insofern die religiösen Siedler sich verstärkt dem Talmud-Studium widmen und sich der Kritik durch die Ultraorthodoxen öffnen; umgekehrt – wie am Beispiel der Agudat Israel aufgezeigt – geben sich aber auch immer mehr Ultraorthodoxe unter dem Einfluss messianischer Erwartungen kämpferisch zionistisch und nationalistisch.

Exkurs 3: In Gottes Namen?

Das „Glaubensbekenntnis" von Gusch Emunim lässt sich in dem Slogan „Das Land Israel für das Volk Israel gemäß der Tora Israels" zusammenfassen. Außerdem gesellt sich zu dieser Dreiheit noch die Verehrung des Staates Israel als Staat sowie seiner Armee, deren „Heiligkeit" jedoch nur als relativ angesehen wird.

Gleich ob es sich um religiöse oder säkulare Anhänger der Siedlerbewegung handelt, so ist doch festzustellen, dass beide das Land Israel an die erste Stelle dieses Bekenntnisses setzen. Dennoch ist das Land immer in seiner Einheit mit dem Volk und schließlich in seiner mystischen Bezogenheit auf Gott zu verstehen. So trifft der Vorwurf der Vergötzung des Landes, der von Gegnern des Gusch gerne erhoben wird, im Kern wohl eher nicht. Während die Beziehung anderer Völker zu ihren Ländern – nach Interpretation führender Gusch-Vertreter – „natürlicher" Art ist, so ist sie beim Judentum göttlich verordnet und deswegen unausweichlich. Politische Konzessionen bei Grenzfragen haben nach diesem Verständnis negative kosmologische Folgen und würden das Kommen des Messias verzögern. Das ganze Land Israel ist das Verheißene Land und muss erobert, besessen und besiedelt werden – im Idealfall vom „Bach Ägyptens bis zum Euphrat" einschließlich des Libanon sowie des westlichen Syrien und Jordanien.

Die Geschichte der Juden im 20. Jahrhundert ist nach Ansicht der Gusch-Ideologen ein eindeutiges Indiz dafür, dass die Zeit des Exils endgültig vorbei ist und die „Geburtswehen" des Messias eingesetzt haben: Holocaust, Sechstage- und Jom Kippur-Krieg sprechen demnach für sich und sind ein Ausdruck des Willens Gottes: Der Holocaust brachte Gottes Volk zurück in das Verheißene Land und die seitdem geführten Kriege markieren einen neuen Durchzug des Volkes durch das Rote Meer.

Ein weiterer Vorwurf, der häufig gegen Gusch Emunim erhoben wird, ist der, das in der Bibel ebenfalls vorgesehene Fremdenrecht (z.B. Lev 19,33f.: „Wenn bei dir ein Fremder in eurem Land lebt, sollt ihr ihn nicht unterdrücken ...") völlig zu ignorieren und die Araber der besetzten Gebiete vertreiben oder bei Widerstand vernichten zu wollen. Auch dieser Vorwurf trifft nur auf eine Minderheit innerhalb des Gusch zu, die sich in den vergangenen Jahren den Lehren des Meir Kahane (*1932; †1990 in New York ermordet. Siehe auch S. 83–86) zuwandte. Die meisten Gusch-Anhänger sehen die Araber zwar biblisch als „Kanaaniter" oder „Ismaeliter" an, seltener als „Amalekiter" (vgl. Ex 17,8-16), den biblischen Todfeind Israels, gestehen ihnen aber durchaus die individuellen Menschenrechte einschließlich des Eigentumserwerbs zu, insofern diese bereit sind, die jüdische Souveränität über das ganze Land Israel uneingeschränkt gelten zu lassen. Gleichzeitig sind aber alle kollektiven Ansprüche von ihnen abzulegen, da sie keine Berechtigung haben.

Anders als die Väter des modernen Zionismus, die einen Ausweg aus dem Antisemitismus darin sahen, dass die Juden wie jedes andere Volk der Welt in einem eigenen Land und Staat werden sollten, betonen die Anhänger von Gusch Emunim die nicht ablegbare Sonderrolle der Juden in der Weltgeschichte. Diese ist gegeben durch den exklusiven Bund Gottes mit seinem Volk, dem das Volk nicht entrinnen kann, der es aber auch von allen moralischen und „natürlichen" Gesetzen entbindet, denen andere Völker unterworfen sind. Diese exklusive Erwählung zwingt Israel dazu, seinen Weg zur Not alleine zu gehen, auch wenn die arabische Welt ihren Widerstand dagegen hält und die Großmächte auf einen Kompromissfrieden drängen. Die Isolierung, in die Israel auf diese Weise gerät, ist demnach nur ein weiterer Beweis seiner Erwählung. Einen wirklichen – und das heißt messianischen – Frieden kann es auf dem Kompromissweg ohnehin nicht geben.

So wurde bereits der Friedensvertrag mit Ägypten 1978, der vom Likud-Block und von der NRP getragen worden war, boykottiert, insbesondere die nach Inkrafttreten fällige Räumung der Siedlung Yamit im Nordsinai. Diese wurde von der Likud-Regierung angeordnet und mit militärischem Zwang durchgeführt. Das Trauma der Räumung wurde für Gusch Emunim-Anhänger zum Anlass, eine eigene politische Partei zu gründen, die nationalistisch-säkulare Tehiya, die fortan mit einigem Erfolg an Knessetwahlen teilnahm und zeitweise an den Regierungen beteiligt war.

Reformjudentum

Sowohl das Konservative wie das Reformjudentum entstanden im Deutschland des 19. Jahrhunderts. Das Reformjudentum vertritt die Auffassung, dass die ethischen Gesetze des Judentums zeitlos sind, während die Ritualgesetze dem jeweiligen Lebensumfeld angepasst werden können. Überzeugt davon, als Deutsche und Juden in Deutschland auf Dauer leben zu können, tat es sich mit dem aufkommenden Zionismus schwer, den es aufgrund seines eigenen Selbstverständnisses zunächst nur als Rückschritt ansehen konnte.

So hat sich der große Führer des deutschen Reformjudentums, Leo Baeck (*1873; †1956), zunächst zurückhaltend, aber schließlich doch vermittelnd zwischen Zionisten und deutschem Judentum positioniert.

Der langsame Wandel in der Haltung des Reformjudentums geschah seit den dreißiger Jahren. So wurde seit 1937 die Verpflichtung aller Juden betont, bei der Errichtung der jüdischen Heimstätte in Palästina als Zuflucht der Verfolgten mitzuwirken und sie zu einem Zentrum jüdischer Kultur zu machen. Aus der prinzipiellen Ablehnung des Zionismus wurde seine bedingte Bejahung – unter dem Vorbehalt des Weiterlebens der jüdischen Diaspora, der eigenständige Bedeutung gegeben wurde. So sagte Leo Baeck 1950 in New York:

„Die Quellen der zwei Brennpunkte der jüdischen Spiritualität in den letzten Jahrhunderten, das westliche Judentum und das der östlichen Ashkenasim, versanken im Abgrund. Die Vorsehung gab uns einen neuen Brennpunkt: Das amerikanische Judentum. Und der andere Brennpunkt, das Land Israel, ist geschaffen worden. Die Ellipse ist wiederhergestellt. Die Ströme können hin- und herfließen in der Dynamik von Geben und

Nehmen, von Helfen und Geholfenwerden, in der Dynamik von Geist und Hoffnung" (Friedlander, Israel 112). Der Niedergang des deutschen Judentums ließ die Führerschaft in der Reformbewegung nach Amerika übergehen, wo die Gemeinden nicht nur von Juden aus Deutschland, sondern zunehmend von Juden aus dem osteuropäischen Raum gebildet wurden, die traditionsbewusster empfanden. So leiteten die Reform-Rabbiner Amerikas angesichts der Schoah die Wende zur rückhaltlosen Unterstützung des Zionismus ein. In den Gemeinden hingegen war der Widerstand gegen den Zionismus zunächst noch stark; viele argumentierten, der Zionismus tendiere dazu, Juden von anderen Amerikanern abzuspalten. Nach der Staatsgründung Israels 1948 jedoch gab es keine ernsthaften Gegner des Zionismus mehr. Trotzdem kam es erst 1970 zu einer uneingeschränkten Solidaritätserklärung mit Israel.

Anders als in den USA, wo das Reformjudentum etwa ein Drittel der religiös praktizierenden Juden erfasst, ist es in Israel nur eine kleine Gruppe geblieben. Die Ursache hierfür liegt hauptsächlich darin, dass das Oberrabbinat seit Beginn der Mandatszeit durch orthodoxe Juden besetzt wurde, die das Reform- und das Konservative Judentum zum einen als „häretisch" und zum anderen als typisches „Diasporaprodukt" diskriminieren und dementsprechend deren Tätigkeitsmöglichkeiten einschränken. So dürfen Rabbiner dieser beiden Richtungen z.B. keine Trauungen in Israel vollziehen, auch wenn sie voll ausgebildet sind.

Konservative

Im Unterschied zum Reformjudentum sieht sich das Konservative Judentum stärker der jüdischen Tradition verpflichtet, akzeptiert aber – im Gegensatz zur Ultraorthodoxie – Anpassungen an moderne Lebensbedingungen (z.B. bzgl. der Geschlechterrollen). Anders als das Reformjudentum hat das Konservative Judentum bereits früh eine positive Haltung zum Zionismus entwickelt. Die Staatsgründung Israels im 20. Jahrhundert bedeutet neue, auch religiöse Herausforderungen, denen sich jeder Jude zu stellen hat, denn welche Aufgabe haben Israel oder die Juden, wenn nicht das Licht der Völker zu sein? Die zweitausendjährige Geschichte von Verfolgung und Unterdrückung kann nach dieser Sicht nicht mehr als Ausrede gelten. Militanter Ultranationalismus wird vom Konservativen Judentum zurückgewiesen. Aufgabe eines jeden Israeli sei vielmehr, seinen jüdischen Nationalismus mit den jüdischen Werten zu verbinden; dann ist das Land nicht mehr nur ein Ort der Sicherheit für das jüdische Volk, sondern es soll darin die eigentliche Bestimmung des Judentums zu Tage treten, die Entfaltung jüdischer Ethik.

Konzepte jüdischer Denker des 20. Jahrhunderts

Nachdem die Auffassungen der wichtigsten religiösen Gruppierungen in Israel skizziert wurden, soll nun das Land-Denken herausragender jüdischer religiöser Gelehrter (sowie wenigstens eine Extremposition) vorgestellt werden.

Abraham Kook

Abraham Isaak Hacohen Kook (*1865; †1935) war nach Aussagen seiner Zeitgenossen der vielleicht größte mystische Denker des Judentums im 20. Jahrhundert. 1865 in Litauen geboren, erhielt er dort die traditionelle jüdische Ausbildung, wobei seine Lehrer ihm bereits eine tiefe Liebe zu Zion mit auf den weiteren Weg gaben. 1904 wurde er zum Rabbiner der Gemeinde in Jaffa berufen, wo er erstmals mit der jüdischen säkularen Siedlung im Land konfrontiert wurde. Im Sommer 1914 reiste er nach Europa und konnte nach Kriegsausbruch nicht mehr nach Palästina zurückkehren. Zunächst fand er Zuflucht in der Schweiz und ab 1916 in England, wo er zum Zeugen der Veröffentlichung der Balfour-Deklaration wurde. Nach seiner Rückkehr 1919 wurde er zum Rabbiner Jerusalems ernannt und zwei Jahre später zum ersten aschkenasischen Oberrabbiner.

In dieser Zeit gründete Kook in Jerusalem die Central Yeshiva, die als Merkaz HaRav Yeshiva bekannt wurde, und an der später sein Sohn HaRav Tzvi Yehuda Kook lehrte.

Zusammen mit anderen Zionisten wandte sich Abraham Kook seit dem Ende der zwanziger Jahre gegen die zunehmende arabische Gewalttätigkeit sowie gegen die britische Mandatspolitik. Gegen das britische Weißbuch von 1930 schrieb er:

> „Die Welt muss anerkennen, dass unser Titel auf das Heilige Land nicht von einer weltlichen Regierung abhängt, sondern vielmehr vom Heiligen Israels, dem Herrn des Universums, dessen Worte für immer wahr sind. Er versprach uns dieses Heilige Land als ewiges Erbe, auf dass wir ein Licht für die Völker sein mögen und eine Quelle der Erlösung für die entferntesten Enden der Erde" (Z. Yaron, Philosophy 5).

1935 verstarb Rabbi Kook. Er wurde zwar noch Zeuge der beginnenden nationalsozialistischen Judenverfolgung sowie der zunehmenden

Judendiskriminierung in Osteuropa, aber nicht mehr Zeuge von Schoah und Staatsgründung. Dies ist einer der Gründe, warum die Interpretation seiner Sichtweise heute vielfältigen ideologischen Differenzen unterliegt.

Zionismus ist für Kook *atchalta di-geulah*, „Beginn der Erlösung". Tief im kabbalistischen Denken verwurzelt, das Irdisches und Himmlisches zu vermitteln weiß, gewinnt die zionistische Neusiedlung im Lande erlösenden Charakter.

Während der Nationalismus der Völker nach Sichtweise von Kook Ausdruck ihres kollektiven kulturellen Selbstverständnisses ist, hat der Zionismus als jüdischer Nationalismus doch eine grundlegend andere Qualität, die durch die Gegenwart des Göttlichen gegeben ist und damit auch den jüdisch-säkularen Zionismus erfasst und ihm so eine göttliche Qualität verleiht. Aufgabe der religiösen Führer des Judentums ist es daher, die religiösen Wurzeln im säkularen und sogar im antireligiösen Zionismus zu entdecken und zu vermitteln.

Sobald die ganze Nation physisch und spirituell mit dem Land wiedervereinigt ist, wird Israels göttlicher Genius ausstrahlen und die Welt erleuchten. Israels Wiedererrichtung in seinem Heimatland ist so eine Vorbedingung für die Vollendung der kollektiven jüdischen Heiligkeit. Zur Bedeutung der angestrebten Staatsgründung schreibt Kook: „Ein Staat ist nicht das größte Glück der Menschheit. Dies kann man von einem durchschnittlichen Staat sagen, aber nicht von einem Staat, der in seinen Grundlagen idealistisch ist, der in seine Existenz den höchsten Gehalt des Ideals gemeißelt hat. Solch ein Staat ist wirklich der höchste auf der Stufenleiter des Glücks. Und unser Staat ist solch ein Staat, der Staat Israel, die Quelle des Sitzes Gottes in der Welt."

Die latente Religiosität der jüdischen Atheisten, so Kook, spiegelt sich in ihrer Liebe zum jüdischen Volk und zum Land Israel. Jetzt, in der Zeit, wo sich die messianische Ära ankündigt, durchdringt das genuin Jüdische jeden Juden, auch den, der vom Glauben abgefallen ist. Säkular eingestellte Juden mit ihrer Betonung des materiellen Aufbaus im Land Israel spiegeln so gewissermaßen die körperliche und spontane, weltbezogene Seite der Seele (hebräisch: *nefesh*) wider, während die religiösen Juden mit ihrer Betonung des Torastudiums für die geistige Seite der Seele stehen (hebräisch: *ruach*), ihnen aber jedes Verständnis für die Säkularen fehlt. Lediglich die Aufrechten, die die affektive Seite repräsentieren (hebräisch: *neshamah*), sind in der Lage, die Elemente beider Seiten zu transzendieren und zu integrieren.

Abraham Kook war von einem großen Optimismus beseelt, dass der neue Staat Israel auf einem moralisch höheren Standard mit seinen Nachbarn umgehen können werde als dies in biblischen Zeiten der Fall war. Durch die lange Zeit des Exils eignete sich das jüdische Volk sehr hohe moralische Standards an, die es nun, in der messianischen Zeit, zu verwirklichen gelte. Die Zurückweisung barbarischer Mittel gelte somit auch für die gerechtfertigten Anliegen eines modernen Staates. Gegenüber dem Jüdischen Nationalfond, der die Landkäufe in Palästina tätigte, äußerte sich Kook im Mai 1930, weniger als ein Jahr nach dem Massaker an der jüdischen Bevölkerung in Hebron so:

> „Wenn wir nun in unser Land zurückkehren, erobern wir es nicht durch Gewalt und Schwert, sondern durch friedliche Mittel; und wir bezahlen gutes Geld für jeden Quadratmeter unseres Landes, und dies obwohl unsere Rechte auf den Boden unseres heiligen Landes niemals abgelaufen sind" (Z. Yaron, Philosophy 212).

Auch angesichts einer schwieriger gewordenen Situation hat Kook seine Forderung nach höherer Moralität nicht aufgegeben; sein Staatskonzept ist von dieser Moralität durchdrungen.

Martin Buber

Der Philosoph und Theologe Martin Buber (*1878; †1965) war seit der Begründung der zionistischen Bewegung durch Theodor Herzl ein Anhänger des Zionismus. So selbständig und gelegentlich eigenwillig wie sein philosophisches und jüdisches Denken ist auch sein Verständnis des Zionismus von einer ganz eigenen Strahlkraft.

In der noch jungen zionistischen Bewegung gehörte Buber bald zur Opposition gegen Theodor Herzl, zu den „Kulturzionisten". Diese wollten den Judenstaat weniger durch erfolgreiche Diplomatie als vielmehr durch intensive Kultur- und Kultivierungsarbeit in Palästina errichtet sehen.

Mit dem Bekanntwerden der Balfour-Deklaration nahm Buber immer häufiger Stellung zum Problem jüdisch-arabischen Zusammenlebens in Palästina. Gegen die Mehrheitsauffassung, mit dem englischen Imperialismus im Nahen Osten eng zusammenzuarbeiten, empfahl er zunächst ein Bündnis der werktätigen jüdischen und arabischen Bevölkerungen gegen die Herrschenden; diese Haltung begründete sich aus seiner Auffassung von „religiösem Sozialismus". Keine Volksgruppe sollte die andere beherrschen.

Unter dem Druck der zunehmend schwierigeren Verhältnisse für die europäischen Juden im Laufe der dreißiger Jahre setzte sich

Martin Buber schließlich für die massenhafte Ansiedlung von Juden in Palästina ein; dabei war ihm durchaus bewusst, dass dies zu einer diskontinuierlichen Entwicklung im Lande führen würde. Am Ende des Zweiten Weltkrieges widersetzte er sich den Plänen für die Teilung des Palästina-Mandats in zwei souveräne Staaten und schlug stattdessen eine binationale Lösung vor.

Bis zu seinem Tod 1965 ermüdete Buber nicht, sich für eine Verständigung zwischen Juden und Arabern einzusetzen. So sind seine Worte bislang Prophetie geblieben.

Bis zur Veröffentlichung der Balfour-Deklaration 1917 war Buber vor allem um eine kulturelle Wiederbelebung des Judentums bemüht, um zu einer neuen Geistigkeit im Judentum zu gelangen.

Von der Wiedergewinnung der jüdischen Nation im Land der Väter versprach Martin Buber sich die Wiedergewinnung des ganzen jüdischen Menschseins, denn:

> „Der heutige Jude weiß nicht zu leben, weil er in sich den *Zusammenhang* nicht hat. Nur der vermag das Haus aufzubauen, der die Einheit im Willen und im Sinn hat. Den anderen bleibt es ein Steinhaufen. Der Jude muss zuerst wieder das Leben erlernen, um leben zu können. So wollen wir den Zusammenhang in uns erziehen" (M. Buber, Zion 12).

Aber warum kann nur im Land der Väter die Erneuerung des Judentums vonstatten gehen und nicht in irgendeinem beliebigen Stück Land? Die Erneuerung

> „kann nur von einem ganz bestimmten Boden ausgehen: von dem Boden der Heimat. Er hat unsere besondere Art, unsere eigentümlichen Energien, unsere Personalität erzeugt; er allein wird sie erneuern, wird sie neu zeugen können" (M. Buber, Zion14).

Schließlich erwartet Buber von der Rückkehr der Juden nach Asien eine religiöse Renaissance der „Götterwiege" der Welt, wohingegen ein Bleiben in Europa nur weitere Unruhe stiften würde. Denn: „Der Jude ist Orientale geblieben" (M. Buber, Zion 16). Auf dem offensichtlichen oder latenten Orientalismus des Judentums baut Buber seinen Optimismus hinsichtlich einer geistig-religiösen Neuschöpfung des Judentums auf, die ihm im Abendland verwehrt blieb.

Wie die meisten Zionisten begrüßte Buber die Balfour-Deklaration und deren Erhebung zu völkerrechtlicher Verbindlichkeit im Völkerbundmandat für Großbritannien. Dennoch warnte er bereits damals davor, allzu eng mit den Briten zu kooperieren und so als Handlanger ihrer Interessen in Palästina aufzutreten. Stattdessen sollte eine enge und freundschaftliche Zusammenarbeit mit den Arabern angestrebt werden.

Der jüdische Nationalismus sollte sich nach Bubers Sicht nicht wie der anderer Völker gebärden, sondern seinen ihm eigenen Auftrag erfüllen, der darin bestehe, den Bund mit dem Souverän aller Welt einzuhalten und zu verwirklichen:

> „Es wird so viel gefragt nach unserem Recht auf dieses Land. Ich glaube, wir können dieses Recht dreifach fassen: Das erste, das ist unsere Urverbundenheit mit diesem Lande. Die Hoffnung der Jahrtausende des Exils ging ausgesprochen oder unausgesprochen auf den Wiederbeginn der Verwirklichung dieses Urglaubens, dieser Urverbundenheit zwischen Volk und Land im Bau der wahren Gemeinschaft hinaus" (M. Buber, Land 116f.).

Das zweite ist nach Buber das Recht, das sich aus dem jüdischen Aufbau des Landes im zionistischen Siedlungsprojekt ergibt. Drittens geht es um die Verwirklichung eines Ideals und nicht um die Gründung eines weiteren Kleinstaates. So ist es für Buber in erster Linie nicht das Völkerrecht, das das jüdische Recht auf dieses Land konstituiert.

Eine entscheidende Ursache für die Unruhen zwischen Juden und Arabern seit den zwanziger Jahren bestand nach Martin Buber darin, dass sich die Zionisten nicht eindeutig genug vom britischen Imperialismus distanziert hätten und so von den Arabern mit ihm identifiziert wurden. Stattdessen habe man fälschlicherweise auf die Erlangung einer jüdischen Majorität gebaut und die Erstellung einer Landesverfassung vernachlässigt, die die jüdische Selbstbestimmung verbürgt hätte.

Buber war sich durchaus bewusst, dass das zionistische Projekt ein relatives Unrecht gegenüber der arabischen Bevölkerung bedeutete. Dennoch wäre nach seiner Sicht ein Ausgleich mit den Arabern auf wirtschaftlicher, sozialer und rechtlicher Ebene durchaus noch zu bewerkstelligen gewesen, hätte man sich bemüht, die arabische Seite kennenlernen zu wollen.

Dazu gehört für Buber auch die Frage der Religion:

> „Der Islam ist eine viel größere Realität als wir es gewöhnlich wahr haben wollen. Es gibt dieser Realität gegenüber die Pflicht des Kennenlernens. Wir haben es daran fehlen lassen, den Islam kennenzulernen und uns mit den Autoritäten dieser Religion in Verbindung zu setzen" (M. Buber, Land 122).

Nachdem in Deutschland die Nationalsozialisten an die Macht gelangt waren, wanderte Buber 1938 nach Palästina aus. Eine seiner ersten Stellungnahmen nach seiner Ankunft war eine Antwort auf einen Artikel Mahatma Gandhis (*1869; †1948 ermordet), der von Zionisten zur Stellungnahme aufgefordert, für diese nur eine abschlägige

Antwort parat hatte. Buber nahm nun seinerseits Stellung zu diesem Artikel und schickte Gandhi einen Brief. Es ist nicht bekannt, ob Gandhi Bubers Antwort je erhalten hat; es ist jedenfalls zu keiner tieferen Auseinandersetzung mehr gekommen.

Buber stellt fest, dass die Lage der deutschen Juden am Ende der Dreißigerjahre keineswegs mit der der Inder in Südafrika vor dem Ersten Weltkrieg zu vergleichen sei (Gandhi hatte sich als Rechtsanwalt in Südafrika von 1893–1914 für seine indischen Landsleute eingesetzt, die wie die einheimischen Afrikaner zunehmender Diskriminierung und Rassentrennung ausgesetzt waren). Anders als die Juden hätten die Inder Südafrikas ihre „Mutter Indien", die schützend ihre Hand über die Auslandsinder hielte, während die Juden überhaupt kein Mutterland hätten. Polemisch stellt Buber fest, dass auch Indien für die Inder niemals zum Symbol würde, wären diese gezwungen, ihre Heimat zu verlassen. So kann auch Palästina niemals nur den Rang einer Idee für das Judentum haben.

Dem Vorwurf Gandhis, die Juden würden in der Bibel nach Begründungen ihrer nationalen Vorstellungen suchen, begegnet Buber:

> „Nicht die Verheißung des Landes ist für uns das Entscheidende, sondern die Forderung, deren Erfüllung an das Land, an die Existenz einer freien jüdischen Gemeinschaft in diesem Land gebunden ist" (M. Buber, Land 161).

Die Juden bräuchten nach Buber dieses konkrete Stück Land, um die Gebote ganz erfüllen zu können, denn im Exil bleibe dies immer nur Bruchstück.

Dass in Palästina zwei Ansprüche verschiedener Herkunft gegeneinander stehen, gesteht Buber ein. Dennoch hält er einen Ausgleich für möglich:

> „Wo Glaube und Liebe sind, kann auch ein anscheinend tragischer Widerspruch zur Lösung gelangen" (M. Buber, Land 164).

Als sich nach dem Zweiten Weltkrieg eine internationale Mehrheit für die Teilung des Palästinamandats abzeichnete, wandte sich Martin Buber vehement gegen diese Pläne, weil er immer noch der Auffassung war, ein friedliches Leben von Juden und Arabern sei in einem binationalen Staat möglich.

Zwei Wochen nach der Unabhängigkeitserklärung Israels veröffentlichte Buber einen Artikel, in dem er zwei Arten des Zionismus unterschied: den falschen, der nur auf politische Souveränität und nationale Wiedergeburt baue, und den wahren, der die geistige Wiedergeburt des jüdischen Volkes im Land Israel zu verwirklichen suche. Der falsche Zionismus sei mit der Unabhängigkeitserklärung zum Ziel gelangt, hätte aber auch den Krieg mit den arabischen Nachbarn mit zu verantworten. Statt Selbständigkeit habe man Souveränität als Machtbegriff eingesetzt und lieber einen Kleinstaat verwirklicht, der in einem steten Gegensatz zu seiner geopolitischen Umwelt lebt und seine besten Kräfte darauf verwendet, sich militärisch gegen diese zu behaupten.

Das eigentliche Ziel des Zionismus ist für Martin Buber mit der Staatsgründung noch lange nicht erreicht worden. Denn Zion wird nur durch Gerechtigkeit erlöst:

„Zion wird durch das Recht gerettet, wer dort umkehrt, durch die Gerechtigkeit" (Jes 1,27; bei M. Buber, Land 324).

Daher sieht Buber seit dem Zweiten Weltkrieg das Judentum der schwersten Krise seiner Geschichte ausgesetzt. Eine kontinuierliche Entwicklung der Verhältnisse ist durch die Ereignisse vor und nach dem Weltkrieg unmöglich gemacht worden. So erwartete Buber in seinen letzten Lebensjahren nur noch von einem Ende des „kalten Weltkrieges" eine effektive Besserung des Verhältnisses von Juden und Arabern. Nicht zuletzt in dieser Hinsicht ist Buber Prophet geblieben.

Jeshajahu Leibowitz

Der 1903 in Riga geborene Jeshajahu Leibowitz (†1994 in Jerusalem) war eine universal gebildete Persönlichkeit. Von seiner Ausbildung her Naturwissenschaftler, war er an allen Fragen von Philosophie und jüdischer Theologie interessiert und seine vielfältigen Stellungnahmen zu gesellschaftlichen und religiösen Fragen wurden geachtet, aber auch gefürchtet. Der von früher Jugend an überzeugte Zionist wanderte 1934 ins Palästinamandat ein und kämpfte 1948 im Unabhängigkeitskrieg. An seiner zionistischen Überzeugung ließ er niemals Zweifel aufkommen, wenngleich er die Unbeweglichkeit der israelischen Regierungen in Friedensfragen – so wie er es sah – sowie die Starrheit des „religiösen Establishments" oft mit schärfsten Worten geißelte.

Die letzteren sah er „als korrupte Sektierer, die sich den religiösen Herausforderungen, die die Staatsgründung mit sich gebracht hat, nicht stellen, den Staat in seiner gegenwärtigen Verfassung ablehnen und ablehnen müssen, sich aber gleichzeitig seiner zu eigennützigen Zwecken parasitär bedienen" (D. Krochmalnik, Fundamentalismus 42).

Bereits 1952 sah Leibowitz das Problem, dass die Frage der Religion sich als Stolperstein in der israelischen Gesellschaft erweisen würde, da die Religion das Volk teile und nicht eine. Den religiösen Juden warf er vor, sich der säkularen Juden mit Rückgriff auf halachische

Vorschriften zu bedienen, statt eine Reform der Halacha unter den Bedingungen der jüdischen Staatlichkeit anzupacken. Da die Halacha unter Bedingungen des Exils und politischer Bedeutungslosigkeit des Judentums entstanden sei, hätte diese auch nur die individuellen und kommunitären Aspekte jüdischen Lebens geregelt, was jetzt – unter den Bedingungen jüdischer Souveränität – nicht mehr ausreiche. So nannte Leibowitz als Bereiche halachisch notwendiger Neuregelungen die Aufgabenfelder von Polizei und Militär sowie die Rolle der Frauen in der israelischen Gesellschaft. Die traditionellen Quellen, die gesellschaftspolitische Fragen behandelten, wie etwa im Mischna-Traktat Sanhedrin oder davon abgeleitet in Maimonides' Codex, haben nach Leibowitz Sichtweise keine Bedeutung, da sie sich auf eine metaphysische und nicht auf eine historische Realität beziehen.

Das zentrale Problem des Judentums sah Jeshajahu Leibowitz darin, dass das jüdische Volk, so wie es die Halacha versteht, mit der Verbreitung der Aufklärung seit dem 19. Jahrhundert nicht mehr identisch sei mit dem modernen jüdischen Volk. Aus dieser Analyse erhob Leibowitz die Forderung, Staat und Religion in Israel nach europäisch-amerikanischem Vorbild zu trennen. Die jüdische Religion sollte davor bewahrt werden, ein Instrument in der Hand der jeweilig Regierenden zu sein, und stattdessen der längst überfällige „Kulturkampf" zwischen Religiösen und Säkularen eingeleitet werden.

1968 sprach Leibowitz über den Wert von Staat und Religion, aber auch über die Bedeutung von Geschichte:

„Religion verbietet es, Staat und Nation als absolute Werte anzusehen. Der Staat hat keinen Wert; er ist nur ein Instrument, das dem Menschen und seinen Zielen dient. Ich erkenne an, dass er ein notwendiger Rahmen für die Verwirklichung menschlicher Ziele ist. Ich bin weiterhin ein Zionist; damit will ich sagen, dass ich nicht im Rahmen einer heidnischen Welt und unter ihren Bedingungen mein jüdisches Leben leben will. Von diesen Bedingungen hatte ich genug. Aber so wichtig für mich die Existenz dieses Staates ist, so gebe ich ihm doch keine Attribute von Heiligkeit und betrachte Religion nicht als eine Funktion in seinem Sinne" (J. Leibowitz, Judaism 210f.).

Dem Ereignis des Sechstagekrieges spricht Leibowitz eine besondere religiöse Bedeutung ab; in seiner Argumentation wird dabei deutlich, dass er prinzipiell eine Offenbarung Gottes in der Geschichte für unmöglich hält:

„Die jüdische Geschichte zeigt, wie unbedeutend Wunder von einem religiösen Gesichtspunkt sind. Juden haben ihren Glauben nicht wegen erfahrener Wunder bewahrt. Es war ihr Glaube, der sie dazu führte, ihre historischen Erfahrungen als wunderbar zu interpretieren. Bezugnahme auf das Wunder des Sechstagekrieges ist eitles Geschwätz. Das Wunder besteht darin, dass wir eine moderne Armee aufgebaut haben, während die arabischen Gesellschaften noch nicht dazu in der Lage sind. Gott wird nicht in der Geschichte offenbar; er ist nicht der Wächter der Humanität. Geschichte kann kaum als Manifestation des ‚Fingers Gottes‘ angesehen werden. Alle Ereignisse sind hinsichtlich ihrer religiösen Bedeutung gleich. Oder anders gesagt, sie sind religiös indifferent. Nur solche Taten, die vollzogen werden zur Verehrung Gottes, sind religiös bedeutungsvoll" (J. Leibowitz, Judaism 211).

Wiederholt forderte Leibowitz den Rückzug Israels aus den im Sechstagekrieg eroberten Gebieten, und zwar bevor die Großmächte – und damit die „Heidenvölker" – Israel dazu zwingen würden. Ein Grund für diese Haltung war seine Erkenntnis, dass eine fortwährende Kontrolle über diese Gebiete die arabische Gesamtbevölkerung demografisch immer stärker mache und die Palästinenser zu Hilfsarbeitern im Lande Israel degradiere. Damit drohe nicht nur der jüdische Charakter des Judenstaates verloren zu gehen, sondern darüber hinaus ein ständiger Bürgerkrieg mit Terror und Gegenterror.

Die religiösen Argumente für ein Festhalten an den besetzten Gebieten sah Leibowitz als ein Verwechseln der religiösen Werte mit dem israelischen Nationalismus an:

„Die ‚halachischen Gründe‘ für eine fortwährende Kontrolle der besetzten Gebiete sind lächerlich, da der Staat Israel die Autorität der Tora nicht anerkennt und die Mehrheit seiner jüdischen Einwohner die Forderungen der Gebote zurückweist." Und: „Nicht jede ‚Rückkehr zum Zion‘ ist religiös bedeutungsvoll. Die alleinige Tatsache der Wiederherstellung israelischer Herrschaft über den Tempelberg hat keine religiöse Bedeutung: Jüdische Souveränität über die besetzten Gebiete des Landes Israel als rein politisches Faktum ist nicht die ‚Tradition der Generationen‘, die die Vertreter des ‚Ungeteilten Landes Israel‘ [z. B. Gusch Emunim; R.N.] beständig beschwören, denn die ‚Generationen‘, auf die sie sich beziehen, erwarteten die Erneuerung jüdischer Souveränität im Land Israel nur in Verbindung mit der Wiederherstellung der Souveränität der Tora" (J. Leibowitz, Judaism 226f.).

So ergibt sich für die „Heiligkeit" des Landes:

„Das Land Israel ist das Heilige Land und der Tempelberg nur ein heiliger Platz durch die Gebote, die mit diesen Örtlichkeiten verbunden sind" (J. Leibowitz, Judaism 227). Für die heutige Situation hingegen gilt: „Das jüdische Volk hat heute legitime Rechte auf dieses Land, aber diese Rechte haben keinen religiösen Grund. Wer die göttliche Verheißung an Abraham und seinen Samen wie ein kostenloses Geschenk ansieht und die Bedingungen ignoriert, die an diese Gabe geknüpft waren, die Verpflichtungen, die den Empfängern der Gabe auferlegt wurden, der verhöhnt und verspottet den Glauben und die Religion" (J. Leibowitz, Judenstaat 239). Deswegen hält Leibowitz den „frommen nationalreligiösen Dummköpfen" (wie er sie betitelte), die sich auf die Heilige Schrift berufen, Ezechiel 33,23-26 entgegen: Demgemäß hat ein religiös vorbildliches Leben nach der Tora absoluten Vorrang vor dem Besitz des Landes: „Ihr verlasst euch auf euer Schwert, begeht Gräueltaten ... und ihr wollt das Land in Besitz nehmen?" (V. 26).

Jeshajahu Leibowitz hat nicht nur auf einige (vermeintliche oder tatsächliche) Schwächen der gegenwärtigen israelischen Staatskonzeption hingewiesen, sondern auch klargestellt: Eretz Israel hat für die Juden nur eine religiöse Bedeutung, insofern die Tora in ihm verwirklicht wird. Eretz Israel ist damit Gabe und Aufgabe für das Judentum. Daraus ergibt sich Leibowitz' Kritik an den Anhängern von Gusch Emunim, die die „Erlösung" des Landes vor der Bekehrung der einzelnen Juden ansetzen. Die Bekehrung der Juden, d.h. die Rückkehr unter „das Joch von Tora und Mitzwot", finde nach wie vor nicht statt und deswegen befände sich das Judentum als Ganzes und insbesondere in Eretz Israel in einer existentiellen Krise, deren Ausgang ungewiss sei, so Leibowitz.

Meir Kahane

Der 1990 in seiner Geburtsstadt New York von einem Araber ermordete Meir Kahane (*1932) gehörte in den Achtzigerjahren zu den schillerndsten Figuren, die sich mit der religiösen und politischen Dimension des Zionismus befassten. Seine Anhängerschaft fand er vor allem unter orientalischen Juden, die häufig zur sozialen Unterschicht Israels zählen und durch die Beschäftigung billiger palästinensischer Arbeiter von Arbeitslosigkeit bedroht sind. Aus den Reihen seiner Anhänger kam der Attentäter, der im Februar 1994, während des jüdischen Purimfestes und im islamischen Fastenmonat Ramadan, ein Massaker an betenden Muslimen in der Machpela (der Grabhöhle Abrahams und der Väter Israels) in Hebron verübte. Schließlich ging im November 1995 aus seinem Sympathisantenkreis auch der Mörder von Premierminister Izchak Rabin hervor.

Meir Kahane geht in seinem Buch „*They must go*" – „Sie müssen gehen" (gemeint sind die palästinensischen Araber) – von einem Dilemma des Staates Israel aus, das sich nach seiner Auffassung bereits in dessen Unabhängigkeitserklärung findet: Zum einen erklärte sich Israel 1948 als ein jüdischer Staat, zum anderen garantierte dieser Staat aber gleichzeitig als demokratischer Staat allen nichtjüdischen Bewohnern volle soziale und politische Gleichberechtigung. Zum Konflikt zwischen den beiden Staatszielen des Judaismus des Staates und der Gleichberechtigung aller Landesbewohner muss es nach Kahane allein schon aus demografischen Gründen kommen, denn: Die arabisch-palästinensische Bevölkerung wächst schneller als die jüdische. Theoretisch könnte so eine arabische Knesset-Mehrheit den Judenstaat auf demokratischem Wege abschaffen. Aus dieser Möglichkeit ergibt sich für Kahane nur eine nach seiner Sichtweise unblutige Konsequenz: „They must go!" Das ganze Werk dient dem religiösen sowie historisch-politischen Nachweis der Notwendigkeit einer Ausweisung (Kahane spricht nicht von Vertreibung) der Palästinenser.

An verschiedenen Beispielen blutiger Zusammenstöße zwischen Juden und Arabern zeigt Kahane die nach seiner Sicht unmögliche Koexistenz beider Bevölkerungen auf und erklärt andere Auffassungen als einen „linken Mythos".

Dann heißt es:

„Der Staat Israel ist die jüdische Forderung und Bestätigung des Rechtes auf das Land. Das Land ist unseres, der Staat ist unserer, Israel: das eine Land, welches das jüdische Volk das Recht und die Pflicht hat, es zu fordern" (M. Kahane, They must go 55f.).

Weil das Land jüdisch ist, kann Meir Kahane keinerlei Mitleid mit den Arabern in Eretz Israel empfinden, auch wenn jene noch sehr fühlten, dass dies ihr Land sei. Die Araber werden nach Kahanes Sicht den jüdischen Landanspruch niemals anerkennen, unabhängig von den Leistungen, die ihnen der jüdische Staat bringt.

Als Beispiele für nach seiner Ansicht „saubere" Lösungen von Minderheitsproblemen zieht Kahane neben dem „Bevölkerungsaustausch" zwischen Griechenland, Bulgarien und der Türkei nach dem Ersten Weltkrieg auch das Beispiel der Vertreibung von 12 Millionen Deutschen nach dem Zweiten Weltkrieg heran.

Gegen den Einwand seiner Kritiker, seine Ansichten kämen den Methoden Hitlers gleich, wehrt sich Kahane:

„Das Problem ist der Jude, der törichterweise den Transfer von Arabern mit Hitlers Völkermord an den Juden gleichsetzt, als ob wir für Gaskammern oder die Tötung von Arabern in irgendeiner Form eintreten würden! Als ob die Trennung von Juden und Arabern nicht sowohl arabisches wie jüdisches Leben retten wird" (M. Kahane, They must go 261).

Meir Kahane argumentiert aber auch theologisch:

„Israel ist unzerstörbar. Es ist einzig, es ist heilig, es ist der Erwählte Gottes; es hat einen Grund zu sein. Seine nationale Einzigartigkeit ist erbaut auf einer Idee, einer Ideologie, die es alleine hat. Dies ist wirklich ein Grund, unterschieden zu sein. Der Jude ist auserwählt und verpflichtet, eine Religio-Nation (!) zu sein, verpflichtet, den Gesetzen zu gehorchen und dem Weg der Tora zu folgen. Durch heilige Bünde, zuerst mit jedem der drei Patriarchen, Abraham, Isaak und Jakob, und dann mit der ganzen Nation, die am Berg Sinai stand und die Stimme des Allmächtigen hörte, wurde das jüdische Volk geboren" (M. Kahane, They must go 268).

Wegen der biblischen Verpflichtung, sich von der Vermischung mit Fremden fernzuhalten – „Wenn ihr die Einwohner des Landes vor euch nicht vertreibt, dann werden die, die von ihnen übrig bleiben, zu Splittern in euren Augen und zu Stacheln in eurer Seite. Sie werden euch in dem Land, in dem ihr wohnt, in eine große Gefahr bringen. Dann werde ich mit euch machen, was ich mit ihnen machen wollte" (Num 33,52-56, hier V. 55f.) –, kann dem Nichtjuden nur der Status eines „Fremden" zuerkannt werden, niemals aber als Bürger mit politischen Rechten, weil das Land nicht seines ist.

Die Staatsgründung Israels ist nicht irgendein beliebiges Ereignis der jüdischen Geschichte, denn:

„Wir leben in der Ära des Anbruchs des Messias, des Beginns der endgültigen Erlösung. Der Aufstieg des Staates Israel aus der Asche von Auschwitz markiert das Ende der Nacht schwarzer Demütigung und Agonie und den Beginn der Morgenröte und der endgültigen, totalen Erlösung, des Kiddush Hashem, der Heiligung des Gottesnamens" (M. Kahane, They must go 274).

Daraus folgt:

„Der Staat Israel ist keine ‚politische' Schöpfung. Er ist eine religiöse. Keine Macht konnte seine Geburt verhindern und keine kann ihn zerstören. Er ist der Beginn von Gottes Zorn, Vergeltung gegen alle Nationen, die Ihn verkannten, verachteten und demütigten, die Ihn als unbedeutend ansahen, die ‚Ihn nicht kannten'. Aber dies ist erst der Beginn. Wie die endgültige Erlösung kommen wird, und wann, hängt von den Juden ab" (M. Kahane, They must go 275).

Und für die palästinensischen Araber gilt:

„Ihre Zurückweisung der jüdischen Souveränität über das Land Israel trotz des Bundes zwischen dem Gott Israels und den Juden bedeutet eine Zurückweisung der Souveränität und des Königtums des Herrn, des Gottes

Israels. Ihr Transfer aus dem Land Israel wird so mehr als eine politische Angelegenheit. Es ist eine religiöse Angelegenheit, eine religiöse Verpflichtung, ein Gebot" (M. Kahane, They must go 275). Die radikalen Ansichten Meir Kahanes haben in Israel den heftigen Widerstand nicht nur liberal-säkularer Juden provoziert. Auch die orthodoxen Parteien, die um einen Teil ihrer Wähler fürchten mussten, sahen sich zur Reaktion gezwungen. Nicht zuletzt wurde durch Kahanes populäre Meinung das internationale Ansehen Israels geschädigt. 1986 wurde im israelischen Parlament ein Antirassismusgesetz verabschiedet, das Kahane und seiner Kach-Partei ihre Aktivitäten untersagte und sie von weiterer politischer Mitwirkung ausschloss.

Kahanes Denken stellt eine radikalisierte Symbiose von Auffassungen ultraorthodoxer Juden (vor allem der Neturei Karta) und Auffassungen der Gusch Emunim-Anhänger dar. Mit Neturei Karta teilte er die bedingungslose Ablehnung nicht nur von Nichtjuden, sondern auch von säkularen Juden, die er als Hebräisch sprechende Heiden ansah und denen nach erfolgtem Transfer der Araber der nächste Kampf gelten sollte. Mit Gusch Emunim teilte er sein theologisches Landverständnis. Über die weiterhin in der Diaspora lebenden Juden wird nach Kahanes Sicht eine Katastrophe ungleich schlimmeren Ausmaßes als der des Holocaust einbrechen. Mit dieser Haltung hat Meir Kahane jede Möglichkeit religiöser Radikalisierung aufgenommen: Wie kein anderer suchte er sowohl die innerjüdische Konfrontation als auch die Konfrontation mit der Außenwelt. Das Attentat in der Grabstätte Abrahams in Hebron und der Mordanschlag auf Izchak Rabin waren nur zwei Früchte seiner Haltung

Marc Ellis

Der amerikanisch-jüdische Theologe Marc Ellis (*1952) ist durch seinen engen Kontakt mit progressiven amerikanischen Christen und dem Kennenlernen der lateinamerikanischen Befreiungstheologie zu seinem „Entwurf einer jüdischen Befreiungstheologie" inspiriert worden, den er 1987 erstmals veröffentlichte. Dabei handelt es sich weniger um einen geschlossenen Entwurf als vielmehr um eine Darstellung von Themen und Möglichkeiten, die die Entstehung einer jüdischen Befreiungstheologie fördern könnten.

Ellis fragt sich, ob eine Befreiungstheologie für das Judentum nicht überflüssig sei, da doch das Volk Israel mit dem Exodus aus Ägypten die Befreiungserfahrung schlechthin gemacht hat: Haben sich nicht aufgrund dieser Befreiungserfahrung des Judentums die beiden anderen Weltreligionen Islam und Christentum entwickelt, die in der prophetischen Nachfolge des Judentums stehen? Ist nicht das Wesentliche schon geschehen, nämlich die Erfahrung der dunkelsten Stunden in den Todeslagern von Auschwitz wie auch im Überleben, das in der Errichtung des Staates Israel das Judentum zu Freiheit und neuer Blüte führte?

An dieser Stelle beginnt für Ellis das Dilemma: Die Erfahrung der Vernichtung und des Überlebens auf der einen Seite, sowie der jüdischen Erstarkung auf der anderen Seite, was sich heute negativ in der Unterdrückung der Palästinenser äußert, sowie in einer neokonservativen Strömung im nordamerikanischen Judentum, die die Diskussion bestimmt, lassen Ellis fragen, wie ein Weg gleichzeitiger Treue zum Judentum und berechtigter Kritik an der eigenen Religionsgemeinschaft gegangen werden kann, der die Komponenten Holocaust und Erstarkung nicht außer acht lässt.

Ellis kritisiert die Haltung bekannter jüdischer Holocaust-Theologen (u.a. Eli Wiesel) nicht nur als Verlust des Prophetischen, das der jüdischen Religion ebenfalls gegeben ist, sondern darüber hinaus als zunehmende Unfähigkeit, „die Geschichte und den Schmerz eines anderen zu verstehen, die Bildung anderer Völker und ihres Kampfes um Freiheit als unseren eigenen Kampf und als eine legitime Forderung an uns anzuerkennen."

Der Verengung der jüdischen Gemeinschaft, die Ellis durch die Götzen Kapitalismus, Patriotismus und Nationalismus bedroht sieht, stellt er die erneuerte Solidarität mit den Unterdrückten entgegen. Viele jüdische Denker lehnen zwar z.B. die lateinamerikanische Befreiungstheologie aufgrund ihres revolutionären Impetus ab; dennoch gibt es jüdische Denker, die Formen der Solidarität anbieten. So bezieht sich Ellis auf den Beitrag Martin Bubers für die Verständigung von Juden und Arabern in Israel/Palästina, sowie auf die Lebenshaltung der holländischen Jüdin Etty Hillesum (*1914; †1943 im KZ Auschwitz-Birkenau), die in ihren Tagebüchern die Frage nach Gottes Gegenwart in der Welt des Holocaust stellte.

Die Dialektik von Holocaust und Erstarkung muss, so Marc Ellis, mit den Fragen von Erneuerung und Solidarität konfrontiert werden. Der Vorwurf, den Ellis der Holocaust-Theologie gegenüber erhebt, ist, dass diese mit der Erlangung des innerjüdischen Konsenses zugleich ihre kritische Spitze verloren habe. Deswegen ist es unumgänglich, dass eine jüdische Theologie am Ende des 20. Jahrhunderts die Spannung zwischen Partikularität und Universalität aufrechterhält, jüdisch in der Identität und offen für andere Religionen und menschliche Gemeinschaften. Sie muss des Weiteren kritisch in der Auseinandersetzung sein und inklusiv, das heißt: offen für alle jüdischen Identitäten. So schweigt sie auch nicht gegenüber dem, was in Israel an Politik betrieben wird. Das jüdische Bedürfnis nach Sicherheit und die ethischen Aufgaben der jüdischen Gemeinschaft müssen zu einem lebensfähigen Ausgleich gebracht werden. So kann schließlich die jüdische Theologie ihr kritisches Potential wiederbeleben, indem sie gegen Götzendienst jeglicher Art kritisch vorgeht. Dies ist aber nur durch Umkehr möglich.

Eine jüdische Befreiungstheologie sollte sich bewusst halten, dass ihre Kritik von Antisemiten missbraucht werden kann. Dennoch ist dies kein Grund, gegenüber Missständen in der eigenen Gemeinschaft zu schweigen.

So gilt für den Nahostkonflikt:

„Das Gegenüber Israels als einer autonomen Gegebenheit ist Palästina und eine jüdische Theologie der Befreiung beginnt von Israel und Palästina zusammen zu sprechen. Dass Israel ein Staat ist, hat weniger mit religiösen Prinzipien als mit der nationalen Organisation der modernen Welt zu tun. Das palästinensische Volk verdient gleichermaßen einen Staat und Israel sollte an dessen Wiedergeburt teilhaben, durch Anerkennung und materielle Hilfe, falls die Palästinenser diese wollen. Eine jüdische Befreiungstheologie ist in dieser Hinsicht unzweideutig: Dem palästinensischen Volk ist bei der Schaffung Israels wie auch bei der Besetzung seiner Territorien zutiefst Unrecht angetan worden. So wie wir unsere Erstarkung feiern, müssen wir unsere Übertretungen bereuen und sofort einstellen. Falls dies heute geschieht, können wir vielleicht in hundert Jahren von einer Konföderation von Israel und Palästina sprechen und wie aus einem tragischen Konflikt ein Heilungsprozess wurde, zum Nutzen beider Gemeinschaften" (M. Ellis, Theology 116).

Als zentrale Aufgabe heutiger jüdischer Theologie sieht Ellis:

„Die intuitive Verbindung zwischen jüdischer und palästinensischer Geschichte zurückzugewinnen, die zur Solidarität mit dem palästinensischen Volk führt und die, paradoxerweise, eine Solidarität mit den tiefsten Intuitionen des jüdischen Volkes ist" (M. Ellis, Religious Thought 39).

Aber nicht nur jüdischen Holocaust-Theologen, sondern auch westlichen Christen wirft Ellis vor, sie würden mit ihrer theologischen Haltung die Versöhnung von Juden und Palästinensern verhindern:

„Denn es sind westliche Christen, die durch ihre antijüdische Haltung den Prozess begannen, der zum Zionismus und zum Holocaust führte, und es sind dieselben Christen, die heute die Elemente jüdischer Identität fördern, die sowohl für Juden wie für Palästinenser so schädlich sind. Der ökumenische Dialog im Westen basiert auf einer Beziehung, die einige der wichtigsten Fragen ausschließt, mit denen das jüdische Volk konfrontiert ist. So sind die Palästinenser, die im Zionismus und in der Holocaust-Theologie unsichtbar sind, auch in der westlichen christlichen Theologie unsichtbar" (M. Ellis, Religious Thought 41).

Ellis geht es mit seinem Ansatz nicht darum, das Rad der Geschichte zurückzudrehen, sondern einen Zustand zu schaffen, der das vorisraelische Palästina genauso wie das heutige Israel transzendiert und ein Palästina/Israel schafft, das beide Elemente verbindet und gleichzeitig übersteigt.

Marc Ellis hat mit seinem kritischen Beitrag auf einen Mangel in der jüdischen, aber auch christlichen theologischen Diskussion hingewiesen: Die weitgehende Abwesenheit Palästinas bzw. der Palästinenser. Nun ist damit aber nicht gleichzeitig festzustellen, dass dadurch jegliche Holocaust-Theologie in ihrem Ansatz entwertet wäre. Anscheinend ist es aber besonders für Holocaust-Theologen unmöglich, einzugestehen, dass der Staat Israel den Palästinensern Unrecht angetan hat. Diese Unfähigkeit muss nicht unbedingt Ausdruck von Zynismus sein. Ellis hat für seinen eigenen Ansatz einer jüdischen Befreiungstheologie zu Recht darauf hingewiesen, dass eine jüdische Theologie, die gegenüber der eigenen Gemeinschaft eine kritische Haltung einnimmt, von Antisemiten missbraucht werden kann. Umgekehrt setzt sich aber auch eine (sei es jüdische oder christliche) Theologie, die jegliches Handeln des Staates Israel rechtfertigt, dem Vorwurf aus, nur noch das von Juden erlittene Unrecht bzw. das den Juden in der europäischen Vergangenheit angetane Unrecht zu sehen und für heute geschehendes Unrecht blind zu sein.

Bei der Betrachtung jüdischer religiöser Parteien und Gruppierungen sowie der Haltung von Einzelpersonen war eine große Bandbreite festzustellen: angefangen von einer traditionell antizionistischen Ausrichtung (bei Neturei Karta), weiter über eine pragmatische Zusammenarbeit mit dem prinzipiell in Frage gestellten säkularen Staat (bei Agudat Israel) bis hin zu einer grundsätzlichen Bejahung des modernen Staates Israel und dem Versuch, über Lobbyarbeit und konstruktive Einflussnahme diesen Staat zu „judaisieren" (NRP und Siedlerbewegung Gusch Emunim sowie die Schass-Partei) oder moderne, religiöse Entwicklungen innerhalb des Diasporajudentums im

Staat Israel einzubringen (Konservative und Reformjudentum). Einzelmeinungen reichten von der Kriegserklärung an den säkularen, demokratischen Staat (bei Meir Kahane) über punktuelle Kritik an aktuellen Entwicklungen (bei Martin Buber, Jeshajahu Leibowitz und Marc Ellis) bis hin zur theologischen Begründung des Zionismus als messianischem Projekt (bei Abraham Kook).

Gespaltene Solidarität:
Christliche Positionen im Widerstreit

Die Haltung der Katholischen Kirche

Das moralische Gewicht, das der Katholischen Kirche als weltumspannender Größe insbesondere in der Person ihres Oberhauptes, des Papstes, zugemessen wird, ist auch mit Blick auf den Nahen Osten immer von besonderem Interesse gewesen. Daher bemühten sich Zionisten und später israelische Politiker von Anfang an um die Legitimation ihres Anliegens durch den Heiligen Stuhl. Dieser hielt sich aber bis vor wenigen Jahren mit der Aufnahme diplomatischer Beziehungen zu Israel auffällig zurück. Sowohl von jüdischen wie von vereinzelten christlichen Kreisen ist der Katholischen Kirche vor allem vor dem Pontifikat Papst Johannes Paul II. deswegen vorgeworfen worden, der Vatikan würde den Staat Israel aus theologischen Gründen nicht anerkennen wollen. Daher lohnt sich ein Blick auf die historische Entwicklung der vatikanischen Nahostpolitik.

Zu Beginn des 20. Jahrhunderts

Seit dem 19. Jahrhundert wurden die Interessen der Katholischen Kirche im Heiligen Land durch die katholischen Nationen, die Custodia di Terra Sancta der Franziskaner sowie durch das 1847 in Konkurrenz zum Orthodoxen Patriarchen eingerichtete Lateinische Patriarchat vertreten. Die osmanische Herrschaft wurde hingenommen und eine großzügige kirchliche Infrastruktur mit einer Vielzahl caritativer und pädagogischer Einrichtungen etabliert, die besonders, aber nicht ausschließlich, den einheimischen Christen zugute kamen. Des Weiteren bemühte man sich, sich an den wichtigsten Heiligen Stätten gegen griechische und andere Konkurrenz zu behaupten und an kleineren Orten mit christlichen Traditionen Neugründungen zu errichten.

Der Österreicher Theodor Herzl (siehe Exkurs 1, S. 32–35) wusste um die Bedeutung der Katholischen Kirche für die Weltmeinung und so bemühte er sich 1904 um eine Privataudienz bei Papst Pius X. Dieser, obwohl persönlich in freundschaftlichem Kontakt zu Juden stehend, wies die Vorstellung eines Judenstaates auch aus religiösen Gründen zurück. Der Boden des Heiligen Landes sei vor allem durch das Leben Jesu Christi geheiligt.

Zwischen 1917 und 1922 bemühte sich der Heilige Stuhl, die Aufnahme der Balfour-Deklaration in den Mandatsauftrag zu verhindern – ohne Erfolg. Die geplante Ausdehnung der zionistischen Siedlung schien dem Vatikan inakzeptabel. Gleichwohl blieb der Einfluss palästinensischer Christen beim Vatikan in jenen Jahren gering. Während der dreißiger Jahre wurde eine Haltung strikter Neutralität verfolgt. Die Judenvernichtung durch die Nationalsozialisten änderte an dieser Politik offiziell wenig, auch wenn ab August 1944 die Auswanderung von Juden nach Palästina aufgrund der Umstände gutgeheißen wurde. Dennoch war man nicht gewillt, eine jüdische Souveränität im Heiligen Land zu unterstützen. Der Vorwurf mangelhafter Solidarität der Katholischen Kirche mit den verfolgten Juden – über den bis heute kontrovers diskutiert wird – hat in den Nachkriegsjahren die Nahostpolitik des Heiligen Stuhls in ihrer moralischen Wirksamkeit nachhaltig geschwächt.

Entscheidend für die vorsichtige Haltung des Vatikans gegenüber dem Zionismus war die Sorge um das einheimische Christentum sowie um die Heiligen Stätten. Da die christlich-arabische Bevölkerung sich von Anfang an mit den muslimischen Arabern gegen die Zionisten verbündet hatte, favorisierte man auch im Vatikan einen arabischen Staat mit muslimischer Majorität, zumal diese Form der Herrschaft vertrauter war und die israelische Sozialismusvariante der Kirche verdächtig erscheinen musste.

Dem UN-Teilungsplan von 1947 (siehe Karte S. 180) stimmte der Heilige Stuhl zu, weil er die Internationalisierung Groß-Jerusalems (einschließlich Betlehems) vorsah und damit eine für die Katholische Kirche interessante Perspektive eröffnete.

Papst Pius XII. äußerte sich Ende der vierziger Jahre mehrfach öffentlich zum Krieg im Heiligen Land, tat seine Sorge um die Heiligen Stätten kund und forderte eine Lösung des palästinensischen Flüchtlingsproblems. Auch materielle Hilfe für Palästinenser wurde organisiert.

In den Fünfzigerjahren blieb es bei der diplomatischen Distanz zum Staat Israel, solange dieser sich sozialistisch orientiert zeigte und von der Sowjetunion Unterstützung erhielt.

Zweites Vatikanisches Konzil

Seit dem von Papst Johannes XXIII. einberufenen Zweiten Vatikanischen Konzil (1962–1965) gibt es in der katholischen Kirche ein verstärktes theologisches Bemühen um das Judentum, an zweiter Stelle aber bereits das Bestreben, sich mit dem Islam zu verständigen, wie das eingangs erwähnte Dokument *Nostra Aetate* zum „Verhältnis der Kirche zu den nichtchristlichen Religionen" (1965) zeigt. Ziel der gemeinsamen Anstrengungen ist neben der theologischen Verständigung der Einsatz aller, um die in der modernen Welt anstehenden Probleme zu bewältigen. Dazu gehört auch die allgemeine Durchsetzung der Menschenrechte sowie der Religionsfreiheit, zu denen sich das Konzil ausdrücklich bekannte und die seitdem in päpstlichen Verlautbarungen eine zentrale Rolle einnehmen.

Noch während des Konzils reiste Papst Paul VI. 1964 als erster römischer Papst in das Heilige Land. Er besuchte die Heiligen Stätten sowohl in Jordanien (Ost-Jerusalem und Betlehem) wie in Israel (Nazaret), vermied aber konsequent die Nennung beider Staatsnamen; vielmehr sprach er ausdrücklich vom „Heiligen Land".

Während des Sechstagekriegs 1967 wurde die Idee einer Internationalisierung der Heiligen Stätten wieder aufgegriffen. 1973 wurde mit Golda Meir zum ersten Mal ein israelischer Regierungschef zur Audienz beim Heiligen Vater empfangen. Das Gespräch soll in äußerst gespannter Atmosphäre verlaufen sein, nachdem der Papst darauf hinwies, dass ein Volk, das so viel wie die Juden erlitten hatte, nicht einem anderen Volk ähnliches antun solle. Überhaupt setzte sich Paul VI. besonders für die Palästinenser ein, die er in seinen Schreiben als „palästinensisches Volk" und als „Volk des Heiligen Landes" betitelte. Die einsetzende israelische Siedlungspolitik in den besetzten Gebieten wurde kritisch betrachtet, während die ägyptische Friedensinitiative mit dem späteren Friedensschluss als erster Schritt zu einer umfassenden Friedenslösung begrüßt wurde.

Von Papst Johannes Paul II. – der nicht wie seine Amtsvorgänger durch die vatikanische Diplomatenschule gegangen war – wurde eine schnelle Wende der vatikanischen Nahostpolitik erwartet, zumal der polnische Papst als junger Mann Zeuge der nationalsozialistischen Judenvernichtung in seiner Heimat geworden war und starke freundschaftliche Bande zu Juden unterhielt. Umgekehrt war ihm die Unterstützung der Palästinenser durch die Sowjetunion sicherlich suspekt. Der israelisch-ägyptische Friedensvertrag 1979 wurde vom Vatikan begrüßt, die Palästinenser hingegen mit keinem Wort erwähnt.

Dennoch schwenkte Johannes Paul II. schließlich auf die diplomatische Linie seiner Amtsvorgänger ein, nachdem ihm die prekäre Lage der nahöstlichen Christen immer deutlicher wurde. Insbesondere die Kontakte mit den konservativen israelischen Regierungen gestalteten sich seitdem zunehmend schwierig. Einen Tiefpunkt in den vatikanisch-israelischen Beziehungen stellte die israelische Invasion des Libanon 1982 dar. Demonstrativ wurde PLO-Chef Jassir Arafat zur Privataudienz beim Papst empfangen.

Entwicklung bis heute

Der Golfkrieg 1991 zeigte noch einmal die fundamentalen Differenzen in der Beurteilung der nahöstlichen Situation zwischen dem Heiligen Stuhl und Israel. Auch zum Befremden westlicher Christen hatte Johannes Paul II. immer wieder vor einer gewaltsamen Lösung des Konflikts gewarnt. Immerhin bildete der Kriegsausgang die Voraussetzung für Verhandlungen, die auch die Bildung einer bilateralen Kommission zwischen dem Heiligen Stuhl und Israel ermöglichten, deren Zweck die Normalisierung der Beziehungen war.

Das erzielte Übereinkommen wurde am 13. Dezember 1993 in Jerusalem unterzeichnet und bildete die Grundlage für die seither bestehenden vollen diplomatischen Beziehungen. Die Präambel des Dokuments nimmt Bezug auf die besonderen Beziehungen zwischen jüdischem Volk und katholischer Kirche, sowie den Versöhnungsprozess der vergangenen Jahre; die Bedeutung des Heiligen Landes für beide Seiten wird betont. *Beide Seiten erinnern an ihre Verpflichtung zur Einhaltung der Menschenrechte, insbesondere der Religionsfreiheit. Jeglicher Antisemitismus, Rassismus und religiöse Intoleranz werden verurteilt.* Der an den Heiligen Stätten der Christenheit gegebene „Status quo" wird beiderseits anerkannt, christliche Pilgerfahrten sollen weiterhin gefördert werden. Die Kirche behält ihr Recht auf Unterhalt von Schulen und caritativen Einrichtungen, friedliche Konfliktlösungen sollen gefördert werden, *während Gewalt und Terror gemeinsam verurteilt werden.*

Einen vorläufig letzten Höhepunkt der vatikanisch-israelischen Beziehungen stellte die Nahostreise des Papstes im März 2000 dar, sicherlich eine seiner diplomatisch heikelsten Reisen. Johannes Paul II. setzte sich vor allem für die Fortsetzung des Friedensprozesses ein und stärkte die einheimischen Christen, während sowohl die israelische wie die palästinensische Seite versuchten (ein halbes Jahr vor Ausbruch der „zweiten Intifada"), sich von ihrer besten Seite zu zeigen und den Papst für ihre Anliegen zu vereinnahmen.

Die Haltung der Protestantischen Kirchen

Im Ökumenischen Rat der Kirchen

Entwickelte sich die Haltung der Katholischen Kirche, wie gesehen, von einer ablehnend-skeptischen Position bzgl. des Zionismus hin zu einer vorsichtig positiven Haltung, so verlief die Entwicklung innerhalb des Ökumenischen Rats der Kirchen (ÖRK) gewissermaßen umgekehrt, auch wenn der ÖRK die Existenzberechtigung des Staats Israel niemals in Zweifel zog. Während der Heilige Stuhl eine Spaltung der katholischen Kirche über den Nahostkonflikt durch vorsichtiges Taktieren vermied, zeigte sich innerhalb des ÖRK eine mit den Jahren zunehmende Unfähigkeit, zu einer positiven Stellungnahme hinsichtlich des Zionismus zu gelangen. Die Ursache hierfür liegt in der Mitgliederentwicklung der Vollversammlung und Interessenvertretung all der Christen, die nicht mit der römisch-katholischen Kirche in Einheit existieren und derzeit 349 Mitgliedskirchen aus mehr als 120 Ländern umfasst – damit nicht nur protestantischer Kirchen, sondern orthodoxer, orientalischer und anderer Teilkirchen.

Bei der ersten Vollversammlung des ÖRK 1948 in Amsterdam stand man noch ganz unter dem Eindruck des Kriegsgeschehens in Europa und Nahost. Da die meisten Teilnehmer aus westlich-protestantischen Kirchen entsandt worden waren, verabschiedete man eine Erklärung, in der die Bedeutung des jüdischen Volkes für den christlichen Glauben anerkannt wird. Es wird aber auch gesehen, dass mit der Gründung des Staates Israel neue Probleme entstanden sind. Aufgabe aller Christen sei es, sich für eine gerechte Ordnung in Palästina zu engagieren.

Unter dem Einfluss nahöstlicher und osteuropäischer Christen wurden positive Stellungnahmen zum Staat Israel in den folgenden Jahrzehnten unmöglich gemacht, umgekehrt die Heiligkeit des Landes für alle drei abrahamitischen Religionen betont, die Einhaltung der Menschenrechte sowie die Notwendigkeit der Herstellung eines Friedens in Gerechtigkeit.

Vergleicht man die Entwicklung innerhalb des ÖRK mit der innerhalb der Katholischen Kirche, so darf man hinsichtlich des Nahostkonflikts von einer Annäherung der Standpunkte über die Jahrzehnte sprechen. Vorrangig ist demnach allen christlichen Beteiligten die Sorge um die nahöstlichen Christen angelegen, sowie um die Heiligen Stätten und die christlichen Einrichtungen im Land. Die Solidarisierung der christlichen Palästinenser mit ihren muslimischen Landsleuten hat in beiden Institutionen dazu geführt, die Rechte der Palästinenser auch gegenüber Israel zu betonen. An zweiter Stelle wird die Forderung nach Frieden und Versöhnung erhoben, worin die Anerkennung sowohl des Existenzrechts Israels wie das der Palästinenser enthalten sind. Des Weiteren ist beiden Seiten gemeinsam die Zurückhaltung bei einer theologischen Beurteilung des Staates Israel.

Fundamentalisten

Protestantische Fundamentalisten, die vor allem in Nordamerika zu finden sind, sich aber zunehmend auch nach Europa und Latein-amerika ausdehnen, lehnen eine wissenschaftlich fundierte Bibel-auslegung grundsätzlich ab; sie leben in einer starken Endzeiter-wartung, vor allem orientiert an ihrer Interpretation der Offenbarung des Johannes, und haben von dieser Voraussetzung ausgehend die Ereignisse des 20. Jahrhunderts – Holocaust, Heimkehr der Juden in das Land der Vorväter und Israels militärische Siege – endzeitlich-euphorisch gedeutet. Holocaust und Rückkehr der Juden werden nicht nur als Gottes Wille, sondern als Gottes Tat angesehen und entbehren somit jeder menschlichen Begründung. Die körperliche Anwesenheit der Juden im Land Israel ist notwendige Voraussetzung der bald ein-setzenden Erlösung. So verwundert es nicht, dass Anhänger dieses Bibelverständnisses die Auswanderung aller Juden nach Israel wün-schen. Insbesondere während der Regierungszeiten US-republikani-scher Präsidenten seit den 80er Jahren gewannen Prediger dieser Gruppen erheblichen politischen Einfluss und wurden vor allem in Amerika zur wirkmächtigsten Israel-Lobby, während ihr politischer Einfluss in Kontinental-Europa gering blieb. In Jerusalem wurde von ihnen eine „Internationale Christliche Botschaft" eingerichtet.

Das entscheidende geschichtliche Ereignis des 20. Jahrhunderts ist für protestantische Fundamentalisten die Gründung des Staates Israel nach dem Holocaust. Die Sammlung der Juden in diesem Staat bietet für sie die ideale Voraussetzung für die Bekehrung der Juden, die wie-derum notwendig ist, damit das Tausendjährige Reich Jesu beginnen kann. Die verschiedenen Friedensbemühungen der vergangenen Jahrzehnte sind nach einer solchen Sichtweise völlig sinnlos bzw. sogar schädlich. Jüdische Radikale, die einen dritten Tempel auf dem Jerusalemer Tempelberg errichten wollen, werden ebenfalls von pro-testantischen Fundamentalisten unterstützt.

Stimmen ausgewählter Theologen

Aus der Vielzahl von deutschsprachigen, christlichen Theologen-
stimmen sollen hier stellvertretend zwei vorgestellt werden, die sich
um den jüdisch-christlichen Dialog in hervorragender Weise verdient
gemacht haben.

Hans Küng

Der Schweizer Theologe Hans Küng (*1928) ist in den vergangenen
Jahren mit einer Vielzahl von Veröffentlichungen zum Interreligiösen
Dialog hervorgetreten. Sinn seines Bemühens ist es, den Weltfrieden
dadurch voranzubringen, dass die verschiedenen Religionen, die so
oft in Streit und Krieg miteinander liegen, zum Frieden miteinander
finden. Diesem Ziel dient der Dialog zwischen den Religionen.

Hans Küng postuliert: In der Moderne kann keine Religion mehr nur
für sich und isoliert von ihren Nachbarn existieren. Gleichzeitig sind
aber alle Religionen vor ähnliche strukturelle Probleme gestellt, die es
nunmehr gilt, gemeinsam und nicht gegeneinander zu bewältigen.

Für Küng ist die Gründung des Staates Israel nach dem Holocaust
das wichtigste Ereignis innerhalb der jüdischen Geschichte nach der
Zerstörung des Zweiten Tempels. Die Staatsgründung stelle das
Judentum vor ganz neuartige Herausforderungen, für die die traditionellen Vorstellungen und Problemlösungen nicht mehr ausreichend
sind. Nach Küngs Sicht ist der Staat Israel vor allem eine politische
Größe, der nach politischen Kriterien zu beurteilen ist. Dennoch hat
der Staat Israel von seinen traditionellen Voraussetzungen her auch
eine religiöse Dimension. Diese religiöse Dimension sieht er für
Christen darin, dass Gottes Bund mit seinem Volk nicht annulliert ist,
sondern sich bis in unsere Zeit durchgehalten hat. Gottes Volk lebt
wieder im Land der Verheißung. Wegen ihrer Mitverantwortung für
den Holocaust sind Christen ebenso mitverantwortlich für das
Unrecht, das den Palästinensern im Gefolge der Staatsgründung
Israels geschah, und daher verpflichtet, zu einem gerechten Ausgleich
zwischen Juden und Arabern beizutragen.

Friedrich-Wilhelm Marquardt

Der evangelische systematische Theologe Friedrich-Wilhelm Marquardt (*1928; †2002) hat sich in über dreißig Jahren um eine christ-
lich-theologische Deutung des Zionismus und darüber hinaus um die
Versöhnung von Deutschen und Juden hochverdient gemacht. In sei-

nem Buch „Die Juden und ihr Land" unternimmt er einen alttestamentlichen Überblick, an dessen Ende er die Frage nach dem Fortwirken biblischer Verheißungen wie der Landverheißung stellt; Marquardt sieht stärker als andere Theologen auch Jesus Christus selbst
landbezogen: „Zu Jesus Christus soll der Erdgeruch gehören" (F.W.
Marquardt, Juden 102). Der Zionismus ist Ausdruck einer jahrhunder-
telangen jüdischen Sehnsucht nach dem Land und nach dem Zweiten
Weltkrieg stellte die Gründung des Staates Israel einen legitimen Akt
ausgleichender Gerechtigkeit nach den jüdischen Leiden sowie der
schlussendlichen Anerkennung der Juden dar.

Es gilt aber auch: „Was wir *theologisch* als notwendig erkennen,
berechtigt *nicht*, damit etwas *politisch* zu *legitimieren*. Weder Israels
Ansprüche ans Land noch seine Politik können theologisch *gerecht-
fertigt* werden" (F.W. Marquardt, Eschatologie 274). Für Christen
besteht kein Anlass zu einer messianischen Erwartung mit Blick auf
den Staat Israel, denn Christen als Christen haben nichts Positives zur
Entstehung dieses Staates beigetragen.

Christen im Heiligen Land

Christen mit israelischer Staatsbürgerschaft machen zu Beginn des 21.
Jahrhunderts etwa 2 % der israelischen Gesamtbevölkerung von 5,5
Millionen Einwohnern aus. Von diesen wiederum gehören die meisten
dem arabisch-palästinensischen Kulturkreis an. Außerdem gibt es in
Israel einige hundert jüdischer Christen, die verschiedenen christlichen Konfessionen angehören und sich dem jüdisch-israelischen
Kulturkreis zugehörig fühlen. Beispielsweise gibt es drei römisch-
katholische Judenchristengemeinden in Tel Aviv, Jerusalem und
Haifa. Von den etwa 2,2 Millionen Einwohnern des Westjordanlandes
sind ca. 3 % Christen, während im Gaza-Streifen fast gar keine Christen leben.

Lange Zeit sind palästinensische Christen im Rahmen der theologischen Betrachtung des Israel/Palästina-Problems übersehen worden.
Erst seit dem Beginn der Intifada 1987 schenkt man ihnen auch in
Europa und Nordamerika Gehör, werden ihre theologischen Überlegungen mit ins Gespräch hineingenommen. Auffällig ist, dass bei
allen erbitterten Gegensätzen, die die christlichen Konfessionen im
Heiligen Land traditionell kennzeichnen, wenn es um die Rechte an
den Heiligen Stätten geht, eine erstaunliche Einmütigkeit zu verzeich-

nen ist, wenn es um eine gemeinsame politische Haltung der *einheimischen* arabischen Christen sowohl gegenüber Juden und Muslimen wie gegenüber der Weltchristenheit geht.

Theologisch fruchtbar geworden ist die Auseinandersetzung mit dem Zionismus bislang vorwiegend bei den Christen lateinischer Konfessionen. Vorgestellt werden sollen hier einige Stellungnahmen des Lateinischen Patriarchen von Jerusalem, Michel Sabbah, sowie des lutherischen Pfarrers von Betlehem, Mitri Raheb.

Michel Sabbah

Michel Sabbah (*1933 in Nazareth; im Juni 2008 emeritiert) ist der erste Palästinenser, der vom Papst zum Lateinischen Patriarchen von Jerusalem ernannt wurde. Mit zwei Hirtenbriefen fand er Ende der achtziger und zu Beginn der neunziger Jahre auch internationale Beachtung.

Sabbah stellt darin fest: Die politische und wirtschaftliche Situation der Palästinenser ist schon seit Jahren bedrückend. Ihr soziales und politisches Gefüge wird immer wieder zerrissen und ihre religiösen Gefühle laufen Gefahr, von Extremisten missbraucht zu werden. Auf Seiten der Israelis sieht Sabbah die Problematik, dass diejenigen, die den Todeslagern Europas entkamen, und deren Kinder als Soldaten nun ihrerseits das palästinensische Volk unterdrücken, dabei selber starke seelische Verwundungen erleiden. Christen sind auf beiden Seiten des Konflikts mit einbezogen und von daher verpflichtet, alles zu unternehmen, was den Prinzipien der Liebe, Wahrheit und Gerechtigkeit entspricht. Grundlage für eine Konfliktlösung ist für Sabbah der Rückgriff aller drei Religionen auf die ihnen zugrunde liegenden Werte. Gleichzeitig gilt es, die Strukturen des Bösen zu erkennen und wirksam zu bekämpfen:

> „Wir appellieren an beide Seiten, die Präsenz des anderen und seine Rechte anzuerkennen und Gottes Willen füreinander zu respektieren" (M. Sabbah, Jerusalem 279).

1993, im Entstehungsjahr des Hirtenbriefes, der sich mit Fragen der Bibelinterpretation beschäftigt, hatte sich die politische Lage ein wenig entspannt. Ziel seiner Schrift ist für Sabbah, die Treue der Gläubigen zur Bibel zu stärken und sie vor Fehlinterpretationen zu bewahren. Denn die Berufung jüdischer Kreise auf das Alte Testament zur Untermauerung ihrer Landansprüche führte umgekehrt zunehmend zur Ablehnung des Alten Testaments durch arabische Christen.

Hinsichtlich des Verhältnisses von Altem und Neuem Testament unternimmt Sabbah eine typologische Interpretation des Alten Testaments; d.h., dass die Geschichte Gottes mit seinem Volk im Alten Testament nur ein Abbild der Geschichte Gottes mit einem jeden von uns sei. Jesus Christus hat – so Sabbah – mit seiner Botschaft das Wertvolle am Alten Testament für die, die ihm nachfolgen, herausgestrichen (die Nächstenliebe) und andere Elemente (z.B. den Gesetzesglauben) zurückgewiesen. Dennoch gehören Altes und Neues Testament untrennbar zusammen. Auch die Gewaltdarstellungen im Alten Testament sieht Sabbah durch Auftreten und Botschaft Jesu Christi als überholt an, so dass es nur noch geistige Kämpfe geben kann, auf gar keinen Fall aber „Heilige Kriege" im Namen Gottes. Bezüglich der Landverheißungen an das auserwählte Volk hält Sabbah fest, dass die alte Erwählung der Juden sich seit dem Auftreten Jesu auf alle bezieht, denn die alte Mauer der Feindschaft zwischen dem erwählten und den anderen Völkern ist von Jesus niedergerissen: „Er vereinigte die beiden Teile (Juden und Heiden) und riss durch sein Sterben die trennende Wand der Feinschaft nieder. Er hob das Gesetz samt seinen Geboten und Forderungen auf, um die zwei in seiner Person zu dem einen neuen Menschen zu machen" (Eph 2,14-15). In der Bergpredigt Jesu gilt die Landverheißung (Mt 5,5) nunmehr den Gewaltlosen und Gerechten.

Religiös betrachtet haben nach Sabbah alle drei Religionen das gleiche Recht auf Anwesenheit im Land, um dort ihren Glauben zu leben. Die politischen Fragen sind daher durch gerechte Übereinkünfte zu regeln, die sich an religiösen Grundwerten orientieren: „Die Aufgabe der Religion bleibt es, zu mäßigen und zu lenken" (M. Sabbah, Land 64f.).

Mitri Raheb

Der 1962 in Betlehem geborene Palästinenser, lutherische Christ und Pfarrer Mitri Raheb studierte in Deutschland evangelische Theologie und wurde dabei mit teilweise euphorisch-positiven Auffassungen zum Verhältnis von Kirche und Israel konfrontiert, die für ihn als Palästinenser sehr unangenehm waren. In Veröffentlichungen seit Ende der achtziger Jahre stellt Raheb einige dieser Auffassungen kritisch in Frage, da er den Staat Israel fast während seines gesamten Lebens als gut ausgerüstete Besatzungsmacht erlebte. Des Weiteren wirft er deutschen Theologen vor, sie täten so, als ob die erneute „Landnahme" Israels im 20. Jahrhundert quasi im luftleeren Raum erfolgt sei. Stattdessen ist heute mit zwei politischen Größen zu rechnen, denen lediglich übrig bleibt, das Land zu teilen, wollen sie eine Zukunft in Frieden. Raheb findet seine Identität als christlicher Palästinenser in drei Faktoren begründet: Da ist zunächst die Person Jesu von Nazaret, in dessen Nachfolge im Heiligen Land die heutigen christlichen Palästinenser stehen; ferner die arabische Kultur und Sprache und drittens das Schicksal der Palästinenser im 20. Jahrhundert. Raheb sieht die arabischen Christen vor neuen Herausforderungen, zumal der arabische Säkularismus und Nationalismus gescheitert sind und stattdessen islamischer Fundamentalismus in den arabischen Ländern aufblüht. Deswegen gilt festzuhalten, dass der Nahostkonflikt kein religiöser, sondern ein politischer Konflikt ist, es daher auch keine „frommen" Lösungen geben kann und darf. Dennoch sollten die Religionen einen Beitrag zum Frieden leisten. Eine arabisch-christliche Theologie muss vor allem den vielfältigen heutigen Missbrauch des Namens Gottes in den Religionen entlarven und zurückweisen. Stattdessen ist die positive Beziehung zwischen Gott und den Menschen als Grundlage aller Religion wieder zu betonen, als weitere Grundlage für eine positive Beziehung zu den Mitmenschen.

Für Raheb bedeutet die biblische Landverheißung an Abraham ein Geschehen, das über die Grenzen Israels hinaus weist und die heutigen Palästinenser in diese Verheißung mit einbindet. Daher darf die Erwählung Israels auf keinen Fall exklusiv verstanden werden. Denn der biblische „Gott Israels" hat auch ein Interesse an den Palästinensern und ihrem Wohlergehen:

> „In dem Glauben an den Gott Israels, dem die umliegenden Völker nicht gleichgültig sind, könnte eventuell eine theologische Begründung zur Kooperation aller im Nahen Osten existierenden Staaten liegen" (M. Raheb, Christ 99). Und: „Die Präsenz der Christen im ‚Gelobten Land' ist auch eine Erfüllung der göttlichen Verheißungen. Sie gehören unbedingt hierhin" (M. Raheb, Christ 102).

Die Diskussion des Problemfeldes im heutigen Christentum zeigt im wesentlichen drei Lager: Zum einen die von der katholischen sowie von vielen protestantischen Kirchen und einzelnen Christen unterstützte Haltung, die eine Versöhnung der Konfliktgegner im Rahmen eines für alle Seiten tragbaren Kompromissfriedens fordert, zum anderen die enthusiastische und oft kritiklose Unterstützung rechtszionistischer israelischer Politik durch protestantische Fundamentalisten in Nordamerika und Europa (in Verfolgung eigener endzeitlicher Erwartungen), und schließlich das Erwachen des palästinensischen Christentums, wo vor allem Angehörige der lateinischen Konfessionen in den vergangenen Jahren das Wort ergriffen und zur Stärkung christlich-palästinensischer Identität im Heiligen Land beitrugen.

Gefangen zwischen Wunsch und Wirklichkeit: Der Kampf der Muslime um Palästina

Die Haltung islamischer Gruppierungen

Die militärische Niederlage 1967 verursachte in der arabisch-islamischen Welt einen schweren Schock. Während andere Niederlagen als Folge des westlichen Imperialismus und Kolonialismus gedeutet werden konnten, wurde diese Niederlage als Folge eigener ideologischer und politischer Schwäche gesehen. Insbesondere islamische Fundamentalisten – im Folgenden „Islamisten" genannt –, die in Folge des Krieges erstarkten, machten das Abweichen vieler Muslime und ihrer Regierungen vom Islam für die Niederlage verantwortlich und boten sich fortan als Alternative an.

Die Folgen des Sechstagekriegs

Der Zionismus war nach dieser Sicht erfolgreich, weil er es verstanden hatte, erfolgreich mit christlichen „Kreuzzüglern" und Atheisten zusammenzuarbeiten. Die jüdische Siedlungspolitik in Ostjerusalem und der Brandanschlag durch einen fundamentalistischen australischen Christen auf die al-Aqsa-Mosche 1969 bewiesen den Muslimen, dass die Bedrohung ernst zu nehmen war.

Schließlich zeigte sich für islamistische Strömungen im Laufe der weiteren Jahre, dass maronitische Christen im libanesischen Bürgerkrieg mit den Israelis „kollaborierten"; so beim israelischen Einmarsch 1982 im Libanon und den Massakern in den Flüchtlingslagern Sabra und Shatila durch christliche Milizen. Seitdem, für die Israelis besonders schmerzhaft im Sommer 2006, erweist sich die im Libanon ansässige proiranische schiitische Hisbollah-Miliz als einer der wenigen ernst zu nehmenden militärischen Gegner Israels. Schließlich wurde der 2. Golfkrieg 1990/91 als weitere erfolgreiche Koalition von Zionisten und „Kreuzfahren", diesmal zusammen mit „korrupten" arabischen Regimen, von den Islamisten gedeutet. Nach der Invasion des Irak 2003 durch US-geführte Koalitionstruppen aus überwiegend christlich geprägten Ländern zeigt sich der religiös motivierte Widerstand gegen die Besatzer als der stärkste und gefährlichste, aber auch als der brutalste.

Die Islamisierung der arabischen Welt ergibt sich als Antwort auf die „Judaisierung" der von Israel 1967 besetzten Gebiete. Für gläubige Muslime stellt sich in diesem Zusammenhang die theologische Frage, ob die jüdische Tora vielleicht doch Präferenz gegenüber dem Koran haben könnte. Hatte sich denn nicht die Prophetie der jüdischen Rückkehr in das Land bereits in der Vergangenheit erfüllt und ist somit heute unwirksam? Welche Rolle hat der Islam als Gottes letzte Religion und als Religion Gottes? Nicht zuletzt waren es die weitere Enteignung und Zerstörung von *waqf*-Eigentum durch israelische Behörden, vor allem in Ostjerusalem, und archäologische Untersuchungen am Tempelberg, die religiöse Empörung provozierten.

Kurz nach dem Sechstagekrieg (im arabischen als *al-udwan*, die Aggression, bekannt) versammelte sich in Kairo die vierte Konferenz der al-Azhar-Akademie für Islamische Studien, mit einer internationalen Teilnehmerschaft. Ein Großteil der Konferenz wurde dem Kriegsereignis gewidmet. Arabische Nationalisten und Sozialisten wurden für die Niederlage verantwortlich gemacht und man forderte eine internationale islamische Antwort. Schließlich wurden zwei Resolutionen verabschiedet, die als *fard* anzusehen sind, als religiöse Verpflichtung. Die erste fordert jeden Muslim dazu auf, sich islamisches Wissen anzueignen, die zweite fordert zum *dschihad* auf, dem Kampf gegen die Ungerechtigkeit. Der erste Aspekt wurde insofern befolgt, als in den Folgejahren viele Untersuchungen erschienen, die die arabisch-islamische Geschichte in Palästina dokumentierten. Zum ersten Mal seit den Kreuzzügen erschienen wieder Texte, die die Bedeutung Jerusalems und der al-Aqsa-Moschee darstellten.

Die Unterstützung des Westens für Israel wurde bereits 1967 als Teil einer jüdisch-christlichen bzw. zionistisch-kreuzfahrerischen Verschwörung gesehen. So bereitete es keine Schwierigkeiten, die Haltung der jüdischen Nationalreligiösen mit dem Verhalten der Kreuzfahrer gleichzusetzen. War bis dahin der Westen als kolonialistische Macht mit primär ökonomischen Interessen gesehen worden, wurde seine bedingungslose Unterstützung Israels jetzt als Ausdruck seines lang anhaltenden Hasses gegen die islamische Welt betrachtet, der sogar vor den orientalischen Christen keinen Halt machte. So ist das Bild der Kreuzzüge seit 1967 vorherrschend geworden.

Die zweite Resolution, die Aufforderung zum *dschihad*, wurde damit begründet, dass dieser das einzige Mittel sei, das der Westen akzeptieren würde. Die koranischen Bedingungen, die einen *dschihad* gegen Israel legitimierten, seien in diesem Fall alle gegeben, nämlich „Aggression gegen arabisches und islamisches Land, Entweihung der heiligen Stätten, Vertreibung von Muslimen und Arabern aus dem

Land und der Gebrauch ungezähmter Gewalt, die zum Tod alter Männer, Frauen und Kinder führte" (Y. Haddad, Islamists 282). Der *dschihad* ist nach dieser Sicht für alle Muslime verpflichtend, der Gebrauch von Gewalt unvermeidbar, da, was mit Gewalt genommen wurde, nur mit Gewalt zurückgeholt werden kann.

Die Islamische Bewegung

Die Islamische Bewegung in Palästina versteht sich als Bestandteil der weltweiten islamischen Bewegung. „Islamische Bewegung" ist hierbei eine Selbstbezeichnung von Islamisten und drückt deutlich ihr Selbstverständnis als globale wie lokale Akteure aus. Dabei gibt es durchaus keine wie im Namen angedeutete Homogenität. Gemeinsam ist den palästinensischen Akteuren das Ziel einer Transformation ihrer Gesellschaft in eine islamische und die Schaffung eines islamischen Staates in Palästina. Für den Weg zur Erreichung dieses Ziels gibt es unterschiedliche Vorstellungen.

Die Muslimbruderschaft

Die Mutterorganisation der palästinensischen Muslimbrüder ist die 1928 in Ägypten durch Hassan al-Banna (*1906; †1949, von einem Attentäter erschossen) gegründete Gesellschaft der Muslimbrüder. 1945 wurde der erste Zweig der Muslimbrüder in Jerusalem gegründet. Bis 1947 gab es etwa 25 Ortsgruppen im ganzen Land, mit ca. 12–20 000 aktiven Mitgliedern, die der Aufsicht der Kairoer Zentrale unterstellt waren. Auch der Großmufti Amin al-Husseini wurde zu den Muslimbrüdern gezählt. Am Krieg von 1948 nahm die Bruderschaft mit mehreren hundert Freiwilligen teil, sowohl Palästinensern als auch Arabern aus den Nachbarstaaten.

Zwischen 1948 und 1967 stellte die Muslimbruderschaft in der Westbank eine loyale Opposition gegenüber dem jordanischen Herrscherhaus dar. Im ägyptisch kontrollierten Gazastreifen erlitten die Muslimbrüder das gleiche Schicksal wie ihre ägyptischen Parteigänger und wurden 1949 verboten. Das Verhältnis zwischen der ägyptischen Regierung und den Muslimbrüdern verschlechterte sich nochmals nach der Machtübernahme Gamal Abdel Nassers (*1918; ab 1954 bis zu seinem Tod 1970 ägyptischer Staatspräsident). Immer wieder kam es zur Verhaftung und Hinrichtung führender Muslimbrüder. Trotz ihres Verbots war die Muslimbruderschaft bis 1954 die einflussreichste Organisation im Gazastreifen, da sie beträchtliche Hilfen aus Ägypten erhielt. Auch Jassir Arafat wurde damals zu ihren Sympathisanten gezählt.

Nach dem Sechstagekrieg 1967 blieb die Gesellschaft der Muslimbrüder in Palästina zunächst schwach. Der Widerstand gegen Israel wurde von Palästinensern mit säkularer, nationalistischer oder kommunistischer (sozialistischer) Orientierung geführt (PLO). Mitte der siebziger Jahre vereinigten sich die Muslimbrüder des Gazastreifens, der Westbank und Jordaniens zu einer eigenen Gesellschaft, womit sich die Muslimbrüder des Gazastreifens von der Gesellschaft in Ägypten trennten.

Während die Niederlage von 1967 den Muslimen ein Beweis für die Schwäche säkularer westlicher Ideologien war, erwies sich der für die arabische Welt teilweise erfolgreiche Krieg von 1973 als „Beweis" für die Stärke des Islam (in diesem Krieg hatten die ägyptischen Truppen bei der Überquerung des Suez-Kanals *allahu akbar"* – „Gott ist groß" gerufen; außerdem hatte der Krieg während des Fastenmonats Ramadan stattgefunden).

Schließlich muss die in allen Ländern der Region einsetzende islamische Renaissance als bewusste Abkehr von westlichen Werten und westlicher Zivilisation bzw. als aktiver Widerstand gegen diese gedeutet werden. In den von Israel besetzten Gebieten wurde die „Rückkehr" zum Islam durch die israelische Besatzungspolitik, durch die religiös motivierten jüdischen Siedlungen sowie durch die politischen Niederlagen der PLO begünstigt.

Dem entgegen konnte die Muslimbruderschaft politische Alternativen bieten, ohne ihre Praktikabilität unter Beweis stellen zu müssen. Da sie sich bis zum Beginn der Intifada des bewaffneten Kampfes enthielt, konnte sie – anders als die von Israel bekämpfte PLO – weitgehend ungestört eine Infrastruktur aufbauen, die ihr großen Einfluss unter den Muslimen sicherte. Dazu kamen erhebliche Geldmittel aus konservativen arabischen Staaten, wie etwa Saudi-Arabien und Jordanien. Nicht zuletzt sind es die Moscheen und das fortbestehende *waqf*-Eigentum, die den Muslimbrüdern Einflussmöglichkeiten und Geldmittel erschließen.

1973 wurde in Gaza das Islamische Zentrum als Organisation der Muslimbrüder gegründet, um die Aktivitäten der Gesellschaft zu koordinieren. Unter den Gründern befand sich der charismatische Leiter der Muslimbrüder Sheikh Ahmad Yasin (*1936?; †2004 durch einen gezielten israelischen Raketenangriff). Das Zentrum kontrolliert heute einen Großteil der Moscheen im Gazastreifen.

Starken Einfluss besitzen die Muslimbrüder an den Universitäten, besonders an der Islamischen Universität von Gaza, aber auch an der

Birzeit Universität in der Westbank und an der Universität Hebron. Umworbene Zielgruppen der Muslimbrüder sind die gesamte islamische Jugend, aber auch Lehrer und öffentliche Bedienstete, sowie Menschen der unteren sozialen Gruppen, während es ihnen weniger gelang, Gewicht in Gewerkschaften oder berufsständischen Organisationen zu erlangen.

Bücher religiösen Inhalts sind das Medium, mit dem die Muslimbrüder ihre Ideen am effektivsten verbreiten. In ihnen wird die Rückkehr zum Islam gefordert, lokaler Nationalismus und Säkularismus werden kritisiert. Besondere Kritik erfahren Israel und die USA, aber auch der Westen im Ganzen und arabische Regierungen, die mit dem Westen kooperieren.

Der Einfluss der Muslimbrüder ist im Gaza-Streifen stärker als in der Westbank. Dies ist darauf zurückzuführen, dass die Bevölkerung des Gaza-Streifens sozial konservativer und weniger mobil als die der Westbank ist. Außerdem lebt in der Westbank eine beachtliche christliche Minderheit, während im Gazastreifen fast ausschließlich Muslime leben. Hinzu kommt die Mixtur von hoher Bevölkerungsdichte und großer Armut, die den Muslimbrüdern Sympathien zufließen lässt.

Hinsichtlich des Palästinaproblems lässt sich feststellen, dass sich die Haltung der Muslimbrüder seit 1948 nicht verändert hat. Die Gesellschaft sieht das ganze Palästina als muslimisches Land an und betont, dass Israel darin kein Existenzrecht besitze. Bevor allerdings der *dschihad* für Palästina beginnen kann, muss die palästinensische Gesellschaft vollständig islamisiert werden. Erst dann ist der *dschihad* bedeutsam. Denn die Palästinenser können Palästina nicht alleine befreien, auch wenn sie nach ihrem Selbstverständnis die Speerspitze der Befreiung der islamischen Welt darstellen.

Anders als die nationalistischen Gruppierungen versteht sich die Muslimbruderschaft nicht auf nationaler oder geographischer Grundlage. Denn vom islamischen Gesichtspunkt ist Palästina eine religiöse Angelegenheit. Deswegen können palästinensische Islamisten ihre Botschaft auch nicht auf Palästina allein beschränken, denn der Islam wurde nicht geoffenbart, um das Palästina-Problem zu lösen.

Israel wird nach Sichtweise der Muslimbrüder als Brückenkopf des westlichen Einflusses und als Mittel zur Verbreitung westlicher Korruption, gegen den Islam gerichtet, betrachtet. Palästina kann darum nicht mit denselben Mitteln befreit werden. Palästina wurde unter dem Banner des Islam von den Kreuzfahrern befreit. Daher fordert die Gesellschaft die Annahme des Islam als Weg zur Befreiung Palästinas.

Das Recht der Muslime auf Palästina ist nach Sicht der Muslimbrüder ein fixiertes historisches und religiöses Recht, das sich aus der Zugehörigkeit zum Islam ergibt, der offenbarten Religion, die die zuvor entstandenen monotheistischen Religionen übertrifft. Als weitere Argumente zugunsten der muslimischen Palästinenser gelten die Geschichte, das Konzept allgemein anerkannter Menschenrechte, sowie das internationale Recht. Muslime, die sich nicht gegen die Besetzung Palästinas wehren, begehen eine Sünde, da der Islam den *dschihad* fordert. Daher müssen Muslime bereit sein, für diesen *dschihad* ihr Leben zu opfern.

Der Verlust Palästinas an die Juden wird von den Muslimbrüdern gleichermaßen als Fluch wie als Segen angesehen. Der Fluch besteht darin, das Land, das durch die nächtliche Himmelfahrt Muhammads geheiligt ist, an „die schmutzigste und gemeinste aller Rassen" (Z. Abu-Amr, Fundamentalism 26) verloren zu haben; der Segen darin, dass diese Prüfung den Menschen die Gelegenheit gibt, sich dem Islam zuzuwenden. Anders als die PLO machen die Muslimbrüder keinen Unterschied zwischen Juden, Zionisten und Israelis. Die ausschließliche Verwendung des Begriffs „Jude", der im Koran negativ belegt ist, reflektiert dabei die religiöse Natur der Auseinandersetzung.

Verhältnis zur PLO

Das Verhältnis der Muslimbrüder zur PLO war von jeher gespannt. Ursache dieser Spannungen ist das Selbstverständnis der Muslimbrüder als ganzheitlich islamischer und damit nur teilweise politischer Organisation. Die israelischen Autoritäten versuchten bis zum Ausbruch der Intifada, sich die Spannungen zwischen PLO und Muslimbrüdern zunutze zu machen, indem sie die Bruderschaft unterstützten. Die PLO-Führung hingegen verhielt sich gegenüber den Muslimbrüdern oft versöhnlich und vermied den offenen Konflikt, auch wenn sie darauf hinwies, dass die Muslimbrüder sich nicht dem bewaffneten Kampf der PLO gegen Israel angeschlossen hatten.

In den vergangenen Jahren hat sich die Situation insofern geändert, als die PLO in ihren Verlautbarungen zunehmend islamisches Vokabular benutzt, während der radikalisierte Zweig der Muslimbrüder, die Hamas, im Verlauf der Intifada zunehmend zur Zusammenarbeit mit radikalen Gruppen innerhalb der PLO bereit war.

Die Hamas

Die Hamas (abgekürzt aus dem arabischen Wort für „Islamische Widerstandsbewegung") entstand als Reaktion auf die Intifada. Sie wurde bei einem Treffen der Bruderschaft im Haus von Ahmad Yasin am 9. Dezember 1987 in Gaza ins Leben gerufen, um den bis dahin geübten passiven Widerstand zugunsten des aktiven und gewalttätigen aufzugeben. Trotz wiederholter Verhaftungen und Ausweisungen sowie gezielter Tötungen führender Hamas-Mitglieder gelang es den israelischen Autoritäten bis zum heutigen Tag nicht, die Hamas auf Dauer zu schwächen und ihre Aktionsmöglichkeiten substantiell einzuschränken. Im Gegenteil: Im Sommer 2007 gelang es der Hamas in einem Putschversuch gegen die von der Fatah kontrollierten Polizeikräfte, die Kontrolle über den Gazastreifen zu erlangen. Die terroristischen Aktivitäten von Hamas werden von ihrem „militärischen" Arm *Kata'ib 'Izz-al-Din al-Qassam* (Regimenter des 'Izz-al-Din al-Qassam) ausgeübt, der nach al-Qassam benannt ist, der – wie im historischen Teil erwähnt (siehe S. 50f.) – in den Dreißigerjahren gegen Briten und Zionisten kämpfte.

Die Gründung von Hamas ermöglichte es der Muslimbruderschaft, den ideologischen Wechsel vom primären Aufbau einer islamischen Gesellschaft zum aktiven Widerstand gegen die israelische Besatzung zu begründen. Das einzige, was die Muslimbrüder während der Intifada mit der PLO verband, war ihr gemeinsames Ziel, die israelische Besetzung von Westbank und Gazastreifen zu beenden. Darüber hinaus entwickelten sich keinerlei Gemeinsamkeiten, im Gegenteil: Die Muslimbruderschaft wurde zum wichtigsten Gegner der PLO, nachdem diese 1988 das Existenzrecht Israels und die UN-Resolutionen 242 und 338 anerkannte.

Für die Hamas kann es keine dauerhafte Koexistenz zwischen einem israelischen und einem palästinensischen Staat geben. Eine solche Friedenslösung hätte nur taktische Bedeutung und müsste letztlich in die Gründung eines islamischen Staates in Palästina münden, in dem dann auch Juden und Christen als geschützte Minderheit leben könnten.

Exkurs 4: Die Hamas-Charta

Am 18. August 1988 veröffentlichte Hamas ihre Charta, die wesentlich von Ideen der Muslimbruderschaft geprägt ist.

Im Art. 5 der Charta heißt es: „Die historische Dimension der Islamischen Widerstandsbewegung stammt aus ihrer Annahme des Islam als Lebenssystem. Sie reicht weit zurück bis

zur Geburt der islamischen Botschaft und zu den frommen Vor-
gängern. Deswegen ist Allah das Ziel, der Prophet ihr Führer
und der Koran ihre Verfassung."

Das Ziel von Hamas ist, das Banner Allahs auf jedem
Fußbreit Palästinas zu errichten: „So ist es – im Schatten des
Islam – allen Nachfolgern verschiedener Religionen möglich, in
Frieden und in Sicherheit für ihre Person, ihr Eigentum und
ihre Rechte zu leben. Bei Abwesenheit des Islam macht sich
Uneinigkeit breit, Unterdrückung und Zerstörung verbreiten
sich und Kriege und Schlachten finden statt" (Art. 6).

Hamas versteht sich als Glied in der langen Kette islamischen Widerstands gegen den Zionismus (Art. 7): „Die Islamische Widerstandsbewegung glaubt fest, dass das Land
Palästina ein islamischer *waqf* ist, für alle muslimischen Generationen bis zum Tag der Auferstehung. Es gibt kein Recht,
das Land oder einen Teil davon aufzugeben. Weder ein einzel-
ner arabischer Staat noch alle arabischen Staaten gemeinsam,
weder ein König noch ein Führer – Palästinenser oder Araber –
haben eine solche Befugnis, weil das Land Palästina eine islamische Stiftung ist, die allen muslimischen Generationen bis
zum Tag der Auferstehung auferlegt ist. Und wer hat das wahre
Recht auf Wortführerschaft bis zum Tag der Auferstehung? Es
ist die Rechtsprechung der islamischen *shari'a*, und diese gilt
für alle Länder, die zur Zeit der Eroberung von Muslimen betreten und geheiligt wurden, für alle muslimischen Generationen
bis zum Tag der Auferstehung" (Art. 11).

Widerstand gegen den Eindringling und damit *dschihad* wird
zur nationalen Pflicht. Insofern ist Nationalismus Bestandteil der
religiösen Ideologie (Art. 12). Die Aufgabe eines Teils von
Palästina wäre für die Hamas wie die Aufgabe eines Teils der
Religion. Die internationalen Friedenskonferenzen sind deswegen nur ein weiteres Forum, der islamischen Welt eine Fremdherrschaft aufzuzwingen. Es gibt keine Lösung für das Palästinaproblem außer durch den *dschihad* (Art. 13). Der *dschihad*
stellt eine Verpflichtung für jeden Muslim dar. Der Zionismus
stellt nur eine weitere Variante der westlichen Kreuzzüge dar,
und er kann daher auch nur wie die Kreuzzüge durch die Kraft
des Islam bekämpft werden (Art. 14 und 15 sowie 34 und 35).

Hinsichtlich der Religionsfreiheit heißt es in der Charta: „Die Islamische Widerstandsbewegung ist eine humanistische Bewegung, die für die Menschenrechte sorgt und der Toleranz des Islam gegenüber Menschen anderen Glaubens folgt. Niemals greift sie solche an, außer jenen, die ihr gegenüber Feindschaft zeigen, oder ihr im Weg stehen, um sie aufzuhalten oder ihre Erfolge zu verderben. Im Schatten des Islam ist es allen Anhängern der drei Religionen – Islam, Christentum und Judentum – möglich, in Frieden und Harmonie zu leben und dieser Friede und diese Harmonie sind nur unter dem Islam möglich. Die Geschichte der Vergangenheit und der Gegenwart sind das beste geschriebene Zeugnis dafür. Die Nachfolger anderer Religionen sollten damit aufhören, den Islam als Herrscher in dieser Region zu bekämpfen; denn wenn diese regieren, wird es nur Mord, Strafen und Verbannung geben, weil sie das Leben für ihr eigenes Volk schwer machen, um nicht die Nachfolger anderer Religionen zu erwähnen" (Art. 31).

Art. 32 findet besonders feindselige Worte gegenüber dem „Weltzionismus". So werden als Beweis einer Verschwörung gegen die islamische Welt die (nachweislich gefälschten, aber immer noch durch die Welt geisternden) „Protokolle der Weisen vom Zion" angeführt und die zionistische Siedlung als „tartarische Nazi-Invasion" betitelt. Demgegenüber ist Hamas die Speerspitze des islamischen Widerstands (alle Zitate nach Hamas, Charter).

Mit der Gründung von Hamas veränderte sich die Ideologie der Muslimbrüder, die ihren Schwerpunkt auf die islamische Umgestaltung der palästinensischen Gesellschaft legten und von einer aktiven Beteiligung an der Intifada zunächst Abstand nahmen, hin zum aktiven und gewalttätigen Widerstand gegen Israel und den Zionismus.

Islamischer Dschihad

Die Gruppe Islamischer Dschihad entstand als Splittergruppe der Muslimbruderschaft. Auch für sie ist der Krieg von 1967 das prägende Ereignis. Denn mit diesem Krieg wurden nach ihrer Auffassung nicht nur säkulare Ideologien der arabischen Regierungen ad absurdum geführt, sondern auch die konservative und passive Haltung der Muslimbrüder.

Allerdings war es erst die Islamische Revolution im Iran 1979, die zur Entstehung von Islamischer dschihad führte und ihm als Vorbild dient. Seine Anhängerschaft findet Islamischer dschihad in den Moscheen und an den Universitäten. Die Gruppe zeichnet sich durch gute Organisation, strikte Disziplin und strenge Geheimhaltung aus. Die Anhänger von Islamischer dschihad durchlaufen eine strikte ideologische Ausbildung. Nicht zuletzt waren es die israelischen Gefängnisse, die zum Rekrutierungsfeld für die Bewegung wurden. Die Anhänger der Gruppe wissen um das persönliche Risiko bei ihren Aktionen und propagieren öffentlich, keine Angst vor dem Tod zu haben. So sagte ein Mitglied der Gruppierung, das an der Ermordung zweier Israelis beteiligt war, während seines Prozesses aus: „Wir, die Mitglieder der Bewegung Islamischer dschihad, haben mehr Interesse am Tod als am Leben. Wir werden entweder unser Land befreien oder bei dem Versuch tapfer sterben" (Z. Abu-Amr, Fundamentalism 95).

Ideologische Vorbilder des Islamischen dschihad sind die beiden Ägypter Hassan al-Banna und Sayyid Qutb (*1906; †1966, hingerichtet), 'Izz-al Din al-Qassam, sowie Ayatollah Khomeini (*1902; †1989). Al-Banna wird als Gründer der Muslimbruderschaft verehrt, während Qutb für seine Fundamentalopposition zur existierenden Ordnung geschätzt wird. Er propagierte eine islamische Avantgarde, als die sich Islamischer dschihad in Palästina versteht. Die Islamische Revolution im Iran wird von Islamischer dschihad als Inspirationsquelle verstanden, die allgemeine Geltung für die islamische Welt beansprucht. So wird versucht, die Lehren aus der iranischen Erfahrung im palästinensischen Kontext anzuwenden. Die Revolution im Iran bewies Islamischer dschihad, dass der Islam die Lösung und der dschihad der Weg war.

Die wichtigste ideologische Quelle für die Gruppe Islamischer dschihad ist das Buch des Ägypters Muhammad 'Abd-al-Salam Faraj (?–1982; hingerichtet nach dem Attentat auf Präsident Sadat) *Al-Farida al-Gha'iba* (d.h. „Die abwesende Pflicht"). Faraj war Führer der ägyptischen dschihad-Organisation und wird verantwortlich gemacht, den Befehl zur Ermordung des ägyptischen Präsidenten Sadat gegeben zu haben. Die Bedeutung dieses Buches liegt darin, dass es Selbstvertrauen und Stolz bei der islamischen Jugend gegen alle gefühlten und tatsächlichen Demütigungen stärkt. So wird von Analytikern die Möglichkeit nicht ausgeschlossen, dass dieses (nur 50 Seiten starke) Buch das Gesicht Ägyptens wie der Region auch in Zukunft weiter verändern könnte. Der zentrale Vorwurf, der darin konservativen islamischen Gelehrten gemacht wird, ist, den *dschihad* als einer Kernlehre des Propheten Muhammad ignoriert zu haben, obwohl ihnen klar sei, dass die Götzenbilder dieser Welt nur durch die Kraft des Schwertes beseitigt werden könnten.

Die Ideologen des Islamischen dschihad glauben, dass die Gefahr, die von Israel ausgeht, weniger in seiner Besetzung Palästinas liegt, das als ein Teil des *Dar al-Islam* (des „Hauses des Islam") angesehen wird, als vielmehr in der „Verbreitung jüdischer Korruption" im Land. Israel wird als wichtigster Bestandteil einer Verschwörung gesehen, die darauf abzielt, die islamische *umma* (= religiöse und zugleich politische Gemeinschaft) zu spalten, zu verwestlichen und zu versklaven. Daher ist es die Aufgabe aller Muslime, Israel zu zerstören.

Islamischer dschihad verbindet nach seinem Selbstverständnis sowohl Elemente der PLO wie der Muslimbruderschaft. Mit den Muslimbrüdern verbindet ihn seine Absicht, den Islam vorwärtszubringen, ihn aber anders als diese nicht auf die Moschee zu beschränken. Mit der PLO verbindet ihn der *dschihad*, von dem die Muslimbrüder bis zum Beginn der Intifada Abstand genommen hatten.

Die besondere Natur des Islamischen dschihad liegt darin, dass es eine Organisation ist, die – anders als PLO und Muslimbruderschaft – innerhalb der besetzten Gebiete entstand und damit nicht von diplomatischen oder politischen Erwägungen abhängig ist. Anders als für die Muslimbrüder, die traditionell die islamische Umprägung der Gesellschaft als zentrales Anliegen haben, ist Palästina sein primäres Objekt, das die ganze islamische Nation angeht. Das angemessene Mittel zur Erreichung dieses Ziels ist ein islamischer Volksbefreiungskrieg, an dessen Ende die Zerstörung des Staates Israel und die Errichtung eines islamischen Staates in Palästina stehen soll.

Islamischer dschihad hat zumindest in seiner Gründerzeit ein besseres Verhältnis zur Fatah gehabt als die Muslimbruderschaft. Dies lag an der Betonung der politischen Aktion einschließlich des bewaffneten Kampfes und an der Konzentration auf das Palästinaproblem. Außerdem hatten die Gründer der Fatah einen islamischen Hintergrund. Allerdings wird an der Fatah ihre synkretistische Haltung hinsichtlich des Stellenwerts von Islam, Nationalismus, Liberalismus und Sozialismus kritisiert, die aus muslimischen Führern professionelle Politiker gemacht hat und so einen Beitritt des Islamischen dschihad zur PLO unmöglich machte. Umgekehrt hat seitens der Fatah ihr Führungsmitglied Abu-Dschihad eine positive Haltung gegenüber Islamischer dschihad und seiner Betonung des Islam eingenommen, sodass die Bewegung von der Fatah auch materielle Unterstützung bekam.

Islamischer dschihad gehörte von Anbeginn der Intifada zu ihren aktivsten Elementen, konnte aber seinen Einfluss in der Bevölkerung aufgrund scharfer Gegenmaßnahmen der israelischen Behörden nicht ausweiten. Das Verhältnis zur PLO verschlechterte sich, nachdem der palästinensische Nationalrat die UN-Resolution 242 anerkannt hatte, eine Haltung, die er als nationalen Selbstmord der Palästinenser ansieht.

Das negative Verhältnis des Islamischen dschihad zur Muslimbruderschaft ist weniger durch Differenzen hinsichtlich der islamischen Lehre geprägt als vielmehr durch sein unterschiedliches Geschichtsverständnis. So wird den Muslimbrüdern vorgeworfen, sich mit Kleinigkeiten zu beschäftigen und nicht mit dem wirklichen Problem, das durch den Staat Israel verursacht ist. Während die Muslimbrüder traditionell sozialreformistisch orientiert sind, gibt sich Islamischer dschihad islamisch-sozialrevolutionär. Sucht die Muslimbruderschaft materielle und ideologische Unterstützung in den Nachbarstaaten, so wirft Islamischer dschihad diesen Staaten vor, in Wirklichkeit einen Sicherheitsgürtel für Israel darzustellen, da sie den *dschihad* nicht praktizieren. So gilt der Kampf nicht nur dem Staat Israel, sondern auch den arabischen Nachbarregimen.

Umgekehrt wirft die Muslimbruderschaft dem Islamischen dschihad vor, eine schiitische Bewegung zu sein, die mit den Kommunisten paktiert. Tatsächlich hat Islamischer dschihad der islamischen Revolution im Iran weitaus mehr Sympathie entgegengebracht als die Muslimbrüder.

Bis zum Beginn der Intifada war das Verhältnis zwischen Islamischem dschihad und der Muslimbruderschaft sehr gespannt. Die Golfkrise 1990/91 und der daran anschließende Friedensprozess brachten eine Annäherung der Standpunkte. Nicht zuletzt der Übergang zu gewalttätigen Aktionen durch die Hamas hat die vormaligen Differenzen zwischen beiden Gruppen verkleinert, sodass es zu Beginn des 21. Jahrhunderts zu immer stärkerer praktischer Zusammenarbeit kommt. Des Weiteren ist es aufgrund der gemeinsamen Gegnerschaft zum Friedensprozess zu einer Versöhnung mit den säkular orientierten kleineren Gruppierungen innerhalb der PLO gekommen, die ebenfalls den Friedensprozess ablehnen.

Die Islamische Bewegung in Israel

Zu Beginn des 21. Jahrhunderts beträgt der Anteil von Muslimen im israelischen Kernland an der israelischen Gesamtbevölkerung etwa 15 %. In Folge des Krieges von 1967 waren die Muslime Israels, die –

wie im ersten Teil aufgezeigt – unter einem Mangel an religiöser Führung lebten, in der Lage, prominente Geistliche aus den besetzten Gebieten zu Predigt und Gottesdienst einzuladen. So konnte sich die Botschaft der Muslimbrüder auch bei den Muslimen Israels Gehör verschaffen. Schließlich trugen der Krieg von 1973 und der Aufstieg der islamischen Bewegung in den arabischen Ländern und im Iran zum weiteren Erfolg der Islamisten in Israel bei.

Die islamische Bewegung ist seit Ende der Achtzigerjahre eine der wichtigsten politischen Organisationen der israelischen Araber. Allerdings nimmt sie als Organisation nicht an Knessetwahlen teil. Zentrum der israelischen Islamisten ist die Kleinstadt Umm al-Fahm in Nordisrael, mit knapp 40 000 ausschließlich muslimischen Einwohnern die zweitgrößte arabisch-israelische Stadt nach Nazaret.

Araber mit israelischer Staatsbürgerschaft leben zwar im Allgemeinen besser als ihre Verwandten in Westbank und Gaza. Dennoch gehören sie in Israel selbst eher zur sozialen Unterschicht. Der Hintergrund ihrer sozialen und ökonomischen Probleme ist als ein Grund für die Erstarkung der islamischen Bewegung auch in Israel zu sehen.

Hinzu kommt ein weiteres, kulturell-religiöses Dilemma der Muslime Israels: Befinden sie sich im *Dar-al-harb* (im „Haus des Krieges"), aus dem sie nach muslimischem Selbstverständnis auswandern müssten, oder sind sie weiterhin ein Teil des *dar-al-islam* (des „Hauses des Islam"), welches nur zeitweilig durch die Zionisten okkupiert wurde, sodass sie sich heute unter der Regierung von (traditionell geringgeschätzten) Juden befinden, also in einer „verkehrten" Welt?

Abdallah Nimr Darwish (*1948), der charismatische Führer der islamischen Bewegung in Israel, hat mit seinen Ansichten, die denen der ägyptischen Muslimbruderschaft verwandt und überwiegend entlehnt sind, in den vergangenen Jahren eine wachsende Anhängerschaft hinter sich geschart. Offizielle Verlautbarungen der islamischen Bewegung tragen Titel wie *al-sirat* – „der richtige Weg" – oder *Sawt al-hak wal-hurija* – „die Stimme der Wahrheit und der Freiheit" –, worin Vorstellungen des bereits erwähnten Gründers der Muslimbruderschaft Hassan al-Bana verbreitet werden. Der Erfolg der islamischen Bewegung in Israel ist allerdings nicht nur auf ökonomische und soziale Probleme zurückzuführen, sondern auch auf den Zusammenbruch der säkularen Ideologien, sowie als Antwort auf die religiösen Zionisten, deren exklusiver Anspruch auf das Land eine islamische Erwiderung verlangt.

Die islamische Bewegung in Israel lässt sich in zwei Phasen einteilen: Von 1972 bis 1980 arbeitete die Organisation *„Usrat al-Ddschihad"* im Geheimen; sie wurde 1980 von der israelischen Justiz für illegal erklärt und aufgelöst. In der 1983 – nach der Entlassung Darwishs aus einer Haftstrafe – einsetzenden zweiten Phase wurde sie wiederbelebt, aber diesmal von den israelischen Behörden legalisiert, nachdem ihre Anhänger dem bewaffneten Kampf abgeschworen hatten und den Staat Israel anerkannten.

Das Motto der islamischen Bewegung in Israel entspricht genau dem der Hamas und des Islamischen dschihad:

> „Gott ist unser Ziel, der Prophet ist unser Führer, der Koran ist unser Gesetz, al-Ddschihad ist unser Weg, und das Märtyrertum ist unser Wunsch" (G. Abd El-Hay, Entstehung 56).

Die islamische Bewegung in Israel hat zwar dem bewaffneten Kampf gegen den Staat Israel abgeschworen, sieht aber die Anerkennung des Staates nur als vorübergehende Lösung an, weil das Land nach islamischer Sicht unteilbar ist und wieder in die islamische Welt eingegliedert werden müsse.

Prinzipiell sehen die Wortführer der islamischen Bewegung in Israel keine Möglichkeit, auch nur auf einen kleinen Teil des Landes zu verzichten. Entsprechend der Haltung der Islamisten der besetzten Gebiete gestehen auch sie keiner Regierung oder politischen Organisation (wie der PLO) das Recht und die Fähigkeit zu, gültige Verträge zu schließen, die einen Verzicht auf einen Teil des Landes beinhalten: „Die Entscheidung über die Zukunft Palästinas kann nur von der islamischen Umma als Ganzes getroffen werden" (G. Abd El-Hay, Entstehung 57).

Insofern israelische Islamisten bereit sind, die Existenz des Staates Israel zu akzeptieren, ist dieses Verhalten ausschließlich taktisch bestimmt, weil sich zur Zeit keine günstigere Haltung anbietet. Dieser taktischen Haltung entspricht auch die Weigerung der Islamisten, sich an Knessetwahlen zu beteiligen und damit den Staat Israel anzuerkennen, während Kommunalwahlen als innerarabische Angelegenheit gedeutet werden können (nur die Abgeordneten der Knesset werden auf das israelische Gesetz vereidigt). Allerdings boykottiert die islamische Bewegung die Knessetwahlen nicht, sondern fordert ihre Anhänger (ähnlich wie die PLO) auf, die Parteien zu wählen, die der Errichtung des palästinensischen Staates positiv gegenüber stehen.

Die israelische Kommunistische Partei – die als einzige israelische Partei in der Vergangenheit einen binationalen Staat forderte –, war über lange Jahre die wichtigste Interessenvertretung der arabischen Israelis gegenüber dem Staat und zählte eine große Anzahl arabischer

Christen in ihren Reihen. Sie hat die israelische Regierung verdächtigt, die Islamisten legalisiert zu haben, um das palästinensische Volk weiter zu spalten und zu Anhängern einer unzeitgemäßen Ideologie zu machen. Und tatsächlich gilt der Kampf der israelischen Islamisten mehr den arabischen Kommunisten als dem Staat Israel.

Die Islamisten arbeiten in Israel mit dem Mittel der islamischen Mission (*al-da'wa al-islamija*). Diese beinhaltet Aufklärung, besonders über die Gefahren, die von der Übernahme westlicher Kultur und Lebensweise ausgehen, verbunden mit der Aufforderung, zu den islamischen Vorschriften zurückzukehren. Nur der Islam kann nach Darwish den Menschen die Ehre garantieren, die Gesellschaft vor Korruption, Betrug und Unmoral retten, höheres kulturelles und wissenschaftliches Niveau erreichen sowie eine glückliche Gesellschaft hervorbringen. Erst der Islam hat die Araber „vom Stadium der unzivilisierten Menschen zu der besten, zivilisiertesten und fortgeschrittensten Gesellschaft der Erde geführt" (G. Abd El-Hay, Entstehung 61).

Ein wichtiges Thema der Islamisten ist das der Heimat geworden. Ein Mensch ohne Heimat muss leiden und Palästina ist durch die große Anzahl von Muslimen, die immer wieder dorthin gekommen sind, um Gott zu verehren, zur Heimat der Muslime geworden. Es gilt für die islamische Bewegung, „der israelischen Vertreibungspolitik entgegenzuwirken, indem sie die jungen palästinensischen Leute dazu überreden will, ihre Heimat nicht zu verlassen, sondern es nach den islamischen Vorschriften wieder aufzubauen" (G. Abd El-Hay, Entstehung 74).

Dazu ist *dschihad* notwendig, der zuallererst als Säuberung der Seele (vor allem von der Lust an verbotenen Dingen) verstanden wird. Im zweiten Schritt muss die (arabische) Gesellschaft von den Ungläubigen gereinigt werden (vor allem von den Kommunisten). Im dritten Schritt ist als *dschihad* der Kampf gegen den äußeren Feind zu verstehen, also alle (politischen) Mächte, die gegen die Muslime gekämpft haben oder kämpfen.

Die israelischen Islamisten widmen sich vor allem den beiden ersten Gesichtspunkten des *dschihad*. Sie richten islamische Bibliotheken ein, bauen Moscheen und betreiben den kulturellen Austausch zwischen den islamischen Vereinen sowohl in Israel als auch in den besetzten Gebieten und im Ausland.

Hinsichtlich der gesellschaftlichen Zukunft gibt es zwischen den Islamisten und den arabischen Kommunisten die entscheidenden Unterschiede: Während die Kommunisten nach wie vor an der Idealvorstellung eines binationalen Palästina mit Gleichberechtigung

aller Bürger festhalten, fordern andere arabische Parteien die Anerkennung der israelischen Araber als Teil des palästinensischen Volkes
durch die israelische Regierung und favorisieren die Zweistaaten-
lösung. Demgegenüber sehen die Islamisten die palästinensische
Gesellschaft durch die Konkurrenz der verschiedenen Ideologien geschwächt, während nur der Islam die Lösung der Probleme biete. Sie
wünschen (ähnlich wie die Muslimbrüder der besetzten Gebiete) eine
„islamische Demokratie" und den „islamischen Pluralismus", innerhalb dessen sich Meinungsvielfalt und persönliche Freiheit entfalten
können. Allerdings hat auch für sie die Forderung nach Ermöglichung
palästinensischer Einheit Priorität in ihrem politischen Programm.

Hinsichtlich ihres Verhältnisses zu den Juden behauptet die islamische Bewegung, den Staat Israel anzuerkennen, während aber umgekehrt Israel die Palästinenser nicht als Volk anerkenne. So wird den
Juden der Vorwurf gemacht, der Islam sei ihnen gegenüber zwar tole-
rant, die palästinensischen Muslime würden aber heute keinerlei
Toleranz durch die Israelis erfahren. Dies müsse letztlich dazu führen,
dass die Muslime sich auch unter Anwendung von Gewalt wehrten.

Es verwundert nicht, dass die Intifada in den besetzten Gebieten
von Anfang an durch die Islamisten ideell und materiell unterstützt
wurde. Die Führungsrolle der Hamas wurde nie in Frage gestellt, da
beide sich als Teil der internationalen Muslimbruderschaft verstehen.
Allerdings scheint die Bevorzugung der Hamas durch die Islamisten
nur eine verbale zu sein. Politisch werden eher PLO-Konzepte begünstigt. So sagt Darwish: „Yasin (der Gründer der Hamas) und ich stimmen in religiösen Grundfragen überein, doch ich akzeptiere die Zwei-
Staaten-Lösung" (G. Höpp, Lösung 617). Die teilweise gewalttätigen
Auseinandersetzungen zwischen der Hamas und PLO-Anhängern in
den besetzten Gebieten wurden sowohl von den israelischen Islamisten als auch von den politischen Organisationen der arabischen
Israelis verurteilt und zu nationaler Einheit aufgerufen.

Islamische Gelehrtenstimmen

Hasan Sa'id Karmi

Der palästinensische Gelehrte Hasan Sa'id Karmi (*1905; †2007) ging
unter anderem der Frage nach der religiösen Bedeutung Palästinas für
die Muslime nach. Er stellt fest, dass, nachdem im Mittelalter die
Kreuzfahrer zurückgeschlagen worden waren, das muslimische

Bewusstsein für die Heiligkeit Palästinas für den Islam mit dem Aufkommen des Zionismus erneut aufkam.

Karmi verweist darauf, dass die Landesgrenzen Palästinas von den Muslimen anders verstanden werden, d.h. relativ unbedeutend sind im Vergleich zu den biblischen Grenzen des verheißenen Landes. Bereits in vorislamischer Zeit siedelten arabische Stämme in Palästina bzw. in den wüstenhaften Randgebieten des Landes, unter anderem Idumäer und Nabatäer. Schließlich war Palästina Durchgangsland für den arabischen Fernhandel von der Arabischen Halbinsel zum Mittelmeer (Gaza).

> „Palästina, den Arabern und Muslimen bereits vor der arabischen Eroberung als dem Judentum und dem Christentum heilig bekannt, wurde durch den Islam anerkannt und verehrt, erhielt aber seine besondere islamische Heiligkeit nicht bis einige Jahre nach dem Beginn der Mission des Propheten" (H.S. Karmi, Palestine 66).

So haben das Land und insbesondere Jerusalem ihre Heiligkeit dadurch bekommen, dass Jerusalem zur ersten *qibla* (Gebetsrichtung) der Muslime wurde, sowie durch die nächtliche (mystische) Himmelfahrt des Propheten, die mit dem Tempelplatz in Jerusalem in Verbindung gebracht wird.

Traditionell versuchten Muslime, die Wallfahrt nach Mekka mit der Wallfahrt nach Jerusalem noch im gleichen Jahr zu verbinden. Außerdem wird Jerusalem als Ort des göttlichen Endgerichts angesehen.

> „Alle islamischen Traditionen und heiligen Schriften verweisen auf das unmissverständliche Faktum, dass Jerusalem allen Muslimen heilig ist, an zweiter Stelle nur in Hinblick auf Mekka und Medina. Es ist die erste qibla und die dritte der heiligen Städte. Die einzigen Heiligtümer, die Vorrang vor dem Haram in Jerusalem haben, sind die Ka'ba in Mekka und der Haram (das Heiligtum) in Medina" (H.S. Karmi, Palestine 69).

Während andere Eroberungen – etwa durch die Kreuzfahrer – stets mit schlimmen Verwüstungen einhergingen, verhielten sich die Muslime nach Sicht Karmis immer nobel; so auch die Türken, als sie 1917 den Briten kampflos die Stadt übergaben:

> „Dies sollte mit dem israelischen Benehmen 1948 verglichen werden, als ihre Granaten auf dem Haram einschlugen und den Felsendom beschädigten, und mit ihrem Versagen, den heiligen Stätten einen hinreichenden Schutz zu gewährleisten, aufgrund dessen es am 21. August 1969 zum Brand in der Al-Aqsa-Moschee kam. Diese Fakten sprechen für sich selbst. Saladin erlaubte den Juden, nach Jerusalem zurückzukehren. Die Kreuzfahrer früher und die Israelis später zwangen die Muslime, Jerusalem zu verlassen. Was für ein Kontrast!" (H.S. Karmi, Palestine 79).

Des Weiteren kritisiert Karmi die Haltung von jüdischen und christlichen Autoren, die die Zeit der islamischen Herrschaft im Land weitgehend ignorieren würden. Hinsichtlich der Kreuzzüge weist er darauf hin, dass die Kreuzfahrer nicht als Christen betrachtet wurden, von religiösem Eifer getrieben, sondern als Vorläufer des späteren europäischen Kolonialismus und Imperialismus. Diesen entgegneten die Muslime mit einer Mischung aus Arabismus und Islamismus. Das muslimische Interesse an Jerusalem wurde gestärkt und nach der Rückeroberung Jerusalems setzte eine umfassende Bautätigkeit ein, wurde eine große Zahl literarischer Werke über die Bedeutung Jerusalems verfasst.

Hinsichtlich der Stadt Hebron meint Karmi, dass diese „vielleicht sogar heiliger als Jerusalem ist" (H.S. Karmi, Palestine 83). Denn dort ist das Grab Abrahams, des Vaters von Juden und Arabern, der von den Arabern als „Abuna Ibrahim al-Khalil" – „Unser Vater Abraham, der Freund" – bezeichnet wird.

> „Dies ist ein weiteres Beispiel einer Stadt, die von Juden, Christen und Muslimen verehrt wird. Ich denke, es wäre eine Kontinuität in der Verehrung dieser Orte in Palästina durch die Gläubigen der drei großen Religionen möglich gewesen, wenn die Kreuzfahrer und die Zionisten nicht ein nationalistisches und säkulares Element in ihre Bemühungen eingebracht hätten" (H.S. Karmi, Palestine 84).

Nach dem Ersten Weltkrieg, aufgrund der jüdischen Einwanderung, wurde bei den Muslimen Palästinas das Bewusstsein für die Heiligkeit des Landes wieder geweckt. Seit der 1967 erfolgten Besetzung Jerusalems sei diese Frage aber nicht mehr ein lokales Problem, sondern gehe die ganze islamische Welt an. Doch in dieser Welt, so Karmi, bedeute Macht Recht, und Israel sei als Macht den Arabern überlegen.

Aus Karmis Überlegungen wird deutlich, dass der muslimische Anspruch auf das Land weniger von einem präzisen Offenbarungswort im Koran über das Land oder die Stadt Jerusalem abhängt, sondern von der Kontinuität der Geschichte Gottes mit den Propheten des Monotheismus. Insofern die Muslime nach eigenem Verständnis nicht nur den Glauben Muhammads, sondern auch den (ursprünglichen) Glauben Abrahams, Mose und Jesu besitzen, können sie die jüdische und die christliche Beziehung zum Land zwar akzeptieren, aber niemals eine christliche oder jüdische Herrschaft im Land, die die Muslime ausschließt. Sowohl die Eroberung durch die Kreuzfahrer als auch durch die Zionisten werden als massive Störungen eines an und für sich ausgeglichenen und stabilen früheren Zustands empfunden, den die Muslime nun versuchen, wiederherzustellen. Die Bekämpfung der Kreuzfahrer durch *dschihad* ist im Mittelalter gelungen, die der Zionisten steht nach dieser Sicht noch aus.

Schließlich hat Karmi auf einen tatsächlichen Mangel in der westlichen (jüdischen und christlichen) Geschichtsschreibung hingewiesen: Die Ignoranz vieler Gelehrter gegenüber der immerhin 1300 Jahre währenden Geschichte der Muslime in Palästina.

Hassan Hanafi

Der ägyptische Philosoph Hassan Hanafi (*1935) hat zu Beginn der Siebzigejahre in mehreren Untersuchungen einen islamischen Gegenentwurf zum Zionismus vorgestellt, der in eigentümlicher Weise moderne Vorstellungen von Befreiung, Revolution und Sozialismus mit islamischem Gedankengut verknüpft. Hanafis Entwurf ist somit islamisch, ohne traditionalistisch im Sinne der heutigen Islamisten zu sein.

Zentrale Bedeutung hat in seinen Untersuchungen der Gedanke einer „Islamischen Theologie des Landes", die sich als Gegenentwurf zur zionistischen Interpretation des Bundes Jahwes mit seinem Volk versteht und die koranischen Quellen zur Landfrage analysiert.

In unserer Zeit, so Hanafi, sei das Land als Thema wichtig geworden, sowohl für die Unterdrücker (die Israelis) wie für die Unterdrückten (die Palästinenser). So falle es Theologen beider Seiten nicht schwer, in ihren heiligen Schriften eine „Landtheologie" zu finden. Dennoch lässt sich nach Hanafi in einer exegetisch korrekten Schriftauslegung die ursprüngliche und damit von heutigen ideologischen Interpretationen unabhängige Intention der Texte aufdecken.

Eine Theologie des Landes stellt auch im Islam ein neues Thema dar. Das Land war bis zum Beginn der Moderne nie ein Problem, weil es immer vorhanden war: „Es wird ein Problem, wenn es nicht da ist, so als ob seine Existenz im menschlichen Denken eine Kompensation für den Verlust seiner Existenz außerhalb darstellt" (H. Hanafi, Theology 127). So wurde das Land auch im islamischen Denken seit dem 19. Jahrhundert zunehmend thematisiert.

Hassan Hanafi entwirft seine Landtheologie als islamische Befreiungstheologie des 20. Jahrhunderts, eines Jahrhunderts der Befreiungsbewegungen in der Dritten Welt, zu der auch die islamischen Länder gehören.

Im Koran erscheint das Wort „Land" (arabisch: ard) 462-mal, 454-mal als Substantiv und nur achtmal mit einem Possessivpronomen

verbunden. Die Aufzählung ergibt für Hanafi eine erste Schluss-
folgerung:

> „Land ist kein Besitzobjekt. Land ist da, in der Kategorie des Seins und
> nicht des Habens. In diesem Sinne ist Land die Erde, das ganze Land. Land
> ist eine von der menschlichen Existenz unabhängige Kategorie. Es ist eine
> objektive Wahrheit außerhalb jeglicher Subjektivität. Niemand, keine
> Gemeinschaft kann behaupten, dass sie das Land besitzt. Niemand kann
> das Land als seines beanspruchen" (H. Hanafi, Theology 127f.).

Der einzige Besitzer des Landes ist nach Hanafis Korananalyse Gott.
Die acht Male, wo der Terminus „Land" mit einem Possessivpronomen
versehen ist, bezieht sich dieser immer auf Gott. Gott ist der einzige
Besitzer des Landes, der Dinge und der Menschen. Dieses Verhältnis
Gottes zum Land ergibt sich aus den göttlichen Attributen
„Allwissenheit, Allmacht und Ewigkeit. Alles kommt von Ihm und
geht zu Ihm zurück", wohingegen der Mensch auf der Erde geboren
wird und auf der Erde stirbt.

> „Die Erde war vor ihm und bleibt nach ihm. Mensch und Erde haben zwei
> verschiedene Bestimmungen. Der Mensch kann die Erde nicht besitzen. Er
> kommt mit nichts und geht mit nichts" (H. Hanafi, Theology 128).

So ergibt sich – wie Hanafi verweist, auch mit Blick auf das Alte
Testament –, dass Gott der einzig wahre Besitzer und Erbe des Landes
ist, während die Menschen – auch die wandernden Stämme der
Hebräer – nur zeitweilig im Land wohnten. Im Koran ist Gott der
Schöpfer des Landes; das Land gehorcht ihm und wird am Ende der
Zeiten vollständig verschwinden.

Welche Aspekte des Landes findet Hanafi im Koran? Das grüne,
fruchtbare Land mit all seiner Schönheit ist zum Wohl der Menschheit
geschaffen; seine Früchte stellen ein Bild für Kreativität im menschlichen Leben dar. Der Mensch darf die Früchte des Landes genießen.
Das Land selbst ist in Bewegung und kann den Menschen lehren.
Schließlich aber ist das Land auch der Ort der menschlichen Konflikte,
der Kriege und Exile, der geschichtlichen Erfahrung.

Die Berufung des Menschen ist es, an Gott zu glauben und Gutes
zu tun:

> „Der Glaube an Gott bindet den Menschen an das Land. Der Glaube ist
> durch das Wesen des Glaubens selbst motiviert, nicht durch irgendeine
> materielle Belohnung. Die Produktivität des Landes ist keine Belohnung.
> Es gibt kein verheißenes Land als Belohnung für den Glauben an Gott. Im
> Gegenteil, der Glaube an Gott befreit das menschliche Bewusstsein von
> jeglicher materieller Motivation. Monotheismus hat die Funktion, das

menschliche Bewusstsein von der Beherrschung durch Materie und jegliche menschliche Diktatur zu befreien" (H. Hanafi, Theology 135f.). Aus dem Glauben an den einen Gott ergeben sich die guten Taten; diese bauen das Land auf, die schlechten zerstören es. Das Land ist durch die Natur der Dinge denen gegeben, die Gott gehorchen: „Die Erben des Landes sind nicht ein bestimmtes Volk, für immer, vom Beginn eines Versprechens bis zum Ende in der Erfüllung dieses Versprechens" (H. Hanafi, Theology 136). Erbe des Landes zu sein bedeutet vielmehr, Gehorsam Gott gegenüber zu leisten.

Der Zionismus ist – nach Hanafi – als kolonialistische und rassistische Theorie zurückzuweisen, die das Land im Resultat nur zerstört, weil er zu fortwährendem Konflikt führt, während eine universale Haltung auf der Grundlage des Islam das Land aufbaut und zu Frieden und Toleranz beiträgt.

Wie im Mittelalter wird heute von den Muslimen die religiöse Bedeutung des Landes und besonders Jerusalems hervorgehoben, ist der Staat Israel der Gegner, den es wie damals die Kreuzfahrer mit dem Mittel des dschihad zu bekämpfen gilt. Dabei gibt es zwischen den untersuchten Gruppierungen bzgl. des äußeren Kampfes vor allem Unterschiede, die sich auf die Qualität bzw. Strategie des dschihad gegen Israel beziehen: Mit eher friedlichen Mitteln, wie es Islamisten mit israelischer Staatsbürgerschaft propagieren, mit (je nach Sichtweise) militärischen bzw. terroristischen Mitteln (Muslimbrüder und Hamas, sowie Islamischer dschihad). An der gemeinsamen Auffassung, dass das ganze Land dauerhaftes islamisches Erbe bzw. eine religiöse Stiftung (waqf) ist, gibt es keine Zweifel, ebenso, dass die Muslime allein die legitimen Herrscher des Landes sein sollten, wobei man in einem solchen Fall bereit wäre, Minderheitenrechte auf traditionelle Weise zu garantieren. Ein Kompromissfrieden mit Israel hat nach einer solchen Sicht gar keinen Wert bzw. nur einen zeitlich befristeten, in der Hoffnung auf irgendwann einmal wieder günstigere Umstände (wie zur Zeit Saladins) zur Errichtung eines palästinensischen oder großarabischen (islamischen) Staates.

III. Der Begriff „Land" in Bibel und Koran

Kernaussagen der Hebräischen Bibel

Der Pentateuch

Ein Blick in den Pentateuch (die fünf Bücher Mose) zeigt dessen spiegelbildliche Anordnung um das Buch Levitikus als Zentrum. Die Bücher Genesis und Deuteronomium bilden dabei den äußeren Rahmen; in ihnen wird die Gabe des Landes sowie der Auftrag an Abraham und seine Nachkommenschaft bzw. das Volk Israel, ins Land zu gehen, ausführlich geschildert. Erzählt Genesis von der Erschaffung und Verheißung des Landes, von den Gefährdungen der Patriarchen, die sich als Fremdlinge im Land aufhalten, so werden im Deuteronomium die Weisungen für das Leben im Land erteilt, bevor die Israeliten den Jordan überschreiten; es wird ferner darauf hingewiesen, was geschehen wird, wenn Israel dem Gesetz gegenüber ungehorsam ist: das Exil. Die Bücher Exodus und Numeri erzählen von den Bedrohungen und Krisen, die Israel auf dem Weg ins Land erfährt, vom Auszug aus Ägypten, dem Bundesschluss am Sinai und dem Abfall des Volks, in Numeri vom Murren des Volkes gegen Mose, vom Kundschafterbericht (beachte hierbei besonders Num 13,32, wo die Kundschafter darauf hinweisen, dass das Land seine Bewohner auffrisst) und vom Tod der Auswanderergeneration aus Ägypten in der Wüste. Levitikus schließlich enthält die rituellen und sozialen Gebote für das Leben im Land.

Bevor die besondere Geschichte Israels beginnt, erzählt Gen 1–11 die Geschichte von Landgabe und Landverlust in einem allgemeineren Sinne, aber doch schon auf Israel bezogen. Adam und Eva bekommen das (paradiesische) Land und verlieren es wieder; desgleichen Kain und Abel, Noach und seine Familie, schließlich die Menschen von Babel.

Die biblische Partikulargeschichte Israels beginnt mit dem Ruf Jahwes an Abraham:

„Zieh weg aus deinem Land, von deiner Verwandtschaft und aus deinem Vaterhaus in das Land, das ich dir zeigen werde. Ich werde dich zu einem großen Volk machen, dich segnen und deinen Namen groß machen. Ein Segen sollst du sein" (Gen 12,1f.).

Und beim Bundesschluss mit Abraham (in Kanaan) spricht Jahwe:

> „Deinen Nachkommen gebe ich dieses Land vom Grenzbach Ägyptens bis
> zum großen Strom, dem Eufrat, (das Land) der Keniter, der Kenasiter, der
> Kadmoniter, der Hetiter, der Perisiter, der Rafaiter, der Amoriter, der
> Kananiter, der Girgaschiter, der Hiwiter und der Jebusiter" (Gen 15,18f.).

Unübersehbar ist in Hinblick auf Gen 15,18f. die theologische Verbindung des Landversprechens mit der Ausdehnung des Königreichs
Davids.

Das Buch Deuteronomium, dessen Entstehung und Wachstum im
7. und 6. Jahrhundert v. Chr. anzunehmen ist, verbindet die Verheißung an Abraham und die Gesetzgebung am Sinai theologisch
miteinander.

Theologisch besitzt das Land im Deuteronomium eine dominieren-
de Rolle als Inhalt der Väterverheißung, als Ort der Segnungen
Jahwes, als Heilsgut schlechthin.

Weiterhin sei im Zusammenhang unserer Fragestellung auf die
Aufwertung der Armen und Fremden, die sich im Land aufhalten, hingewiesen, denn auch Israel ist Fremdling gewesen in Ägypten (vgl.
insbesondere Dtn 10,17-19).

Zusammenfassend mag eine Formulierung des Alttestamentlers
Gerhard von Rad angeführt sein, der 1943 (!) hinsichtlich des Pentateuch und des Buches Josua, das von der Landnahme berichtet
(zusammen als Hexateuch bezeichnet), schrieb:

> „Es gibt im ganzen Hexateuch wohl keinen Gegenstand, der in gleicher
> Weise allen Quellen, und zwar in allen ihren Teilen, so wichtig ist wie das
> von Jahwe verheißene und dann verliehene Land" (G. von Rad, Land 87).

Nach der Eroberung Kanaans und der Vertreibung bzw. Vernichtung
seiner Völker und der Aufteilung des Landes unter die zwölf Stämme
Israels sind die Kultgebote so zu verstehen, dass Israel seinem
Landesherrn Jahwe den Zehnten bzw. seine Erstgeburt als Gabe dar-
bietet. So wie die Israeliten in Erinnerung an den siebten Schöpfungs-
tag den wöchentlichen Sabbat halten sollen, soll auch das Land in
jedem siebten Jahr zur Ruhe kommen, damit es seinen Herrn preisen
kann. Nur in dieser Beziehung zu Jahwe kommt die Heiligkeit des
Landes zur Geltung, in diesem Lebensraum kann das Volk Israel seiner Berufung zur Heiligkeit nachkommen: „Seid heilig, denn ich, der
Herr, euer Gott, bin heilig" (Lev 19,2).

Das deuteronomistische Geschichtswerk (die Geschichtsbücher
des Alten Testaments) behandelt den Zeitraum von der Landnahme
bis zum Ende der Königszeit und dem Beginn des Exils und gibt

ihm eine theologische Deutung, die eng an die Mahnungen des Deuteronomiums angeknüpft ist. Israel wird zwar durch das Land konstituiert, aber schon bald beginnt mit dem Tod der Einwanderergeneration der Abfall von Jahwe. Damit ist das Bleiben Israels im Land gefährdet.

Prophetische Verkündigung

Auch die prophetische Verkündigung in Israel lässt das Beziehungsgeflecht Jahwe – Volk – Land deutlich werden. Schon lange vor der eigentlichen militärischen Bedrohung Israels durch Assur und andere Mächte beklagen die frühen Schriftpropheten Amos, Micha und Hosea Ausbeutung und Ungerechtigkeit im Land und kündigen das göttliche Strafgericht an, das sich unter anderem durch den Verlust des Landes bewahrheiten wird.

So beklagt Amos im sozialen Umbruch des Nordreiches die zunehmende Ausbeutung der Armen. Israel hat seine Befreiung aus Ägypten anscheinend vergessen: „Ich bin es gewesen, der euch aus Ägypten heraufgeführt ... hat" (Am 2,9.10), wie auch die Richtschnur, die es durch seine Propheten erhalten hat: „Ich habe einige eurer Söhne zu Propheten gemacht" (Am 2,11). Die Folge ist, dass auch der Kult Israels sinnlos wird (Am 4,4f.; 5,5; 5,21-23): „Ich hasse eure Feste, ich verabscheue sie ..." (Am 5,21). Deswegen kündigt der Prophet das Gericht an (Am 3,11.15;4,2f. und öfter: „man jagt euch dem Hermon zu"... V. 3), das im Verlust des Landes besteht.

Der Prophet Hosea klagt die Untreue Israels an, die sich insbesondere in der Teilnahme am Götzendienst Kanaans und der damit verbundenen Tempelprostitution äußert, und so die Heiligkeit des Landes entweiht. Er erinnert Israel an die Zeit, in der es von Jahwe in der Wüste umworben wurde. Nicht Baal, sondern Jahwe gibt dem Land seine Reichtümer: „Sie (die Braut Israel) hat nicht erkannt, dass ich es war, der ihr das Korn und den Wein und das Öl gab" (Hos 2,10). Erst in der Rückkehr zu Jahwe wird das Land auch Ruhe vor seinen Feinden haben (Hos 2,20: „Es gibt keinen Krieg mehr im Land, ich lasse sie Ruhe und Sicherheit finden").

In ähnlicher Weise wie Amos klagt auch Micha die judäischen Großgrundbesitzer und die mit ihnen verbündeten Militärs an, die das Volk zum Sklavendienst heranziehen und das Land, das doch Jahwe gehört, nicht nur den Menschen, sondern, konsequent weitergedacht, seinem Gott entreißen. Doch Jahwe wird die Bosheit der Machthaber bestrafen: „Seht, ich plane Unheil gegen diese Sippe" (Mi 2,3).

Auch der Prophet Jesaja beginnt seine Tätigkeit zunächst mit Sozial- und Kultkritik. Er sieht, dass der Götzendienst das Land entweiht, das doch von Jahwe verliehen ist, damit das Volk darin gut lebe (Jes 1,29-30; 17,10-11): „Du hast den Gott, der dich rettet, vergessen" (Jes 17,10). Anders als Amos erinnert er jedoch nicht an den Auszug aus Ägypten, sondern zeigt sich auf Zion konzentriert, die Stelle der Gottespräsenz. Jesaja sieht für das Judäa seiner Zeit politische Neutralität bei religiöser Autonomie und relativer Abhängigkeit von der Großmacht Assur vor. Jahwe ist nicht nur der Gott Israels, er ist auch der Herr der Heere; er wird Jerusalem retten (Jes 29,1-7), wenn nur das Volk zu ihm umkehrt. Jahwe ist Herr der ganzen Erde; nicht nur Israel-Juda, auch Assur ist seiner Herrschaft unterworfen: „In meinem eigenen Land will ich Assur zerschmettern" (Jes 14,24-27, hier V. 25). So erwartet Jesaja schließlich den Neubau des Zion. Von diesem Neubau gilt: „Als Senkblei nehme ich das Recht und als Wasserwaage die Gerechtigkeit" (Jes 28,17).

Mit den Propheten Jeremia und Ezechiel, außerdem seit Deuterojesaja (einer Fortsetzung, die sich auf den Propheten Jesaja bezieht) vollzieht sich der Wechsel von der überwiegenden Gerichtsansage zur Heilszusage. Auch bei ihnen spielt das Land eine gewichtige Rolle, zumal sie die Katastrophe von 587 und den Beginn des Exils der Judäer miterleben. So ermuntern sie die Exilierten, die Belastungen des Exils auszuhalten und nicht vorzeitig (gewissermaßen gegen Jahwes Willen) die Rückkehr in das Land anzustreben; sie verweisen darauf, dass es sogar gefährlich sein kann, im Land zu bleiben: „Wer in dieser Stadt bleibt, der stirbt durch Schwert, Hunger und Pest" (vgl. Jer 29,1.4-9.16-20; hier 38,2), sowie darauf, dass nach dem Gericht das Heil in der Wiederherstellung von Volk und Land geschehen wird.

Jeremia ist bei der geschichtstheologischen Beurteilung des Landbesitzes von Hosea abhängig. Auch er erinnert Israel an die Zeit, in der es von Jahwe in der Wüste umworben wurde: „Ich denke an deine Jugendtreue, ... wie du mir in der Wüste gefolgt bist, im Land ohne Aussaat" (Jer 2,2), und an die Anklage von Israels Sündenfall im Land: „Ich brachte euch dann in das Gartenland, um euch seine Früchte und Güter genießen zulassen. Aber kaum seid ihr dort gewesen, da habt ihr mein Land entweiht und mir mein Eigentum zum Abscheu gemacht" (Jer 2,7). Bei Jeremia kann das Land regelrecht personifiziert werden; diese Feststellung darf aber nicht dazu verführen, Jeremias Haltung mit der Mythologisierung von Naturphänomenen, wie sie im Alten Orient üblich war, zu verwechseln (ein besonders anschaulicher Text voll dichterischer Kraft ist Jer 12,7-13, wo Land und Volk eng miteinander verflochten erscheinen).

Das Land spielt in der Verkündigung des Jeremia eine umfassende Rolle. Es ist das beste Geschenk Jahwes an sein Volk, Lebensraum und Segen zugleich. Es ist aber auch das erste, worüber das Gericht Gottes hereinbricht. Das Exil ist deswegen keine Alternative zum Wohnen im Land, sondern seine Preisgabe.

Bei Jeremia findet sich schließlich auch die Heilsverkündigung (z.B. Jer 32,6-15). Auf Gottes Geheiß kauft Jeremia ein Stück Land von seinem Vetter in der Nähe Jerusalems. Damit zeigt der Prophet seinem Volk, dass Gott dem Volk auch wieder Heil schenken wird. Der Ackerkauf ist darauf ein Angeld.

Für den Propheten Ezechiel ist eine wichtige Erkenntnis, dass die Exilierten auch in ihrer Erfahrung von Fremde und in der Versuchung, den Göttern Babylons zu dienen, von Gott gesegnet sind (Ez 17), ja, dass Israel auch außerhalb des Landes seinem Gott in Treue dienen kann und nicht verzweifeln muss. Der Vision des Ezechiel vom neu errichteten Tempel ist ein Entwurf einer neuen Landverteilung in dem geographisch genau umgrenzten, den Jordan als Ostgrenze wahrenden Land, angefügt (Ez 40–48).

Die angeführten Propheten enthalten bei all ihrer Vielfalt und Unterschiedlichkeit die Verheißung von Heimkehr und Wiederaufbau im Land der Väter; doch ist dies Gottes Werk, nicht das der Israeliten (vgl. Am 9,14-15; Hos 1,10; Jes 2,1-15; 9,1-9; Jer 3,18-19; 11,4-5; Ez 11,14-21, wo von der Heimkehr nach Eretz Israel und nicht mehr von Eretz Kanaan gesprochen wird, und öfters).

In der nachexilischen Prophetie findet sich die zunehmende Konzentration auf den Zion und (z.B. bei Jes 2,2-4 = Mi 4,1-5) ein zunehmender Universalismus, der sich im Buch des Propheten Jesaja in der Vision von der Völkerwallfahrt zum Zion äußert sowie in der Vision endzeitlicher Versöhnung mit den früheren Feinden Israels (Jes 19,16-25. Dort heißt es in V. 23: „An jenem Tag wird Israel als Drittes dem Bund von Ägypten und Assur beitreten, zum Segen für die ganze Erde").

In der nachexilischen Armenfrömmigkeit wird zunehmend der Gegensatz von Armen und Frevlern thematisiert (z.B. in Ps 37). Die Armen werden hier zu Erben des Landes, während die Frevler untergehen, ein Verständnis, das auch die Gemeinde von Qumran teilt. Die Tendenz zur Metaphorisierung (und das bedeutet nicht „Spiritualisierung") des Landes verstärkt sich, ohne das konkrete Land oder die konkrete Stadt Jerusalem zu vergessen (z.B. Ps 16; 23 und 73). Das

Land weitet sich auf die bewohnte Erde aus und wird zum Angeld für eine Gottesgemeinschaft, die weiter reicht als die individuelle Lebenszeit. Die Gottesgemeinschaft ist das Erste und das Letzte. Nur für kurze Zeit gelingt den Juden die Wiederherstellung politischer Souveränität (unter den Makkabäern bzw. Hasmonäern, 160–63 v. Chr.), eine Phase, die von religiösen Kreisen in Judäa zunehmend negativ beurteilt wird, da auch die neuen jüdischen Herrscher sich eher am hellenistischen Herrscherideal als am davidischen Königtum orientieren. Hinzu kommt die Ausprägung eschatologischen bzw. apokalyptischen Denkens, das die Erlösung immer radikaler von Gott und nicht von Menschen oder Machthabern erwartet.

Wirkungsgeschichte

An dieser Stelle ist es geboten, die Wirkungsgeschichte des Landthemas in der Hebräischen Bibel/im Alten Testament noch einmal zu bedenken. Hierbei ist zu beachten, dass es sich nicht um eine einheitliche Nachgeschichte handelte, sondern dass die Heilige Schrift im nachbiblischen Judentum bis in unsere Tage fortwirkt und diskutiert wird; des Weiteren aber auch im Glauben der jungen Christenheit, dessen schriftlicher Ertrag das Neue Testament ist, und nochmals später in zumindest indirekter Weise, weil auf Judentum und Christentum Bezug nehmend, im Islam. So können wir von einer zweifachen Nachgeschichte der Hebräischen Bibel sprechen (und zumindest einer weiteren indirekten Nachgeschichte in der Entstehung des Islam).

Der Verlust des judäischen Kerngebiets infolge der Jüdischen Kriege im 1. und 2. Jahrhundert n. Chr. hat nicht zu einer Aufgabe der jüdischen Landbeziehung geführt, sondern im Gegenteil zu einer intensiven theologischen Beschäftigung im Rahmen der Ausformulierung der „mündlichen Tora", die mitunter utopischen Charakter besitzt, sowie in praktischen Bemühungen um den Wiedererwerb des Landes durch Landkauf.

Im Mittelalter verweist Jehuda Halevi auf die Vorzüge des Gottesvolkes (auch gegenüber Christen und Muslimen) und des Gelobten Landes, wo allein die Gebote der Tora in Vollendung gelebt werden können. Er gilt als bedeutendster mittelalterlicher „Zionist", zumal er die Rückkehr ins Gelobte Land auch praktisch vollzog, und so ein Vorbild für die mit messianischen Erwartungen verknüpften Hoffnungen des jüdischen Volkes auf Wiederherstellung im Land wurde.

Maimonides erlangte Bedeutung, da er die Vorschriften des Talmud in einem Codex zusammenfasste, der bis in unsere Tage benutzt wird, worin von den Stufen der Heiligkeit des Landes, der Geltung der Gebote im Land, sowie der Kriegführung gegen die Völker im Land und gegen die Nachbarn gesprochen wird. Für die messianische Zeit erwartete Maimonides nicht die Aufhebung von Naturgesetzen, sondern die Möglichkeit Israels, im Frieden miteinander und mit den Nachbarn zu leben.

Das Buch Zohar, Hauptwerk der jüdischen Mystik, spricht von der Wiederherstellung der Einheit von Gott und Volk in der Rückkehr aus dem Exil, das diese Einheit zerstört hat. Der Jude kann durch ein toragemäßes Verhalten zur Wiederherstellung dieser Einheit beitragen.

Die Gerinnung dieser theologischen Überlegungen zu religiöser Tradition hat im 19./20. Jahrhundert die Entstehung und Entwicklung des modernen Zionismus beeinflusst, da dieser auf die religiösen Traditionen im Judentum, die sich auf das Land beziehen, angewiesen ist, selbst wenn eine säkulare Mehrheit innerhalb der zionistischen Bewegung sich dieser gern entledigen wollte. Im Gegenteil, insofern der Zionismus selbst quasi „messianische" Ansprüche erhoben hat, insofern er sich als nationale Befreiungsbewegung des Judentums definiert hat, musste er auf diese religiösen Traditionen zurückgreifen, um sich selbst zu legitimieren. So verwundert es nicht, dass ein Großteil der innen- wie außenpolitischen Diskussionen in Israel (z.B. die Grenzen des Landes und die Bedeutung der in den Kriegen eroberten Gebiete, das Verhältnis zu den Arabern im Lande und den arabischen Nachbarn) unter Zuhilfenahme der religiösen Traditionselemente oder ihrer säkularen Transformation geführt wurde (z.B. das Festhalten an bestimmten Grenzen aus „Sicherheitserwägungen" anstatt religiöser Überlegungen).

Beurteilung

Der Durchgang durch die Hebräische Bibel bzw. das Alte Testament hat deutlich gemacht, welche konstante Bedeutung und welches Gewicht das Land in der Bibel besitzt. Es erweist sich als ein Hauptthema alttestamtlichen Denkens. Ist es im Pentateuch das von Jahwe zugesagte, verheißene Land, zeigt es sich in den Geschichtsbüchern als das Land der Bewährung, wo Gottes Tora getan werden soll und woran Israel immer wieder scheitert. Die Nichteinhaltung von Gottes Weisung lässt die vorexilischen Propheten auftreten, die den Verlust des Landes als Folge des göttlichen Gerichts, als notwendige Konsequenz des von den Israeliten begangenen Unrechts anprangern und zur Umkehr auffordern. Die exilischen und frühen nachexilischen Propheten hingegen verkünden die Rückkehr in das von neuem zugesagte Land und die Wiederherstellung Israels im Land.

Nachexilisch kommt es zur Konzentration auf Zion/Jerusalem, universalisierend mit dem Motiv der Völkerwallfahrt und der Versöhnung mit den Nachbarn Israels in messianischer Zeit. Schließlich wird das Landmotiv zunehmend metaphorisch benutzt und die Landverheißung mit der Armenspiritualität verknüpft, die als eigentliche Erben des Landes angesehen werden.

Das Land im Neuen Testament

Eine oberflächliche Lektüre des Neuen Testaments mag den Eindruck erwecken, dass in ihm das Landthema, dessen durchgängige Bedeutung für das Alte Testament wir oben festgestellt haben, keine oder nur eine geringe Bedeutung besitzt. Und tatsächlich ist das Neue Testament vor allem an Jesus Christus und der mit ihm verbundenen Glaubensverkündigung der jungen Kirche interessiert.

Die paulinischen Briefe

In den paulinischen Briefen, den ältesten Schriften des Neuen Testaments, ist kaum vom Land die Rede, aber der Begriff des „Erbens", der im Alten Testament auf das Land bezogen ist, wird von Paulus auf das Erben des Reiches Gottes hin gedeutet (z.b. 1 Kor 15,35-50; Gal 3,6-18; 3,26–4,7; Röm 4,1-25; 8,12-17).

Die Verbindung des Paulus zum Land und zur Stadt Jerusalem wird an seiner Kollektensammlung für die Jerusalemer Gemeinde (1 Kor 16,1-4; 2 Kor 8,1-15 und 9,1-15) deutlich, die nicht nur caritativen Charakter hat, sondern die religiöse Bindung an den Ursprung ausdrückt, sowie an der Abstimmung seiner Verkündigung mit der Jerusalemer Kirche (Gal 2,1-10).

Seit der Auferstehung Jesu sind auch die Heiden zu Miterben Christi geworden. Im (vermutlich nachpaulinischen) Epheserbrief (Eph 5,5) werden die Unzüchtigen und Habgierigen mit Götzendienern gleichgesetzt, die keinen Anteil am Erbe erhalten (hier sehen wir die Verbindung zu den vorexilischen Propheten, die die Entweihung des Landes durch Unzucht und Götzendienst anklagten).

Die Evangelien

Nur einmal wird im Neuen Testament vom „Land Israel" gesprochen, dann aber durch Wiederholung betont, in Mt 2,19ff.:

> „Als Herodes gestorben war, erschien dem Josef in Ägypten ein Engel des Herrn im Traum und sagte: Steh auf, nimm das Kind und seine Mutter, und zieh in das Land Israel; denn die Leute, die dem Kind nach dem Leben getrachtet haben, sind tot. Da stand er auf und zog mit dem Kind und dessen Mutter in das Land Israel."

Jesus und seine Eltern vollziehen – wie das Volk Israel unter Mose – den Auszug aus Ägypten, um ins Gelobte Land heimzukehren.

Der Text, der am deutlichsten eine neutestamentliche Landverheißung ausspricht, ist Mt 5,5: „Selig, die keine Gewalt anwenden (griechisch: *praeis*); denn sie werden das Land erben" (griech. *tän gän*). Allerdings gilt durchgängig für das Neue Testament: In der messianischen Zeit, die mit Jesus anbricht, sind die Grenzen Israels gesprengt und alle Völker (und Länder) mit einbezogen.

In Mt 27,51-53 (beim Tod Jesu reißt der Vorhang des Tempels entzwei und die Toten werden auferweckt) ist der Zusammenhang von Auferstehung der Toten und dem Land zu beachten.

Im Markusevangelium (und seinen Parallelen bei Matthäus und Lukas) finden sich weitere Texte, die das frühjüdische Landverständnis voraussetzen. Das Land wird als Ausgangspunkt für das Reich Gottes gesehen. Was dort beginnt, soll für alle Völker gelten.

Das Lukasevangelium zeigt sich vor allem tempelzentriert. Es beginnt und endet im Tempel. Auf dem Weg von Galiläa nach Jerusalem (Lk 9,51–19,27) heilt Jesus nicht nur, sondern er lehrt. Die Jünger bleiben in Jerusalem bis zum Pfingsttag; erst dann geht die Botschaft in alle Welt, beginnt die „Fortsetzung" in der Apostelgeschichte.

Im Johannesevangelium ist die Person Jesu Christi „der Ort", der alle heiligen Orte ersetzt. Des Weiteren finden wir bei Johannes eine starke Spannung zwischen Galiläa und Jerusalem. Jesus pilgert dreimal nach Jerusalem hinauf (Joh 2,13; 5,1; 7,10). Beim Gespräch mit der samaritanischen Frau (Joh 4,1-26) fordert er die Anbetung in „Geist und Wahrheit" (4,23f.), relativiert so den Streit zwischen Juden und Samaritanern um den Ort der wahren Gottesanbetung (Jerusalem oder der Berg Garizim der Samaritaner), stellt aber auch fest und lässt keinen Zweifel daran aufkommen, dass die Juden anders als die Samaritaner kennen, was sie anbeten, „denn das Heil kommt von den Juden" (4,22). Judentum, Jerusalem und Tempel gehören auch für das Johannesevangelium zu den bleibenden heilsgeschichtlichen Grundlagen des Christentums, freilich nicht mehr unabhängig von Christus.

Weitere Fundstellen

Im Hebräerbrief (Hebr 3,7-4,11) ist mit einem längeren Zitat aus Psalm 95 (welcher wiederum auf Num 14 verweist) von der „Ruhe" die Rede, in die das Volk Gottes gelangen soll, wenn es in das Land einzieht. In der Deutung des Hebräerbriefes wird das Murren der Israeliten gegen Gott in der Wüste zu einer grundsätzlichen Fehlhaltung des Volkes, welches dazu führt, nicht in das Land der Ruhe hineinziehen zu dürfen. Die Ruhe wurde den Israeliten aber auch mit der Landnahme des Josua noch nicht gegeben. Sie ist ein Teil der noch ausstehenden Verheißung und des zukünftigen Heils.

Hebr 11,8-10 und Hebr 11,13-16 sprechen vom Glauben Abrahams, aufgrund dessen er in das Land der Verheißung zieht, um sich dort als Fremder aufzuhalten: „Aufgrund des Glaubens gehorchte Abraham dem Ruf, wegzuziehen in ein Land, das er zum Erbe erhalten sollte..." (V. 8). Die Situation der Christen ist wie die der Patriarchen, „der Wolke von Zeugen" (Hebr 12,1). Denn sie sind „zum Berg Zion hingetreten, zur Stadt des lebendigen Gottes, dem himmlischen Jerusalem ..." (Hebr 12,22). Die Christen sollen nicht in das Land der Verheißung ziehen, sondern mit Christus hinaus vor die Stadt, wo er sein Blut vergossen hat:

> „Deshalb hat auch Jesus, um durch sein eigenes Blut das Volk zu heiligen, außerhalb des Tores gelitten. Lasst uns also zu ihm vor das Lager hinausziehen und seine Schmach auf uns nehmen" (Hebr 13,12ff.).

In der Offenbarung des Johannes (Offb 21,1) wird vom neuen Himmel und der neuen Erde gesprochen, von der Erde insgesamt, aber nicht vom Land Israel, auch wenn die apokalyptische Endschlacht in Harmageddon (= Megiddo im Norden Israels, Offb 16,16: „Die Geister führten die Könige an dem Ort zusammen, der auf Hebräisch Harmageddon heißt") angesiedelt wird.

Beurteilung

Es bleibt festzuhalten, dass das Landthema – besonders in seiner Zuspitzung auf Jerusalem – im Neuen Testament seine Bedeutung behält, wenn auch nicht so ausdrücklich wie im Alten Testament. Die alttestamentlichen Motive der Landverheißung, des Erbens und der endzeitlichen Ruhe werden durch ihre Hinwendung auf Christus transformiert und zugleich universalisiert, ohne dadurch entwertet zu werden. Für die Christen bleibt das Land der Ort der zentralen Heilsereignisse, nicht nur der, die in unmittelbarem Zusammenhang mit dem Leben und Wirken Jesu von Nazaret stehen, sondern auch der gesamten vorhergehenden (und insofern _alt_testamentlichen) Glaubenstradition. Insofern Jesus Christus als die Erfüllung der biblischen Verheißungen verkündet wird, wird er auch zur Erfüllung der mit der Landthematik verbundenen Verheißungen, als Auferstandener der „Ort" der Gegenwart Gottes. Die Christen werden aufgrund ihres Glaubens an den Gekreuzigten und Auferstandenen zu Miterben der Verheißung. In Erwartung des Kommens des Herrn wird das Landthema schließlich verwandelt in die Hoffnung auf einen neuen Himmel und eine neue Erde.

Das junge Christentum hat eine ambivalente Haltung zur Landthematik eingenommen. Hielten insbesondere judenchristliche

Gruppen an der Bedeutung des Landes fest, so zeigten führende heidenchristliche Theologen und Mönche zunächst wenig oder gar kein
Interesse am Land. Erst mit der „Konstantinischen Wende" und dem
Bau vieler Kirchen und Klöster im Land, bei gleichzeitiger
Christianisierung der vormals heidnischen Bevölkerung, wurde auch
dessen religiöse Bedeutung für das Christentum profiliert. Zentrales
Motiv wurde hierbei die Erinnerung an die alt- und neutestamentliche Geschichte und die damit verbundenen Heilsereignisse (auch in
der Nachbarschaft des Heiligen Landes), die Wallfahrt von auswärti-
gen Christen zu den Heiligen Stätten sowie die Feststellung, dass nur
ein heiligmäßiges Leben im Heiligen Land wirkliche religiöse Bedeutung besitzt.

Die weitverbreitete theologische Auffassung, nach der die Christen
das Erbe Israels angetreten haben, führte zu der verhängnisvollen
Enterbung des Judentums und dem Anspruch, dadurch auch legitime
Erben des „Heiligen Landes" zu sein. Diese Haltung und die Auffassung, Christus selber habe mit der islamischen Expansion sein
Erbteil verloren, wurden zur theologischen Legitimation der Kreuzzüge, die in ihrer Anfangsphase mit eschatologischen Erwartungen
verknüpft wurden. Der militärische Misserfolg der Kreuzzüge hat wiederum zu einer ambivalenten Haltung des Christentums gegenüber
dem Land geführt: zum einen das Fortwirken des Kreuzzugsgedankens
bis zum Beginn des 20. Jahrhunderts (vor allem in Kontinental-
europa), in der Hoffnung auf noch einmal günstige militärisch-politi-
sche Bedingungen, auf der anderen Seite (vor allem in den angelsäch-
sisch-protestantischen Regionen) die Hoffnung auf eine Wiederherstellung der Juden im Land und damit verknüpften endzeitlichen Erwartungen.

Das Land im Koran

Im Koran erscheint das „Land", wie schon bei Hassan Hanafis Korananalyse festzuhalten war, 462-mal und immer als objektive Gegebenheit außerhalb der menschlichen Subjektivität, aber als Eigentum
Gottes. Ferner ist das „Land" im Koran im Allgemeinen auf die Erde
bzw. auf die Schöpfung bezogen zu verstehen. Für unsere Fragestellung sind sechs Koranverse von besonderem Interesse, die sich
wahrscheinlich auf Palästina bzw. Jerusalem beziehen: K 17,1, K 21,71
und 81, sowie K 7,137, K 34,18 und K 5,21. Die ersten vier Suren wurden nach der Tradition in Mekka geoffenbart, die fünfte in Medina.

Exkurs 5: Der Prophet Muhammad

Als Muhammad (ca. 570–632) mit seiner Botschaft in Mekka
auftrat, war Arabien bereits seit Jahrhunderten von einigen
jüdischen Stämmen besiedelt, gab es am Rande des
Fruchtbaren Halbmondes arabisch-christliche Stämme und auf
der Arabischen Halbinsel vereinzelt Christen. Die Mehrheit der
Bevölkerung Arabiens waren nach wie vor heidnische Stämme,
die zur Ka'ba nach Mekka pilgerten. Eine oberste Gottheit,
Allah, war schon bekannt, erfuhr aber keine besondere
Verehrung. Insbesondere die Familie des Propheten, der Stamm
der Quraysh, profitierte vom Wallfahrtsgeschäft in Mekka.
Schließlich gab es noch die sogenannten Hanifen, selbständige
Gottsucher, die beeinflusst von Christen- und Judentum, aber
anscheinend davon unabhängig, Gott in der Einsamkeit der
Wüste suchten.

Mit etwa vierzig Jahren erfuhr Muhammad seine Berufung
zum Propheten am Berg Hira in der Nähe Mekkas. Der Engel
Gabriel erschien ihm und forderte ihn auf, aus Gottes Offenbarung (einem im Berufungserlebnis nicht näher beschriebenen
Buch) zu lesen. Nach einer Zeit des Zweifelns wurde sich
Muhammad bewusst, dass er zum Propheten der Araber berufen war. In dieser Gewissheit wurde er durch den christlichen
Sklaven Waraqa bestärkt, der ihn aufforderte, seine Erfahrung
mit der des Mose zu vergleichen. Seitdem verstand Muhammad
seinen Verkündigungsauftrag so, dass er der festen Überzeu-

gung war, dass es zwischen den (biblischen) Propheten (wie er
sie ansah) vor ihm, also etwa Noah, Abraham, Mose, Jesus und
einigen anderen, und seiner Botschaft keinen substantiellen
Unterschied gab, sondern alle dasselbe verkündeten, nämlich
den Glauben an den einen Gott.

Die folgenden etwa zwölf Jahre bis zur Auswanderung
(= *hidschra*, der Beginn der islamischen Zeitrechnung) nach
Medina sind vom vergeblichen Bemühen Muhammads geprägt,
die Einwohner Mekkas von der Wahrheit der an ihn ergange-
nen Offenbarung zu überzeugen. Seine Botschaft von der allei-
nigen Allmacht Gottes wie von seiner Güte, außerdem die An-
kündigung von Gottes Strafgericht (das Muhammad bald
erwartete) und die Aufforderung zu einem dankbaren und got-
tesfürchtigen Leben sind zentraler Inhalt von Muhammads
erster Verkündigung.

In Medina wurde Muhammad zum führenden Kopf der islamischen *umma*, der religiös-politischen Gemeinschaft der
Muslime. Die ihm in Medina geoffenbarten Koranverse erhielten zunehmend gesellschaftliche Relevanz. Ein Konflikt mit bei
Medina siedelnden jüdischen Beduinenstämmen endete blutig.
Die *qibla*, das ist die Gebetsrichtung der Muslime, die zunächst
in Richtung Jerusalem eingenommen wurde, wurde daraufhin
um etwa 180° nach Richtung Mekka gedreht (darauf nimmt K
2,142-152 Bezug).

Nur sechs Jahre nach dem Tod des Propheten wurden im
Jahr 638 Jerusalem und Palästina von den Muslimen erobert,
seitdem gehört dieses Land nach dem Verständnis der Muslime
zum „Haus des Islam" (*dar-al-islam*).

Sure 17

Die Sure 17 hat den Titel „Die Nachtreise" (*al-Isra'*), in manchen
Koranausgaben auch „Die Kinder Israels" (*Bani Isra'il*) genannt. Sie
bezieht sich in ihrem ersten Satz auf eine mystische Erfahrung des
Propheten. In K 17,1 heißt es (in der Koranübertragung von Rudi Paret
– einschließlich der Erklärungen in Klammern):

> „Gepriesen sei der, der mit seinem Diener (d.h. Mohammed) bei Nacht von
> der heiligen Kultstätte (in Mekka) nach der fernen Kultstätte (in Jerusalem),
> deren Umgebung wir gesegnet haben, reiste, um ihn etwas von unseren

Zeichen sehen zu lassen (wörtlich: damit wir ihn etwas von unseren Zeichen sehen lassen)! Er (d.h. Gott) ist der, der (alles) hört und sieht."

Die Frage, ob in Sure 17,1 tatsächlich ein Bezug zu Jerusalem und seiner (von Gott gesegneten) Umgebung gegeben ist, bleibt in der Orientalistik umstritten und lässt sich wohl kaum restlos klären. Bedeutsam ist allerdings, dass dieser Bezug durch die islamische Tradition seit jeher angenommen wird. Auch die Wissenschaftler Rudi Paret und Adel Khoury in seiner Koran-Übertragung nehmen den Jerusalem-Bezug durch die Rede vom „gesegneten Umland" (also Palästina) an.

Sure 21

Die Sure 21 befasst sich unter anderem mit der Abrahamsgeschichte nach Sichtweise des Propheten Muhammad (dabei gibt es Gemeinsamkeiten und Unterschiede zur biblischen Überlieferung). Nachdem Abraham als Prophet mit der Verkündigung des Monotheismus in seiner Heimat gescheitert ist, wird er von Gott (zusammen mit Lot) auf wunderbare Weise vor der aufgebrachten Menge gerettet, die ihn lynchen will, und in ein gesegnetes Land gebracht (K 21,71): „Und wir retteten ihn und Lot in das Land, das wir für die Menschen in aller Welt gesegnet haben." Auch hier finden wir wieder die Rede von einem gesegneten Land, aber nicht (wie im Alten Testament) ausdrücklich und ausschließlich für Abraham und seine Nachkommen, sondern für die „Menschen in aller Welt". Ferner heißt es in derselben Sure, Bezug nehmend auf die Salomo-Überlieferung (K 21,81): „Und dem Salomo (machten wir) den Wind (dienstbar), dass er hinbrause und auf seinen Befehl in das Land eile, das wir gesegnet haben."

Sure 34

In Sure 34, die ebenfalls auf die Salomo-Überlieferung Bezug nimmt, nimmt Rudi Paret ebenfalls einen Palästina-Bezug an. Dort heißt es (K 34,18):

„Und zwischen ihnen (d.h. den Sabäern) und den Städten, die wir gesegnet haben, (damit ist wohl Palästina gemeint) legten wir (weithin) sichtbare (?) Städte an ...."

Sure 7

Die Sure 7 erzählt die Geschichte vom Auszug der Kinder Israels aus dem ägyptischen Sklavenhaus, in Anlehnung an das biblische Buch Exodus. Dabei heißt es in K 7,137:

„Und wir gaben dem Volk, das (vorher) unterdrückt war, die östlichen und westlichen Gegenden des Landes (d.h. das ganze Land) zum Erbe, (jenes Landes) das wir gesegnet haben. Und das schöne Wort (der Verheißung) deines Herrn ging an den Kindern Israels in Erfüllung (zum Lohn) dafür, dass sie geduldig waren."

Damit sind eindeutig die Kinder Israels unter der Knechtschaft Pharaos gemeint; hier ist auch klar (ähnlich wie in der Bibel) von einer „Landverheißung" bzw. vom „Erben" des Landes die Rede, allerdings nicht von einem „Erben" auf ewig. Nach dem Verständnis der Muslime ist vielmehr die Landverheißung an die Kinder Israels mit deren Landnahme unter Josua einmalig erfüllt worden und hat daher nur noch geschichtliche Bedeutung.

Sure 5

Sure 5 wurde im Exil der Muslime zu Medina geoffenbart. In K 5,21 findet sich eine koranische „Landverheißung", eine Aufforderung des Mose an das Volk der Israeliten:

„Leute! Tretet ein in das heilige Land, das Gott euch bestimmt hat, und kehrt nicht (gleich wieder) um, sodass ihr (letzten Endes) den Schaden habt!'"

Dieser Vers bezieht sich auf die Krise der Israeliten in der Wüste Sinai (vgl. Num 13.14), die dem Mose die Gefolgschaft verweigerten und daraufhin vierzig Jahre in der Wüste verbleiben mussten, statt ins Gelobte Land einzuziehen. Muhammad hält den Adressaten seiner Verkündigung als warnendes Beispiel Mose entgegen, dem es nicht gelang, das Volk zum Glauben und damit in das Land zu führen, sodass es in der Wüste umkam.

Beurteilung

Mit diesen und anderen Überlieferungen aus dem Alten und Neuen Testament sowie eigenem Traditionsgut versuchte Muhammad, die Menschen der Arabischen Halbinsel (einschließlich der dortigen Juden und Christen, die sich ihm gegenüber skeptisch verhielten) von der Authentizität seines Prophetenamtes zu überzeugen und für den Islam zu gewinnen. Das Israel zur Zeit des Auszugs aus Ägypten sollte den Leuten der Schrift (Juden und Christen) genauso wie den Gläubigen (den Muslimen) als warnendes Vorbild dienen.

Mit der schnellen Expansion des Islam im 7./8. Jahrhundert kam auch Palästina unter islamische Herrschaft. Die religiöse Bedeutung Jerusalems wurde durch den Bau des Felsendoms auf dem Tempelplatz herausgehoben, in der muslimischen Volksfrömmigkeit wurden Ereignisse der Endzeit in Jerusalem lokalisiert. Die Muslime sahen sich ganz selbstverständlich als legitime Gläubige in der wahren Nachfolge Israels. Erst die Gefährdung der islamischen Herrschaft durch die Kreuzfahrer – und im 20. Jahrhundert durch die zionistische Siedlung – führte zu einer vertieften Reflexion über die religiöse Bedeutung des Landes Palästina und Jerusalems (*fada'il-Quds*-Literatur) sowie zu *dschihad*-Aufrufen zur Befreiung des Landes, das als genuin islamisch angesehen wurde.

Sehen, urteilen ... handeln?
– Christliche Perspektiven

Anamnese: Das Land als Raum der Erinnerung, Bewährung und Erwartung

An dieser Stelle bietet es sich an, Altes und Neues Testament noch einmal unter einer Gesamtperspektive zu betrachten, die christlich-traditionelle Verengungen, wie sie etwa im „Verheißungs-Erfüllungs-Schema" gegeben sind, vermeidet, ohne entwicklungs- und glaubensbedingte spezifische Veränderungen zu ignorieren. Dazu bietet sich das Stichwort *„Anamnese"* (wörtlich: „Erinnerung") an; diese Erinnerung wird uns zeigen, wie wir uns als engagierte europäische und deutsche, evangelische wie katholische Menschen und Christen im Gegenwartskonflikt profiliert positionieren können, ohne das eigene Fundament zugunsten einer Beliebigkeit, die sich vom jeweiligen Tagesgeschehen hin- und herreißen lässt, aufzugeben.

Zwar besitzt die ganze Heilige Schrift anamnetischen Charakter, insofern sie das Glaubenszeugnis von Menschen bewahrt, die Gottes Heilshandeln in der Geschichte erfuhren, ihre Gegenwart im Licht dieser Erfahrung deuten und ihre Zukunft vom erneuten Heilshandeln Gottes erhoffen. Auf *das Land* bezogen, gewinnt dieses dann eine deutliche Zeitdimension; es ist nicht zeitlos, sondern es ist *die Raum-Zeit-Stelle für Gottes und des Gottesvolkes Handeln.* Insofern ist es aber auch nicht einfach die räumliche Grundlage für die menschliche Erfahrung von „Vergangenheit – Gegenwart – Zukunft", sondern im Gedenken der Ursprungsgeschichte *ist es der Raum für „Erinnerung – Bewährung – Erwartung".*

Im Pentateuch

An spezifisch landbezogenen anamnetischen Elementen finden wir im Pentateuch zwei Texte zentraler Bedeutung, die für Israel und das Judentum, durch Jesus und seine Jünger auch für die Kirche, bis in unsere Tage von bleibender (nicht nur liturgischer) Bedeutung sind und das Land zum *Raum der Erinnerung* machen: Exodus 12,1–13,16 und Deuteronomium 26,1-11.

Ex 12,1–13,16 behandelt die Anweisungen zur Vorbereitung des Paschamahles, das dem Auszug aus Ägypten unmittelbar vorangeht. In 12,25 heißt es: „Wenn ihr in das Land kommt, das euch der Herr gibt, wie er gesagt hat, so begeht diese Feier!" Nach dem Eintritt in das Verheißene Land sollen die Israeliten sich mit der jährlichen Wiederholung des Paschamahles daran erinnern, dass (vgl. 12,27) der Herr die Ägypter mit Unheil schlug, die Israeliten aber verschonte. Die Erinnerung an die Befreiung aus Sklaverei und Unterdrückung wird so in jedem Jahr neu aktualisiert. Aus dieser Befreiungstat Gottes ergeben sich ethische Konsequenzen, wie sie in den Zehn Geboten (Ex 20,1-21 und Dtn 5,1-22) zusammengefasst sind.

Dtn 26,1-11 handelt von der Darbringung der Erstlingsfrüchte in der Zeit, wenn Israel im Land wohnen wird. Diese Darbringung ist nicht primär als eine Opfergabe zu verstehen, sondern als eine Bestätigung von Jahwes Heilshandeln am Volk. Verbunden mit dieser Darbringung ist ein Glaubensbekenntnis (das sogenannte „kleine heilsgeschichtliche Credo"), worin der Beter spricht:

„Mein Vater war ein heimatloser Aramäer. Er zog nach Ägypten, lebte dort als Fremder mit wenigen Leuten und wurde dort zu einem großen, mächtigen und zahlreichen Volk. Die Ägypter behandelten uns schlecht ... Wir schrien zum Herrn, dem Gott unserer Väter, und der Herr hörte unser Schreien ... Der Herr führte uns mit starker Hand und hoch erhobenem Arm ... aus Ägypten, er brachte uns an diese Stätte und gab uns dieses Land, ein Land, in dem Milch und Honig fließen ..." (Dtn 26,5b-10a).

In dieser Kurzfassung der Heilsgeschichte wird die Befreiung Israels in das Land als ein Erweis der Wirkmächtigkeit und Wahrhaftigkeit Gottes gesehen, der Israel das Land zugeschworen hat. Das Leben Israels im Land wird auf diese Weise zum „Gottesbeweis".

In den Psalmen

Auch im „Gebetbuch" Israels, den Psalmen, wird in den Geschichtspsalmen immer wieder an die Befreiungstat Gottes erinnert und an die Zusage des Landes, z. B. Ps 78,54:

„Er brachte sie in sein heiliges Land, in die Berge, die er erwarb mit mächtiger Hand."

Ps 105,11:

„Er sprach: Dir will ich Kanaan geben, das Land, das dir als Erbe bestimmt ist",

Ps 106, wo Israels Versagen in der Wüste gedacht wird, Ps 114,2 („da wurde Juda Gottes Heiligtum, Israel das Gebiet seiner Herrschaft"), Ps 135, 12 („Ihr Land gab er Israel zum Erbe, zum Erbe Israel, seinem Volk") und Ps 136. Im Ps 137 wird das Heimweh nach Zion artikuliert,

die Unmöglichkeit, die Lieder des Herrn fern auf fremder Erde zu sin-
gen, und der Beter verflucht sich selbst, sollte er jemals Jerusalem vergessen.

Im Neuen Testament

Auch im Neuen Testament gibt es spezifisch anamnetische Elemente,
besonders im Gedenken des letzten Abendmahles, das zur Eucha-
ristiefeier der Kirche geworden ist (vgl. Mt 26,20-29; Mk 14,17-25; Lk
22,14-23 und 1 Kor 11,23-25). Jesus, der mit seinen Jüngern das
Paschamahl, das Erinnerungsmahl an den Auszug aus Ägypten, feiert,
deutet Brot und Wein auf seinen Tod hin, der in seiner Auferweckung
zur Durchbruchserfahrung der Jünger wird, hin zum unvergänglichen
Erbe des Reiches Gottes für alle, die an ihn glauben. Die Erinnerung
an dieses Geschehen erfasst nicht nur das Geschehen im Abend-
mahlssaal und unmittelbar danach, sondern das ganze Leben Jesu von
Nazaret, der im gesamten Land, von Galiläa bis Jerusalem, den
Anbruch der Gottesherrschaft verkündete, dessen Heilsverkündigung
und Heilstun zum Vorbild für die Kirche wird (vgl. Bezug nehmend
auch die Pfingstpredigt des Petrus: Apg 2,14-36).

Raum der Bewährung

Bereits für die Erzväter Israels, Abraham, Isaak und Jakob, wird das
Land zum *Raum der Bewährung*. Als Fremdlinge durchstreifen sie die-
ses Land, halten sich bisweilen auch wieder außerhalb des Landes auf
(Abraham in Ägypten: Gen 12,10-20; Jakob in Haran: Gen 29–32),
wenn existentielle Not dies gebietet. Mit den Einheimischen schließen
sie ihre Verträge und machen ihre Kompromisse, die ihnen eine gesi-
cherte Existenz ermöglichen (z.B. Gen 14;20: Abraham gibt dem
Melchisedek, dem König von Salem, den Zehnten; Gen 21,22-34:
Abraham schließt mit Abimelech, dem Herrscher der Philister, einen
Friedensvertrag bei Beerscheba; Gen 23: Abraham kauft in Hebron
eine Grabstätte für seine Frau Sara; Gen 26: Isaak hält sich im
Philisterland auf). Schließlich zwingt eine große Hungersnot den
Jakob und seine Söhne, nach Ägypten zu gehen (Gen 46f.).

   Die Exodusgeneration der Israeliten, denen Mose als Retter ge-
sandt wird, bricht nur widerwillig in das Verheißene Land auf. Immer
wieder auf dem Weg rebelliert sie gegen Gott und seinen Gesandten;
die Mehrheit der in das Land gesandten Kundschafter berichtet Fal-
sches, um das Volk zur Umkehr nach Ägypten zu bewegen. Infolge
dieser Verweigerung des Volkes, in das Land zu ziehen und damit

Jahwe zu vertrauen, stirbt die Exodusgeneration bis auf Josua und Kaleb in der Wüste (vgl. Num 13.14).

Den in der Wüste geborenen Israeliten gelingt es unter Josua, den größten Teil des Landes Kanaan nach dem Übergang über den Jordan zu erobern und die Völker des Landes zu vernichten, so dass das Volk zunächst einmal Ruhe im neu gewonnenen Land findet (siehe das gesamte Buch Josua).

Mit dem Tod Josuas aber beginnt schon der Niedergang. Das deuteronomistische Geschichtswerk lässt keinen Zweifel daran, dass der mangelnde Glaube des Volkes an Jahwe, der sich in der Teilnahme an den kanaanäischen Fruchtbarkeitskulten äußert, die Ursache für die Kämpfe Israels mit seinen Nachbarn ist, die Ursache dafür, dass Israel immer wieder lebensgefährlich bedroht wird (dieser Gedankengang zieht sich durch die ganze Geschichtsliteratur von Richter bis 2 Kön). Zwar sendet Jahwe immer wieder Retter und Propheten für sein Volk, aber auch die Einführung des Königtums erweist sich trotz der großen Könige David, Salomo und später Joschija als Zeit des Niedergangs, die mit der Verschleppung des Volkes in das Exil nach Babylon endet. Israel hat sich im Lande nicht bewährt.

Ähnlich äußern sich die vorexilischen Propheten. Der Unglaube Israels zeigt sich in der Ausbeutung der Armen, wodurch der Gottesdienst Israels sinnlos wird (bei den Propheten Micha und Amos), und in der Teilnahme am Götzendienst Kanaans, wodurch das Land entweiht wird (Hosea und Jeremia). Die Folge ist der Verlust und die Verwüstung des Landes.

Im Exil gelangt der Prophet Ezechiel zu der Erkenntnis, dass Israel auch in der Fremde seinem Gott dienen kann, ohne verzweifeln zu müssen (Ez 17). So gerät das Exil nicht nur zur Bedrohung, sondern auch zur Chance.

In der nachexilischen Zeit spielt die herkömmliche Auseinandersetzung um den Götzendienst nicht mehr die hervorragende Rolle; Esra und Nehemia gelingt die Konsolidierung der Rückkehrergemeinde, die zwar politisch vom Perserreich abhängig bleibt, sich aber religiös autonom organisieren darf. Zunehmend wird in Israel der Gegensatz von Armen (Gerechten) und Frevlern thematisiert; die Armen werden aufgrund ihrer Existenzweise als die eigentlichen Erben des Landes angesehen, während die Frevler, die sich auf unrechte Weise das Land angeeignet haben, untergehen werden.

In den Makkabäerbüchern (die nicht Bestandteil der Hebräischen Bibel, aber historisch von größtem Interesse sind) stellt sich der Gegensatz zwischen Juden und Heiden zunehmend als ein religiös-kultureller Konflikt dar. Es kommt zur militärischen Auseinandersetzung, als die Seleukidenherrscher ein Brandopfer anordnen, das die Juden nur als Götzendienst ansehen können. Dieser Konflikt, der durch die Hasmonäerherrschaft und den Beginn der Römerherrschaft im Land nicht beendet wird, und der sich immer mehr zu einem innerjüdischen Konflikt zwischen kulturell „traditionell" orientierten und hellenistisch orientierten Juden entwickelt, zieht sich bis in die Zeit Jesu und der jungen Kirche hin.

Im frühen Christentum

Die junge Kirche nimmt, wie im Neuen Testament die Apostelgeschichte und die Briefliteratur zeigen, die Verkündigung Jesu auf, allerdings dahin transformiert, dass jetzt Jesus Christus als der personifizierte Anbruch der Gottesherrschaft verkündet wird. Beide Stränge, die sich bei der Untersuchung der alttestamentlichen Texte zur Landfrage herausschälten, nämlich der rechte Gottesdienst und Gottes Zuwendung zu den Armen, werden in der Verkündigung der Kirche aufgenommen und weitergeführt, und zwar, wie in Apg 1,8 der Auferstandene spricht: „Ihr werdet meine Zeugen sein in Jerusalem und in ganz Judäa und Samarien und bis an die Grenzen der Erde." Nach der lukanischen Konzeption geht die christliche Missionsbotschaft in konzentrischen Kreisen von Jerusalem aus, verbreitet sich im Land, sprengt die Grenzen des Landes und erfasst schließlich den ganzen Erdkreis. Das neue Leben in Christus ermöglicht die neue Lebensweise der Urgemeinde, in der keiner etwas für sich zurückhält und jeder bekommt, was er benötigt (vgl. Apg 2,43-47 und Apg 4,32-37).

Auf die bleibende Beziehung des Paulus zur Jerusalemer Urgemeinde wurde hingewiesen. Die zum Glauben an Christus Gekommenen sind nach seiner Theologie die Erben des Reiches Gottes. Wenn sie die Liebe tun, erfüllen sie auf vollkommene Weise das Gesetz (vgl. Röm 13,8: „Wer den andern liebt, hat das Gesetz erfüllt"); als Christen sind sie an das Gesetz Christi gebunden (vgl. 1 Kor 9,21: „gebunden an das Gesetz Christi –, um die Gesetzlosen zu gewinnen"; Gal 6,1-10; vgl. darüber hinaus die sittlichen Ermahnungen in den Deuteropaulinen).

Nach der Theologie des Hebräerbriefes befinden sich die Christen in der Situation Abrahams, der sich als Fremdling im Land der Verheißung aufhielt (Hebr 11,8-10 und Hebr 11,13-16). Sie sollen nicht in das Land der Verheißung ziehen, sondern sich im Glauben draußen vor der Stadt aufhalten, wo Christus sein Blut vergossen hat (Hebr 13,12-14). Allerdings verweist der Verfasser auch auf die Gefahr, dass die Christen nicht wie Abraham leben könnten, sondern sich wie die Exodusgeneration der Israeliten verhielten und gegen Gott murrten (Hebr 3,7-19).

Raum der Erwartung

Schließlich und endlich ist das Land Gegenstand einer göttlichen Zusage, der *Raum der Erwartung*, auf der die Hoffnung Israels beruht. Mit der Zusage des Landes beginnt die Geschichte Israels (Gen 12,1), bricht Abraham aus seiner Heimat auf in das Ungewisse, niemals an Gottes Ratschluss verzweifelnd.

Anders das versklavte Volk in Ägypten, das durch göttliche Pädagogik gedrängt wird, aus Ägypten in das verheißene Land aufzubrechen. Gottes Rettungstat am Schilfmeer wird im Danklied der Israeliten auch auf das Land hin gedeutet:

„Du brachtest sie hin und pflanztest sie ein auf dem Berg deines Erbes" (Ex 15,15-17, hier V. 17).

Kurz vor dem Jordanübergang Israels verheißt Gott dem Volk, von dem er weiß, dass es sich im Land von ihm abkehren wird, die Rückkehr in das Land, wenn es zu ihm umkehrt (Dtn 30,1-10).

Genauso die Propheten: Jeremia, der den Untergang Jerusalems erlebt, kauft kurz zuvor noch einen Acker, um dem Volk auf symbolische Weise den Wiedererwerb des Landes zu verdeutlichen (Jer 32, 6-15).

Ezechiel bezieht die Verheißung des messianischen Reiches auch auf das Land, das wiederhergestellt wird und zu großem natürlichem Reichtum gelangen wird (Ez 34,23-31), sodann auf die Wiederherstellung des Landes und Israels im Land, das dort seine Auferstehung feiern wird (Ez 36; 37, bes. 11-14):

„So spricht Gott, der Herr: Ich öffne eure Gräber und hole euch, mein Volk, aus euren Gräbern herauf. Ich bringe euch zurück in das Land Israel ... Dann werdet ihr erkennen, dass ich der Herr bin" (Ez 37,12f.).

In der nachexilischen Prophetie kommt es zur Konzentration auf den Zion, der zum Ziel der Völkerwallfahrt, d.h. der Versöhnung der Völker mit Israel werden wird.

Der Landbezug der Hoffnung Israels wird außerdem am Ende der Hebräischen Bibel bzw. des Alten Testaments deutlich: Nach der Anordnung der Hebräischen Bibel, die mit 2 Chr 36,22-23 endet, sollen die nach Babylon Verschleppten nach Juda zurückkehren, um das Haus

des Herrn aufzubauen: „Jeder unter euch, der zu seinem Volk gehört ...,
der soll hinaufziehen", nach Juda, V. 23). Nach der Anordnung der
Septuaginta (der griechischen Übersetzung der Hebräischen Bibel mit
Zusätzen), die mit Mal 3,23-24 endet, wird die Wiederkunft des Elija
angekündigt, der das Volk versöhnen wird, damit nicht der Herr kommt
„und das Land dem Untergang weihen muss" (V. 24).

 Im Neuen Testament findet sich die Spannung, dass auf der einen
Seite die Verheißungen, die an Israel ergangen sind, als in Jesus Christus
erfüllt gesehen werden, auf der anderen Seite damit aber nicht alle
Erwartungen abgeschlossen sind. Auch hier findet sich die Erwartungs-
und Hoffnungsstruktur. Zum einen finden wir diese z.B. in den Selig-
preisungen, bes. in Mt 5,5, wo die Friedfertigen als die zukünftigen Erben des Landes gepriesen werden. Aber auch die Endzeitreden Jesu sind
deutlich nicht nur auf Jerusalem, sondern auf das Land bezogen (z.B. Mk
13,14 par.: „Wenn ihr aber den unheilvollen Gräuel an dem Ort seht, wo
er nicht stehen darf – der Leser begreife –, dann sollen die Bewohner von
Judäa in die Berge fliehen"). In der paulinischen Eschatologie hingegen
fehlt ein deutlicher Landbezug (vgl. z.B. 1 Thess 5,1-11).

 Im Hebräerbrief ist die Erwartung der künftigen Stadt besonders
ausgeprägt (vgl. Hebr 13,14). Die Christen, die in der Fremdlingsschaft
vor der Stadt wie Abraham leben, an dem Ort, wo Christus gelitten
hat, sollen das Heil von oben erwarten, von dem Ort, in den Christus
bereits eingegangen ist als Erstling der Entschlafenen.

 In der Offenbarung des Johannes (Offb 21,1–22,5) ist die Erwartung
der neuen Welt, in der alles von Gott her kommt und auf ihn hin lebt
(in Vollendung dessen, was zu Beginn der Heiligen Schrift – Gen 1–2
– grundgelegt wurde), deutlich auf das neue Jerusalem hin konzentriert, das vom Himmel herabkommen wird. Das Irdische wird nicht
abgewertet, sondern die Gemeinde, die eine Zeit schwerer Drangsal zu
bewältigen hat, darf auf die Vollendung in Christus hoffen.

Plädoyer für eine Haltung der Solidarität

Im Folgenden kann es nicht darum gehen, die sich oft fundamental
widersprechenden Ergebnisse dieser Untersuchung gegeneinander zu
harmonisieren, der einen oder anderen Seite im Konflikt – aus wel-
chen Überlegungen auch immer – den Vorzug zu geben oder gar
Lösungen, geschweige denn *die* (religiöse) Lösung anzubieten, die alle
am Konflikt Beteiligten zufrieden stellen könnte. Dennoch sei darauf
hingewiesen, dass auch der Autor dieses Buches gemäßigte religiös-

politische Optionen für eine eventuell noch mögliche Friedenslösung vorzieht, auch wenn deren Verwirklichungsaussichten derzeit utopisch erscheinen. An dieser Stelle soll überlegt werden, wie im Sinne des Vorworts eine christliche Haltung der Solidarität formuliert werden kann, die aus der eigenen Landbeziehung die Landbeziehung der beiden anderen Religionen ernst nimmt und sich so einbringt, dass ein Aufeinanderzugehen von Juden und Muslimen als den Hauptgegnern im Konflikt um das Land doch (noch) möglich wird.

Christen sind mit dem Land über die Heilige Schrift verbunden. Die Bibel in ihrer zweiteiligen Einheit von Altem und Neuem Testament bewahrt die Erinnerung an die Geschichte Gottes mit seinem Volk auf das Land hin und in dem Land. Christen sind zwar zunächst über ihren Glauben an Jesus Christus mit dem Land verbunden; diese Erinnerung darf aber nicht bei der Zeit Jesu Christi und der jungen Kirche stehen bleiben, sondern sie muss weiterführen in die Vor-Geschichte, die Geschichte des Gottesvolkes Israel, sowie in die uns bekannte Folgegeschichte. Diese Erinnerung teilen Christen mit den Juden.

Der Blick in die Heilige Schrift hat vier Schwerpunkte ergeben, die mit dem Landthema auf das Engste verbunden sind. So gibt es zwei Existenzweisen: die der Fremdlingsschaft im Land und, mit ihr eng verbunden, aber dennoch unterschieden, die der Armen im Land; ferner die rechte Weise des Gottesdienstes und schließlich die Erwartung der Wiederherstellung Israels im Land aufgrund der Verheißung.

„Gott liebt die Fremden und gibt ihnen Nahrung und Kleidung"
(Dtn 10,18)

Im Evangelium (Mt 8,20; par. Lk 9,58) sagt Jesus:

„Der Menschensohn aber hat keinen Ort, wo er sein Haupt hinlegen kann."

Jesus bewegt sich selbst wie ein Fremder im eigenen Land, ohne einen Ort, wo er ausruhen kann.

Der Hebräerbrief ermahnt die Christen, sich wie Abraham als Fremdlinge im Land in Erwartung der kommenden Stadt aufzuhalten (Hebr 9,11f.), am Ort, wo Christus die Schmach auf sich genommen hat, d.h. gekreuzigt wurde (Hebr 13,13f.). Damit ist keine Abwertung der irdischen Existenz gegeben, sondern im Gegenteil das Ernstnehmen irdischen Lebens auf seine Vollendung hin.

Auch die Existenzweise der Israeliten ist die von Fremdlingen, sei es in Ägypten oder in der babylonischen Gefangenschaft, sei es im Lande selbst wie Abraham und seine Söhne oder später die einziehenden Israeliten, die es nicht als Alteingesessene in Besitz nehmen, son-

dern nachdem sie die vorher dort siedelnden Völker mit Gottes Hilfe
vertrieben haben.

Die Rückkehr der Juden im 20. Jahrhundert hat ähnlichen Charakter: In Europa wie im Orient blieben sie Fremdlinge, wenngleich sie sich
vor allem in Zentral- und Westeuropa assimilierten. Aber selbst nach
der Rückkehr ins Gelobte Land bleiben sie eigenartig fremd. Nicht nur,
dass sie von den einheimischen Palästinensern, die von ihnen teilweise
mit Gewalt vertrieben und enteignet wurden, als Fremdlinge angesehen
werden. Auch die kulturelle Gestalt der modernen israelischen Gesellschaft ist bislang weniger orientalisch oder levantinisch als vielmehr an
Europa und Nordamerika orientiert, religiös und politisch nach wie vor
von aschkenasischen (europäischen) Juden dominiert.

Auf der anderen Seite sind die Palästinenser zu Fremdlingen in
ihrem Land geworden. Muslimische Palästinenser verstehen sich so,
dass sie aus dem *dar al-islam* (dem „Haus des Islam") vertrieben wurden, das es nun – wie in der Kreuzfahrerzeit – mit allen Mitteln zurückzugewinnen bzw. wiederherzustellen gilt. Für sie ist Palästina wie
für Juden und Christen ein Land der Erinnerung, nicht nur an
Ereignisse aus der Geschichte Israels, die ebenfalls im Koran überliefert sind, sondern vor allem im Zusammenhang mit der nächtlichen
Himmelsreise Muhammads, die ihn – wie die ausgeschmückte Tradition des Ereignisses berichtet – von der Südspitze der Sinai-Halbinsel,
über Hebron und Betlehem nach Jerusalem führte. Durch die
Erinnerung an dieses Geschehen ist Palästina für die Muslime zu einem
islamischen Kernland geworden, das für sie unverzichtbar ist.

Palästinensische Christen hingegen verstehen die alttestamentliche
Erzählung vom Winzer Nabot, der vom König Israels enteignet und
ermordet wurde, um an dessen Grundstück zu gelangen (1 Kön 21),
als Gleichnis ihres eigenen Schicksals, das sie zu Fremden im eigenen
Land macht.

Christen sollten für sich selbst bewusst halten, dass sie (religiös
gesprochen) „Fremdlinge" im Land sind (und dies nicht nur, wenn sie
als Pilger-Touristen das Land besuchen), d.h. einer unsicheren Existenzweise ausgeliefert, die aber nicht zu Überheblichkeit und Aggression gegen die Nachbarn führen darf, sondern zu Bescheidenheit
und Rücksichtnahme. Das Land als verheißener Raum der Ruhe ist
noch nicht erreicht, und wer Jesus nachfolgt, wird wie er keinen
Ruheplatz finden, sondern sein Kreuz auf sich nehmen.

Europäische Christen sind zu einer besonderen Solidarität mit den
Christen des Heiligen Landes verpflichtet, da diese eine Mittelstellung

zwischen Juden und Muslimen einnehmen. Religiös sind sie wie alle Christen mit den Juden verbunden, aber kulturell gehören sie zur islamisch dominierten arabischen Kulturwelt. Diese Mittelstellung führt zur Entfremdung von beiden Parteien, bis hin zu der Gefahr, dass das einheimische Christentum verschwinden könnte. Es kann sich aber auch zur Mittlerstellung wandeln, wenn Christen ihre Solidarität mit allen einbringen und auf Abraham hinweisen, der als Fremdling im Land zum Frieden mit seinen Nachbarn fähig war.

„Doch die Armen werden das Land bekommen, sie werden Glück in Fülle genießen" (Ps 37,11)

Jesus sagt in der Bergpredigt den Armen im Geiste zum einen das Himmelreich zu (Mt 5,3) und, insofern sie auch die Sanftmütigen und Gewaltlosen sind, das Erbe des Landes (Mt 5,5). Die alttestamentliche Armenfrömmigkeit findet so ihre Fortsetzung in der Verkündigung des Evangeliums.

Bereits in den ältesten alttestamentlichen Texten findet sich Protest gegen die Unterdrückung der Armen. Amos, Hosea, Micha und Jesaja klagen Ungerechtigkeit und Ausbeutung der Armen im Land an; die gesetzlichen Texte der Tora hingegen befassen sich umfänglich mit einer gerechten Sozialordnung mit Blick auf das Wohnen Israels im Land.

Europäische Juden kamen, als Überlebende des Holocaust, entrechtet und enteignet nach Eretz Israel, um dort einen jüdischen Staat mit einer gerechten Gesellschaftsordnung aufzubauen und die später hinzukommenden orientalischen Juden in diese Gesellschaft zu integrieren. Und sie brachten tatsächlich in vielen Bereichen „die Wüste zum Blühen". Natürlich ergeben sich nicht nur unter dem Druck der äußeren Verhältnisse in einer modernen Gesellschaft soziale Schieflagen, die nach Gesellschaftskritik rufen. Hinzu kommt die offensichtliche gesellschaftliche Benachteiligung nicht nur der Palästinenser in den besetzten Gebieten, sondern auch der Palästinenser mit israelischer Staatsbürgerschaft und die Kritik dieser Verhältnisse.

Die Mehrzahl der Palästinenser auf der anderen Seite gehört unter sozialen Gesichtspunkten zu den Armen. Auch unter ihren Eliten gibt es Korruption und Amtsmissbrauch. Elend und Verwahrlosung sowie Verzweiflung angesichts trüber Zukunftsaussichten treiben viele, vor allem junge Muslime, in die Arme radikaler Islamisten. Die christlichen Kirchen haben eine Vielzahl sozialer und pädagogischer Einrichtungen geschaffen, von denen christliche und muslimische Palästinenser profitieren. Die Versuchung liegt für palästinensische

Christen angesichts der gegebenen Verhältnisse nahe, sich selbst als die von Jesus selig gepriesenen Armen im Geiste zu verstehen und diese Haltung als Kritik gegen die israelische Gesellschaft zu wenden.

Europäische Christen laufen angesichts der gegebenen Verhältnisse in Israel/Palästina Gefahr, sich enttäuscht vom Judenstaat (und hoffnungslos gegenüber der Palästinensischen Autonomie) zu zeigen, von dem man – im übrigen mit vielen Juden zusammen – erwartet hatte, er würde eine gerechtere Gesellschaftsordnung etablieren können. Auch wenn dies nicht der Fall ist, sollte dennoch große Zurückhaltung an den Tag gelegt werden, denn die europäische Schuld an den Juden hat entscheidend zu den heutigen Verhältnissen im Nahen Osten beigetragen. Dies bedeutet nicht, dass man nicht auf kritische Stimmen achten und sie gegebenenfalls unterstützen sollte.

„Denn der Eifer für dein Haus hat mich verzehrt" (Ps 69,10)

Jesus hat mit der Aktion der Tempelreinigung (Mt 21,12-17 par.) das Tempel- und Kultverständnis der sadduzäischen Priesterschaft herausgefordert, was mit hoher Wahrscheinlichkeit der Grund für seine Verurteilung zum Tod und seine Hinrichtung unter Pontius Pilatus war. Dennoch hat die junge Kirche ganz selbstverständlich am Tempelkult teilgenommen und nutzte ihn zur Verkündigung des Auferstandenen (Apg 3). Jesus und die junge Kirche blieben auch insofern dem Judentum treu, als sie sich eindeutig von der Gottesverehrung der heidnischen Welt absetzten.

Beide Stränge, die Auseinandersetzung um die Gottesverehrung und spezifischer um die rechte Haltung in der Verehrung Gottes, finden sich bereits im Alten Testament. Die Tora formuliert die Kultgebote so, dass die Israeliten beim Eintritt in das Land eine eindeutige, ja kämpferische Abgrenzung vom Gottesdienst (bzw. Götzendienst) der Umwelt einnehmen sollen:

> „Ihr sollt euch keine Götzen machen, euch weder ein Gottesbild noch ein Steinmal aufstellen und in eurem Land keine Steine mit Bildwerken aufrichten, um euch vor ihnen niederzuwerfen; denn ich bin der Herr, euer Gott" (Lev 26,1).

Ähnlich Dtn 7,5; 12,3. Der Auszug aus Ägypten wird dem Pharao gegenüber so begründet, dass die Israeliten dem Herrn ein Fest in der Wüste feiern wollen (Ex 5,1). Die Sünde Israels im Land kann einerseits darin bestehen, dass sie den Baalen nachlaufen (vgl. dazu Hosea u.a.), andererseits, dass sie – obgleich den wahren Gott anbetend –

dies in falscher Gesinnung tun, nämlich insofern sie nicht von ihren bösen Taten lassen, um Recht und Gerechtigkeit im Land herzustellen (vgl. z.b. Jes 1,10-17; in der Armenfrömmigkeit Ps 69).

Auch im heutigen Judentum unter den Bedingungen der israelischen Gesellschaft geht es vor allem um die Frage des richtigen Gottesdienstes, insbesondere um die rechte Gesinnung beim Gottesdienst. Die erste Frage berührt zum einen die Auseinandersetzungen innerhalb der israelischen Gesellschaft um das Verhältnis von Religiosität und Säkularität. Eine betont säkulare Lebenshaltung wird von religiösen Juden als Götzendienst abgelehnt oder gar verteufelt. Zum anderen berührt sie aber auch die Palästinenser und darüber hinaus das interreligiöse Gespräch: Sind Muslime und Christen (wie Jehuda Halevi es im Mittelalter formulierte) „Anbeter des Steins und des Holzes" oder können (religiöse) Juden bei ihnen nicht nur aufrichtige Gesinnung, sondern auch rechte Verehrung Gottes finden?

Jüdische Kritiker haben auf moderne Götzen innerhalb der israelischen Gesellschaft hingewiesen, die übertriebener Nationalismus, ungehemmter Kapitalismus und Machtmissbrauch heißen, und *dies betrifft dann auch religiöse Juden.*

Muslimische Palästinenser haben die Krise ihrer Gesellschaft auf mangelnde religiöse Lebenshaltung der Muslime zurückgeführt. Sie sehen die Götzen der modernen Welt als von Nordamerika und Europa über den Zionismus vermittelt eindringen (oft als Strategie des Bösen angesehen) und haben als Gegenstrategie die Hinkehr zu einer strengeren Lebenshaltung gemäß islamischer Tradition unternommen. Hinzu kommt das traditionelle Überlegenheitsgefühl des Islam in der Region gegenüber Juden und Christen, was das Gefühl des Bedrohtseins durch diese nochmals verstärkt, sowie die ebenfalls traditionelle Geringschätzung der jüdischen oder christlichen Gottesverehrung, selbst wenn anerkannt wird, dass der gleiche Gott verehrt wird. Dass die zynische Brutalität islamischer Fanatiker, insbesondere der Selbstmordattentäter, und andere selbst verursachte Fehlentwicklungen in den vergangenen Jahren in einer *falschen Haltung der Gottesverehrung* begründet sein könnten, ist bislang wenig wirksam reflektiert worden.

Palästinensische (und arabische) Christen haben sich in den vergangenen Jahren eingestehen müssen, dass ihre traditionelle Forderung nach einer klaren Trennung von Staat und Religion nach europäischem Vorbild in der orientalischen Welt anscheinend undurchführbar ist. Sie setzen ebenfalls auf Selbstbesinnung, wobei die Gefahr besteht, dass sie angesichts der alttestamentlich motivierten jüdischen Landansprüche das Alte Testament verwerfen könnten. Sowohl die katholische Kirche wie auch der ÖRK mit seinen Teilkirchen sind in den vergangenen Jahrzehnten in den interreligiösen Dialog getreten, der vor allem einen Dialog mit dem Judentum und dem Islam bedeutet.

Wichtigstes Thema im Gespräch der drei Abrahamsreligionen ist das Ringen um die Anerkennung, dass alle drei Religionen denselben Gott anbeten, wenn auch auf unterschiedliche Weise und mit Differenzen im Gottesbild sowie im Offenbarungsverständnis. Die weitere Aufgabe – und dies scheint eine mindestens ebenso große Herausforderung zu sein – ist die Entlarvung der Götzen, der Trugbilder und Illusionen, die Fanatismus und Hass besonders in der nahöstlichen Region hervorgerufen haben. Den palästinensischen Christen ist theologisch zu helfen, am Alten Testament festzuhalten, ohne dabei das Judentum zu enterben oder die prophetische Kritik des Alten Testaments in unangemessener Weise gegen das Judentum bzw. die israelische Gesellschaft zu wenden.

„Ich hauche euch meinen Geist ein, dann werdet ihr lebendig, und ich bringe euch wieder in euer Land. Dann werdet ihr erkennen, dass ich der Herr bin" (Ez 37,14)
Im matthäischen Bericht von der Todesstunde Jesu heißt es:
„Die Gräber öffneten sich, und die Leiber vieler Heiligen, die entschlafen waren, wurden auferweckt. Nach der Auferstehung Jesu verließen sie ihre Gräber, kamen in die Heilige Stadt und erschienen vielen" (Mt 27,52f.).
In Tod und Auferstehung Jesu Christi ist die Todesverfallenheit der Schöpfung überwunden worden. Gerade die Version des Matthäusevangeliums zeigt sich hier nochmals deutlich mit dem Land Israel und der Hoffnung Israels verbunden. Nach der paulinischen Theologie haben die Christen durch ihre Taufe Anteil an Tod und Auferstehung Christi, was sie zum neuen Leben, und das bedeutet auch zu einer veränderten, besseren Lebenspraxis, beruft (Röm 6). Die Befähigung dazu erhalten die Jünger durch den Heiligen Geist (Joh 20,22f.: „Empfangt den Heiligen Geist"; Apg 2,1-13). Die Frage der Jünger (Apg 1,6f.): „Herr, stellst du in dieser Zeit das Reich für Israel wieder her?" beantwortet der Auferstandene so, dass es den Jüngern nicht zusteht, „Zeiten und Fristen zu erfahren". Aber in der Kraft des Heiligen Geistes werden sie das Evangelium – von Jerusalem ausge-

hend – „in ganz Judäa und Samarien und bis an die Grenzen der Erde" verkünden. Widerspricht nicht der Glaube der Jünger und die Ausbreitung des Evangeliums über die ganze Erde der Erwartung Israels, das die Inbesitznahme des ganzen Landes in seinen idealen Grenzen (Gen 12,1f. u.ö.) und seine Wiederherstellung im Land (Ez 37,14 u.ö.) erwartet, damit es *daran anschließend* zum Licht der Völker werde? Wie kann das heutige Israel in seiner konkreten Verfasstheit von Seiten der Christen theologisch gedeutet werden? Dies ist das Zentralproblem, mit dem sich diese Untersuchung konfrontiert sah.

Wie gesehen, gibt es im religiösen Judentum selbst unterschiedliche Ansichten über die religiöse Bewertung der modernen Staatwerdung Israels.

Die Spannbreite reicht von der Interpretation Israels als des „Beginns der Erlösung", über die Akzeptanz des Staates als säkularer Größe bis hin zur unbedingten Ablehnung des Staates als eines widergöttlichen und ketzerischen Versuchs der Vorwegnahme der Erlösung.

Die Muslime entdecken im Staat Israel einen Versuch der westlichen Welt, den Islam wie schon zur Zeit der Kreuzzüge zu unterjochen. Die im Koran erwähnte Landverheißung an Israel sehen sie mit dem Exodus aus Ägypten und der ersten Landnahme als erfüllt an und lehnen konsequent jede jüdische oder christliche Aktualisierung biblischer prophetischer Texte ab.

Palästinensische Christen sind überwiegend bereit, den Staat Israel als säkulare Größe aufgrund der jüdischen Leiden in Europa zu akzeptieren, wenn umgekehrt palästinensisches Leiden und das Recht der Palästinenser auf politische Souveränität von Seiten Israels anerkannt würden. Eine religiöse Deutung des Staates lehnen sie ab.

Bei europäischen und amerikanischen Christen findet sich ebenfalls eine Bandbreite von Haltungen, die von Akzeptanz Israels als säkularer Größe über eine teilweise religiöse Deutung bis hin zu euphorischer Erwartung der messianischen Endzeit reicht. Die hier angeführten deutschen Theologen (stellvertretend für viele andere) haben sich eine gemäßigte religiöse Deutung der Staatsgründung zueigen gemacht.

Ein persönliches Schlusswort

Auch ich habe mir bei meinem jahrelangen Nachdenken über die religiöse Konfliktdimension eine gemäßigte religiöse Haltung zur Staatsgründung Israels im 20. Jahrhundert angeeignet. Angesichts der sich fortsetzenden jüdischen wie palästinensischen Leidensgeschichte und im Bemühen, eine Haltung einzunehmen, die dem Dialog und – so weit möglich – der Annäherung und Versöhnung dient, möchte ich zum Abschluss sechs Thesen formulieren:

1. Die Staatsgründung Israels im 20. Jahrhundert und die Rückkehr einer großen Zahl von Juden ins Gelobte Land ist ein legitimer Ausdruck jüdischer Hoffnung, nach der tiefsten Nacht der jüdischen Geschichte.

2. Mit der Wiederherstellung Israels im Land ist der „Wiedereintritt" des Judentums in die Geschichte gegeben, nachdem dieses über Jahrhunderte gewissermaßen „neben" der Geschichte existierte. Mit dem „Wiedereintritt" sind neue Herausforderungen verbunden, die nach einer Veränderung traditionell bewährter Haltungen rufen, aber auch Herausforderungen, auf die es keine traditionelle Antwort gibt. Die Bedingungen der Geschichte verlangen immer auch eine zeitgemäße „Anpassung" traditioneller Haltungen. Dies gilt

   ■ zum einen für die Landauffassung der Mischna, die, gewissermaßen unter klinischen Bedingungen formuliert, Ideale setzte, die heute vollständig zu verwirklichen sowohl außenpolitisch wie gesellschaftlich unmöglich ist bzw. für die politische Existenz Israels lebensbedrohlich sein würde.

   ■ zum anderen hinsichtlich der Palästinenser. Die Auseinandersetzungen in Israel gehen darüber, ob diese als Todfeinde Israels anzusehen sind, als Amalekiter, ob sie nach dem Fremdenrecht des Deuteronomiums als „Schutzbürger" (zweiter Klasse) zu behandeln sind oder ob ihnen nicht doch eine eigenständige, auch religiöse Bedeutung zukommt, insofern sie als Christen und Muslime nachalttestamentlich und vom Judentum unterschieden zum Glauben an den Gott Israels gelangt sind.

   Zu fragen ist ferner, ob es nicht auch eine angemessene Haltung sowohl des religiösen wie des nichtreligiösen Israel sein könnte, sich wie Abraham im Gelobten Land zu verhalten und kluge politische Strategien zu verfolgen, einschließlich von Kompromissen, die ein Überleben in Frieden und Kooperation statt in aggressiver

Abgrenzung ermöglichen und in ein Zusammenleben münden könnten.

3. Umgekehrt gilt genauso für die Muslime, dass ihre traditionelle Haltung gegenüber Juden und Christen als „Schutzbürgern" zweiter Klasse unter der Herrschaft des Islam angesichts der modernen Konfliktlage nicht mehr verfängt. Auch hier ist eine Modernisierung der Ansichten unumgänglich, will man ernsthaft zu einem friedlichen Neben- oder gar Miteinander gelangen. Außerdem ist es zwingend erforderlich, sich darüber klar zu werden, ob man mit der israelischen Seite zu einem dauerhaften, wirklichen Frieden kommen will oder zu einem fortgesetzten Konflikt mit mehr oder weniger kurzen Atempausen und einer daraus folgenden dauerhaften seelischen Beschädigung aller Beteiligten. In dieser Hinsicht sind die Aussichten zum jetzigen Zeitpunkt ziemlich düster.

4. Die biblischen Landverheißungen behalten ihre Gültigkeit. Es ist aber aus Sicht christlicher Theologie übertrieben zu sagen, diese seien im 20. Jahrhundert erfüllt worden. Erfüllt worden ist das, was unter 1) gesagt worden ist. Damit ist Israel noch lange nicht zum Licht für die Völker geworden. Israel ist auch nicht im Sinne des „Erlösers Israels" – und das ist für Christen Jesus Christus – wiederhergestellt worden, sondern aus Hoffnung und Verzweiflung der Juden im 20. Jahrhundert. Daraus folgt nicht, dass Christen vergessen dürfen, was sie Israel zu verdanken haben, nämlich die Verkündigung des Evangeliums unter den Heiden, die dadurch ebenfalls Anteil an der Verheißung erlangen und damit an den Heilsgütern.

5. Daraus folgt, dass die Geschichte Israels im Land auf Zukunft hin offen bleibt. Direkte messianische Erwartungen in Verbindung mit dem Staat Israel und den Juden im Land sind von Seiten der christlichen Theologie als übertrieben (und als realpolitischer Unfug) zu benennen und mit Hinblick auf christliche Fundamentalisten offensiv zurückzuweisen. Vielmehr ist eine religiöse Haltung bei Christen wie bei allen am Konflikt Beteiligten zu fördern, die einen wenigstens zaghaften Dialog mit dem Fernziel einer Aussöhnung der drei Religionen im Land ermöglicht, so wie dies z.B. ganz konkret Papst Johannes Paul II. mit seinem Besuch Israel/Palästinas im März 2000 tat, aber auch die deutschen katholischen Bischöfe sowie Mitglieder der EKD im Jahr 2007. Diese Aussöhnung kann nicht über eine strikte Trennung der drei

Religionen erfolgen, sondern nur im Erlernen eines respektvollen Miteinanders.

6. Gewalt provoziert immer Gegengewalt; der Konflikt um Israel/Palästina beweist diese Feststellung leider täglich. Jesus hingegen hat in der Bergpredigt den Sanftmütigen, sprich Gewaltlosen, das Land zugesprochen. Daher sind alle politischen und sonstigen Mittel und Möglichkeiten zu unterstützen und einzusetzen, die zu weniger Gewaltausübung zwischen den Konfliktbeteiligten führen; jegliche Gewaltpolitik, egal von welcher Seite ausgehend, sollte mutig als konfliktverschärfend benannt und in die Schranken verwiesen werden.

Die Bedingungen für ein friedliches Miteinander von Juden, Christen und Muslimen in dem einen Land Israel/Palästina in einer Haltung von Demut und Bescheidenheit mitzugestalten, ist die Aufgabe, die Christen nach ihrer Schuldgeschichte mit Juden und Muslimen in Europa wie im Nahen Osten verbleibt.

Wenn diese Untersuchung dazu einen kleinen Beitrag geleistet hat, war sie nicht umsonst!

Anhang

Stellenregister

Personen- und Sachregister

Glossar

„al-Aqsa-Moschee": Um 710 nach dem Bau des Felsendoms südlich davon auf dem Jerusalemer Tempelberg entstandene drittwichtigste Moschee des Islam.

„Arabische Liga": Kurz vor Ende des Zweiten Weltkriegs 1945 in Kairo gegründet, umfasst sie heute 21 souveräne Staaten sowie die PLO als Vertretung der Palästinenser. Ziele sind die Stärkung der Zusammenarbeit sowie Bemühungen, Konflikte innerhalb der Liga einvernehmlich zu lösen.

„Arabismus": Die ideologische Besinnung auf die arabischen kulturellen und sprachlichen Wurzeln der Araber.

„Aschkenasim": Die Selbstbezeichnung des mittel- und osteuropäischen Judentums. Sprache: Jiddisch.

„Autonomiegebiete, Palästinensische": Diese umfassen in den 1967 von israelischen Streitkräften eroberten Gebieten den vollständigen Gazastreifen mit einer fast ausschließlich muslimischen Bevölkerung sowie das Westjordanland (Westbank) mit einer beachtlichen christlichen Minderheit. Von der Westbank werden nur etwa 40% der Gesamtfläche von der palästinensischen Autonomiebehörde verwaltet. Im „Oslo"-Friedensprozess während der Neunzigerjahre wurde das heute gültige Autonomiestatut erreicht und vertraglich verbindlich festgelegt. Die israelischen Siedlungen in der Westbank stellen ein bislang ungelöstes Problem dar, während die wenigen israelischen Siedlungen im Gaza-Streifen in 2005 aufgegeben wurden.

„Balfour-Deklaration": Ursprünglich ein Brief des britischen Außenminister Lord Arthur James Balfour an den britischen Zionisten Lionel Walter Rothschild vom November 1917, in dem dieser im Namen der Regierung seiner Majestät der zionistischen Organisation die Schaffung einer nationalen Heimstätte für das jüdische Volk in Palästina für die Zeit nach dem Ersten Weltkrieg in Aussicht stellte. Durch die Aufnahme der Balfour-Deklaration in das „Völkerbundsmandat für Palästina" 1922 bekam dieser Brief völkerrechtlichen Status.

„Byzanz": Die strategisch günstig gelegene Stadt am Bosporus wurde 326 in Konstantinopel umbenannt und zur Hauptstadt des Oströmischen, später Byzantinischen Reichs (bis 1453). Seit 1930 Istanbul.

„*Deuteropaulinen*": Briefliteratur des Neuen Testaments, die Bezug auf Paulus nimmt, aber mit großer Wahrscheinlichkeit nicht von diesem verfasst wurde: 2Thess, Kol, Eph, 1. und 2. Tim, Tit.

„*dhimmi*" = arabisch: „Schutzbefohlener". Eine Institution des islamischen Rechts, das den geschützten Status von religiösen Minderheiten festlegt, insbesondere von monotheistischen Gläubigen (Juden und Christen).

„*dschihad*" = arabisch: „Anstrengung, Kampf". Eine Glaubenspflicht für jeden Muslim, aber nicht eine der fünf Säulen des Islam; diese sind: Bekenntnis, Gebet, Almosen, Fasten und die Wallfahrt nach Mekka (*haddsch*). Kann sowohl mystisch-spirituell wie auch ganz konkret als Krieg zur Verbreitung oder zur Verteidigung des Islam aufgefasst werden. Selbstmordattentate hingegen werden von der großen Mehrheit der Muslime abgelehnt, zumal der Islam den Suizid als schwere Sünde ansieht.

„*Entente*" *(französisch „Einvernehmen", „Bündnis")*: Zunächst ab 1904 ein Bündnis zwischen Großbritannien und Frankreich, 1907 um Russland erweitert, waren diese zu Beginn des Ersten Weltkriegs 1914 die Hauptgegner der Mittelmächte Deutschland, Österreich-Ungarn und Osmanisches Reich.

„*Eretz Israel*" = hebräisch: „Land Israel"; im Gegensatz z. B. zum „Staat Israel", hebräisch: „*Medinat Israel*".

„*fada'il Quds*"-Literatur. Eine arabische Literaturgattung, die die Bedeutung der Stadt Jerusalem für die muslimische Welt herausstreicht. Diese gibt es auch für andere bedeutende islamische Städte. Vor allem in Reaktion auf die Kreuzzüge blühte diese Gattung auf, dann in Reaktion auf den Zionismus im 20. Jahrhundert wiederbelebt.

„*fard*" *(arab. „Pflicht")*: Bezeichnet die religiösen Pflichten eines Muslim, die – im Gegensatz zu freiwilligen Leistungen – unbedingt zu erbringen sind.

„*Fatah*", Die: 1959 von Jassir Arafat als Guerillabewegung gegründet und für zahlreiche Angriffe auf Israelis verantwortlich. Ab 1968 stärkste Gruppierung innerhalb der PLO und „Hausmacht" auch des aktuellen Palästinenserpräsidenten Mahmud Abbas. Im Juni 2007 verlor die Fatah die Kontrolle über den Gaza-Streifen an die Hamas.

„Fatimiden": Schiitische Dynastie von 909 bis 1171, die über Nordafrika und Ägypten sowie in Syrien herrschte. Der Familienname geht zurück auf die Rückführung ihrer Herkunft sowie theologischen Haltung auf den vierten Kalifen und Muhammads Schwiegersohn Ali und seiner Ehefrau, der Prophetentochter Fatima. Die Verehrung des Kalifen al-Hakim (985-1021) durch seine Anhänger führte zur Entstehung der Drusen, die heute unter anderem in Nordisrael, Libanon und Syrien leben.

„fatwa", Die: Ein islamisches Rechtsgutachten, das in der Regel von einem Mufti erstellt wird. Die Gültigkeit einer Fatwa ist im sunnitischen Islam stark abhängig von der Autorität ihres Erstellers.

„Felsendom": Erbaut um 700 vermutlich über dem Allerheiligsten des Jerusalemer Tempels ist dieser älteste islamische Sakralbau das bedeutendste Baudenkmal des heutigen Jerusalem.

„Fundamentalismus", *„Fundamentalisten"*: Ursprünglich zu Beginn des 20. Jahrhunderts Selbstbezeichnung nordamerikanischer Protestanten, die an einer wörtlichen Bibelauslegung festhalten und z.B. die wissenschaftliche Evolutionslehre ablehnen; seit einigen Jahren wird dieser Begriff auf vielerlei religiöse und politische Gruppen übertragen, die religiöse und politisch extreme Haltungen mit einem starken Sendungsbewusstsein verbinden und auch vor Anwendung von Gewalt nicht zurückschrecken. Im islamischen Kontext: „Islamisten" von „Hamas" und „Islamischer Dschihad"; im jüdischen Kontext: Anhänger der „ultraorthodoxen" Neturei Karta, von „Gusch Emunim" oder von Meir Kahane.

„Hagana": Diese war die paramilitärische Untergrundorganisation der Zionisten im Palästina-Mandat. Sie wurde zur Keimzelle der israelischen Armee.

„Halacha" = hebräisch: „gehen, wandeln". Ein Teil des Talmud, der die Gesetzesbestimmungen der „mündlichen Tora" enthält.
„Hebräische Bibel": Die aus den 5 Büchern Mose, den Prophetenschriften und anderen heiligen Schriften (Psalmen, Weisheitsliteratur, Erzählungen) bestehende heilige Schrift des Judentums in hebräischer Sprache. Für Christen ist sie das *„Alte Testament"*. *Das griechische Alte Testament (ab etwa 250 v. Chr. entstanden) enthält noch einige Schriften über die Hebräische Bibel hinaus.*

„Hedschas": Die westlichen Gebiete des heutigen Saudi-Arabien, mit den heiligen Städten Mekka und Medina.

„hidschra": Die Auswanderung Muhammads aus Mekka nach Medina im Jahr 622; Beginn der islamischen Zeitrechnung.

„Holocaust-Theologie" oder auch *„Theologie nach Auschwitz"*: Diese befasst sich unter anderem mit der Frage nach der Allmacht Gottes, der *„Theodizee-Frage"* (also der Frage nach Gott angesichts des Leidens der Menschen) und der Gültigkeit traditioneller jüdischer wie christlicher Theologie angesichts des unvorstellbaren Grauens in den Konzentrationslagern während der Zeit des Nationalsozialismus.

„Imperialismus": Die Bestrebungen eines Staates, seinen Machtbereich durch militärische, ökonomische und bevölkerungspolitische Maßnahmen auf andere Länder und Völker auszudehnen.

„Intifada": Zwei Aufstände der Palästinenser gegen die israelische Besatzungsmacht in Westbank und Gazastreifen. Die erste Intifada begann im Dezember 1987 und endete mit den Oslo-Abkommen 1993. Die zweite Intifada begann im September 2000 aus Anlass des Besuchs des damaligen israelischen Oppositionsführers Ariel Scharon auf dem Jerusalemer Tempelberg und endete offiziell mit einem Waffenstillstandsabkommen im Februar 2005.

„Islamisches Zentrum": 1973 in Gaza gegründetes „Zentrum zur Koordinierung von sozialen Programmen". Kontrolliert heute den Großteil der Moscheen im Gaza-Streifen.

„Islamismus": Die ideologische Besinnung auf die islamischen Wurzeln; häufig in Zusammenhang mit islamischem Fundamentalismus.

„Jerusalem": Erstmals um 1800 v. Chr. erwähnt, wurde die Stadt um 1000 v. Chr. von König David erobert und zur Hauptstadt seines Reiches erhoben. Spätestens ab König Salomo wurde sie auch zum religiösen Mittelpunkt des Judentums und ist dies bis in unsere Zeit geblieben. 1099 bis 1187 war Jerusalem Hauptstadt des Königreichs Jerusalem der Kreuzfahrer, ab 1922 Hauptstadt des britischen Mandats Palästina. 1950 wurde Jerusalem vom israelischen Parlament zur Hauptstadt erklärt, 1980 wurde die ganze Stadt zur untrennbaren Hauptstadt Israels erklärt.

„*Jerusalemer Tempel*": Nördlich der ältesten Jerusalemer Siedlung gelegen, an der Stelle des heutigen islamischen Felsendoms, wurde unter König Salomo ein erster Tempel erbaut, der von etwa 957 bis 586 v. Chr. existierte. Nach der Rückkehr aus dem „Babylonischen Exil" konnten die Heimkehrer ab etwa 516 v. Chr. einen zweiten Tempel errichten und in Gebrauch nehmen; ab 21 v. Chr. wurde dieser Tempel unter Herodes dem Großen im hellenistischen Stil prächtig ausgebaut und im Jahr 70 n. Chr. bei der Einnahme der Stadt Jerusalem durch die Römer bis auf die Westmauer („Klagemauer") zerstört. Von der messianischen Zeit erwarten bestimmte jüdische wie christliche Gruppen die Wiedererrichtung eines dritten Tempels.

„*Jischuw*", Der: Bezeichnung für die jüdische Bevölkerung Palästinas vor der Staatsgründung 1948. Wird weiter unterschieden zwischen dem „altem Jischuw" für die alteingesessenen Juden Palästinas (damals 25 000 Menschen) vor der ersten Einwanderungswelle 1882 und dem „neuen Jischuw" der zionistischen Einwanderer und ihrer Nachkommen bis 1948 (ca. 700 000 Menschen), der von den Briten als Vertretung der palästinischen Juden anerkannt wurde.

„*Jom-Kippur-Krieg*" oder „*Ramadan*"-Krieg: Diese militärische Auseinandersetzung begann mit einem konzentrierten syrisch-ägyptischen Angriff auf die israelischen Stellungen im Sinai und auf den Golanhöhen am höchsten jüdischen Feiertag, dem Jom Kippur (6. Oktober 1973), und endete am 24. Oktober 1973 mit dem Abschluss eines Waffenstillstandsabkommens. Zur gleichen Zeit war islamischer Fastenmonat Ramadan.

„*(Juden)pogrome*": Der Begriff „Pogrom" stammt aus dem Russischen und bedeutet so viel wie „Zerstörung", „Krawall". Im Zusammenhang mit den Kreuzzugsaufrufen kam es in Zentraleuropa immer wieder zu Pogromen an der jüdischen Bevölkerung, später im Zusammenhang mit dem Auftreten der Pest in Europa. Vom 17. bis ins 20. Jahrhundert kam es vor allem in Osteuropa zu schlimmen Pogromen, ferner im November 1938 im Deutschen Reich (sog. „Reichskristallnacht"). Im Rückblick werden auch entsprechende Ereignisse in der Antike als Pogrome bezeichnet sowie gewalttätige Ausschreitungen gegen andere, nichtjüdische Minderheiten.

„*Jüdische Kriege*": Zwei misslungene Versuche der jüdischen Bevölkerung Judäas, die römische Fremdherrschaft abzuschütteln. Der

erste Jüdische Krieg – 66 bis 70 n. Chr., von Flavius Josephus doku-
mentiert – führte zur Zerstörung des Jerusalemer Tempels, der zweite
Jüdische Krieg von 132–135 (Bar-Kochba-Aufstand) zur Vertreibung
der jüdischen Bevölkerung aus Jerusalem und seinem Umland sowie
zur römischen Umbenennung „Judäas" in „Palästina".

„Jüdischer Nationalfonds": 1901 von Theodor Herzl in Basel gegründet, betrieb er bis 1948 die zionistischen Landkäufe in Palästina. Seit
der Staatsgründung bemüht er sich um die Kultivierung des Landes,
u.a. durch Anpflanzung von bis heute 220 Millionen Bäumen und die
Sorge um die knappen Wasserressourcen im Land.

„Kabbala" = hebräisch: „Überlieferung". Die jüdische mystische Tradition, die wohl schon im 1. Jahrhundert n. Chr. gepflegt wurde und im
Mittelalter, ab dem 16. Jahrhundert im galiläischen Safed, sowie ab
dem 17./18. Jahrhundert im osteuropäischen Chassidismus ihre Höhe-
punkte erreichte. Heute vor allem in den USA und in Israel gepflegt,
findet sie seit dem 16. Jahrhundert auch unter Christen Anhänger und
Interessierte.

„Kalif" = arabisch: „Stellvertreter, Nachfolger". Gemeint sind vor
allem die vier rechtmäßigen Nachfolger des Propheten Muhammad als
Führer der islamischen umma (d.i. die religiös-politische Gemeinschaft der Muslime, wie sie seit Muhammads Exil zu Medina besteht).
Politisch im Mittelalter ein weitgehend bedeutungsloser Titel, wurde
dieser 1517 von den türkischen Sultanen, die sich auf dem Höhepunkt
ihrer Macht befanden, übernommen und bis zu ihrer endgültigen
Entmachtung im Jahr 1924 geführt. Seitdem ist der Kalifentitel in der
islamischen Welt vakant.

*Kata'ib 'Izz-al-Din al-Qassam (arab. „Regimenter des Izz-al-Din al-
Qassam")*: „Militärischer" Arm der Hamas, der in den vergangenen
Jahren zahlreiche Anschläge gegen Israel ausführte.

„Kibbuz" (pl. „Kibbuzim"): Ländliche Siedlungsform sozialistisch orientierter Zionisten meist osteuropäischer Herkunft. Diese spielten bei
der zionistischen Besiedlung Palästinas eine entscheidende Rolle,
nicht zuletzt als „Wehrdörfer" gegen die arabischen Nachbarn.

„Knesset", Die: Das israelische Parlament, seit 1949 in Jerusalem. Die

Zahl der Abgeordneten beträgt mit Rückgriff auf biblische Vorbilder immer 120.

„Kolonialismus": Die Beherrschung eines Volkes und einer Region durch ein Volk aus einer anderen Kultur und Region. Gemeint ist damit zumeist die Kolonisierung der Welt durch Europäer vom 15. bis ins 20. Jahrhundert, häufig verbunden mit der Massenauswanderung von Europäern in die Überseekolonien zu Siedlungszwecken.

„Konstantinische Wende": Beginnend mit dem Mailänder Toleranzedikt von 313 durch Kaiser Konstantin I., gewann das Christentum im Verlauf des 4. Jahrhunderts im Römischen Reich so viel Einfluss, dass es 380 zur Staatsreligion erhoben wurde.

„Kreuzzüge": Im engeren Sinn alle militärischen Unternehmungen zur Befreiung des Heiligen Landes von der muslimischen Herrschaft. In der Geschichtsschreibung werden traditionell sieben Kreuzzüge ins Gelobte Land gezählt. Es gibt aber auch eine Ausweitung des Begriffs auf andere mittelalterliche militärische Unternehmungen (in Spanien, im Baltikum, gegen die Katharer) sowie im 20. Jahrhundert die Benutzung des Begriffs vor allem im anglo-amerikanischen Raum zur Mobilisierung gegen verschiedenste Gegner, wie etwa die Nationalsozialisten oder heute gegen Islamisten.

„Mameluken": Ursprünglich Militärsklaven aus der Schwarzmeerregion, die ab 1250 Ägypten und nach der Abwehr der Mongolen und dem endgültigen Sieg über die Kreuzfahrer 1291 Palästina beherrschten, bis zu ihrer Niederlage gegen die Osmanen 1517.

„Mandatsgebiet(e)": Nach dem Ersten Weltkrieg wurden zum einen die Kolonialgebiete des Deutschen Reiches und zum anderen weite Teile des Osmanischen Reiches, die nicht von Türken bewohnt wurden, unter eine sogenannte Mandatsverwaltung gestellt. Offizielles Ziel dieser zumeist von Frankreich und Großbritannien ausgeübten Verwaltung war, die Mandatsgebiete auf ihre spätere Unabhängigkeit vorzubereiten.

„Medina": Ursprünglich *„Yathrib"*, die Stadt, in der der Prophet Muhammad nach seinem Wegzug aus Mekka 622 bis 630 im Exil lebte und einen wichtigen Teil seiner Koran-Offenbarung empfing (die sog. „medinischen Suren"). Die zweitwichtigste heilige Stadt des Islam (nach Mekka).

„*Mekka*": Die wichtigste Stadt der islamischen Welt, Geburtsort des Propheten Muhammad und Ort seiner ersten Offenbarungen. Wichtigster Wallfahrtsort des Islam als Ziel des „hadsch", der eine der fünf Glaubenspflichten eines Muslim darstellt.

„*Millet-Autonomie*": Vom 16. bis ins 20. Jahrhundert praktiziertes osmanisches Rechtsinstitut, das den religiösen Minderheiten des Osmanischen Reichs weitgehende Autonomie in Fragen des Familien- und Privatrechts garantierte. Abgeleitet aus dem arabischen dhimmi-Status, der nach dem Koran den Anhängern der Buchreligionen (also vor allem Juden und Christen) einen geschützten Status gewährt.

„*Mischna*" = hebräisch: „Wiederholung". Nach orthodoxer jüdischer Auffassung wurden dem Mose am Berg Sinai zum einen die schriftliche Tora (= 5 Bücher Mose, der Anfang der Hebräischen Bibel bzw. des Alten Testaments), sowie als Auslegung dazu die mündliche Tora geoffenbart. Die Mischna ist die erste Schriftform dieser mündlichen Toraauslegung und bildet die Grundlage für den Talmud. Ihre Entstehung fällt in die Zeit nach dem Ersten Jüdischen Krieg (66–70 n. Chr.) bis etwa zum Beginn des 3. Jahrhunderts.

„*Nahostkonflikt*": Mit diesem Begriff ist vor allem der Konflikt um Israel/Palästina gemeint; darüber hinaus ist er aber auch ein Sammelbegriff für die vielfältigen anderen zwischen- und innerstaatlichen Konflikte in der nahöstlichen Region wie etwa den Libanesischen Bürgerkrieg, den Kurdenkonflikt oder die verschiedenen militärischen Konflikte in der Golfregion in Vergangenheit und Gegenwart.

„*Nordreich Israel*": Nach dem Tod König Salomos 931 v. Chr. wurde sein Reich in ein kleines Südreich „Juda" (unter den Nachkommen König Davids mit der Hauptstadt Jerusalem) und in ein Nordreich „Israel" aufgeteilt, das mit dem Ansturm der Assyrer 722 v. Chr. unterging.

„*Nostra Aetate*": Dieses 1965 verabschiedete Dokument des Zweiten Vatikanischen Konzils formuliert eine radikale Neuorientierung des Verhältnisses der Katholischen Kirche zu allen nichtchristlichen Religionen, insbesondere zum Judentum und an zweiter Stelle zum Islam. Von konservativen Kirchenkreisen wurde (und wird) es heftig bekämpft bzw. ignoriert.

„*Oberrabbinat*": Von der britischen Mandatsverwaltung geschaffener Titel für die obersten Repräsentanten des aschkenasischen und des sephardischen Judentums in Palästina. Vom Staat Israel übernommen und bis heute beibehalten.

„*Oberster Muslimischer Rat*": Von der britischen Mandatsverwaltung 1922 eingerichtet, mit dem Mufti Amin al-Husseini an der Spitze, kontrollierte dieser die islamischen Gerichte und Schulen und verwaltete die religiösen Stiftungen.

„*Ökumenismus*": Die Anstrengungen zwischen den christlichen Konfessionen und Kirchen um die auch organisatorische Wiedergewinnung der kirchlichen Einheit.

„*Osmanisches Reich*": Knapp über 400 Jahre, von 1516 bis 1917 waren die Osmanen – benannt nach ihrer Herrscherfamilie – als Vorgänger der heutigen Türkei die Herrscher über Palästina.

„*Patriarchat*": Ab dem 6. Jahrhundert n. Chr. – festgelegt unter Kaiser Justinian I. – wurden die wichtigsten Metropolen des Christentums als ranggleiche Patriarchate in folgender Ehrenordnung geführt: Rom, Konstantinopel, Alexandria, Antiochien, Jerusalem. Durch die verschiedenen Kirchenspaltungen gibt es in Jerusalem heute vier Patriarchate: Das griechisch-orthodoxe Patriarchat mit Sitz an der Grabeskirche; das melkitische (mit Rom unierte) Patriarchat (seit 1838); das Lateinische Patriarchat (1099–1291; 1847 wiedererrichtet); das Armenische Patriarchat (seit 1311).

„*PLO*" („*Palästinensische Befreiungsorganisation*"): 1964 gegründet, seit 1969 bis zu seinem Tod 2004 unter Vorsitz von Jassir Arafat. Seit der Gründung offizielle Vertretung Palästinas bei der Arabischen Liga und Vertragspartner bei den „Oslo"-Abkommen zur palästinensischen Autonomie.

„*Samaritaner*": Kleine Religionsgemeinschaft, die sich ab dem 6. Jahrhundert v.Chr. durch zurückgebliebene Bewohner des Nordreichs Israel entwickelte, weil sie von den jüdischen Heimkehrern aus dem Babylonischen Exil abgelehnt wurden („Samaritanisches Schisma"). Im Neuen Testament finden sich wichtige Begegnungen und Gleichnisse mit Samaritanern. Bis ins Mittelalter eine zahlenmäßig beachtliche Gruppe, wurden die Samaritaner nach dem Ende der Kreuzzüge stark islamisiert. Heute gibt es noch etwa 700 Samaritaner in fünf Familiengruppen, die zu etwa gleichen Teilen bei Tel Aviv sowie bei Nablus in der Nähe ihres heiligen Bergs Garizim leben.

„Sanhedrin" – wörtlich *„Versammlung"*: Oberster jüdischer Rat, der für alle religionspolitischen und innerjüdischen juristischen Angelegenheiten zuständig war, etwa ab 30 v. Chr. etabliert. Zusammengesetzt aus Mitgliedern der Sadduzäer – der Tempelaristokratie – und Schriftgelehrten unter Vorsitz des Hohepriesters. Seit der Zerstörung des Jerusalemer Tempels zunächst in Jawne (bei Tel Aviv) fortgeführt, später in Galiläa (Tiberias) bis zu seiner Auflösung im Jahr 415 durch den byzantinischen Kaiser Theodosius II. Seit 2003 gibt es in Israel eine kleine jüdische Gruppe, die versucht, den Sanhedrin wiederherzustellen.

„Scharia": Das islamische Recht. In vielen islamischen Staaten gibt es Diskussionen um die (Wieder-) Einführung der Scharia bzw. um die Frage ihrer Gültigkeit hinsichtlich der Universalität der Menschenrechte.

„Schoah" = hebräisch: „Katastrophe". Wird als Begriff in Israel bevorzugt, um die Ermordung von ca. sechs Millionen Juden während des Nationalsozialismus zu bezeichnen. In Europa und Nordamerika hat sich vor allem der Begriff „Holocaust" (wörtlich: „Ganzopfer" aus dem jüdischen Tempelkult) durchgesetzt.

„Sephardim": Selbstbezeichnung der hispanischen Juden, die sich seit ihrer Vertreibung ab 1492 im östlichen Mittelmeerraum und Nordafrika ansiedelten, in den Niederlanden und Hamburg sowie in Amerika und Indien. Sprache: Ladino.

„Sykes-Picot-Abkommen": Englisch-französische Übereinkunft von 1916 zur Aufteilung der nahöstlichen Einflussgebiete zwischen den beiden Mächten nach Ende des Ersten Weltkriegs.

„Synode": In der alten Kirche gleichbedeutend mit „Konzil" benutzt, bezeichnet der Begriff eine Versammlung von Bischöfen und Theologen zur Beratung wichtiger Kirchenthemen. Nach heutigem (katholischem) Verständnis hat ein Konzil die höhere Verbindlichkeit in seinen Beschlüssen gegenüber einer Synode. Eine Synode hat häufig auch nur regionale Bedeutung.

„*Talmud*" = hebräisch: „Belehrung, Studium": Das bedeutendste jüdische Buch nach der Hebräischen Bibel. Sammelt seit dem 2. Jahrhundert n. Chr. die mündliche Überlieferung des Judentums. Sehr umfangreich.

„*Tora(h)*" = hebräisch: „Lehre, Gesetz". Gleichbedeutend mit den fünf Büchern Mose, also den ersten Hauptabschnitt der Hebräischen Bibel bzw. des Alten Testaments bezeichnend.

„*UNSCOP*": Ein 1947 gegründeter Sonderausschuss der Vereinten Nationen, der die Situation in Palästina prüfen und Lösungsvorschläge erarbeiten sollte. Einziges islamisches Mitgliedsland: Iran.

„*waqf*" = arabisch: „fromme Stiftung". Dies können Moscheen, Schulen und Krankenhäuser sowie Landgüter und Gewerbe zur Finanzierung wohltätiger Einrichtungen sein.

„*Yeshiva*": Jüdische Schule, an der zumeist Männer Tora und Talmud studieren.

„*Zionismus*": Bezeichnung der jüdischen Nationalbewegung zur Schaffung eines eigenen Nationalstaates seit dem Ende des 19. Jahrhunderts. Besitzt antike und mittelalterliche Wurzeln.

„*Zionistische Weltorganisation*": Dieser Dachverband der zionistischen Juden wurde 1897 auf dem Ersten Zionistenkongress in Basel gegründet; sein erster Präsident war Theodor Herzl und sein Ziel war die Verwirklichung der israelischen Staates.

„*Zohar (auch „Sohar")*" = hebräisch: „Glanz". Das Hauptwerk der Kabbala, das wohl im Wesentlichen auf Mose de Leon (1250–1305) zurückgeht. Neben Hebräischer Bibel und Talmud das drittwichtigste Buch des Judentums.

„*Zweites Vatikanisches Konzil*": Diese Versammlung katholischer Bischöfe und Theologen wurde von Papst Johannes XXIII. zum Zweck der grundlegenden Erneuerung innerhalb der katholischen Kirche einberufen und tagte in vier Sitzungsperioden von 1962 bis 1965. Die auf dem Konzil verabschiedeten Dokumente sind bis heute richtungsweisend für Kirche und Theologie.

Literaturempfehlungen und zitierte Literatur

Im Text zitierte Titel werden hier, in Klammern gesetzt, als Kurztitel angeführt. Alle Übersetzungen aus dem Englischen stammen vom Verfasser. Die angeführten Bibelzitate erfolgen nach der Einheits-übersetzung:

Bibel, Die. Altes und Neues Testament. Einheitsübersetzung. Stuttgart 1980 u.ö.

Abd El-Hay, Ghassan (Entstehung), Die Entstehung der islamischen Bewegung in Israel. Dissertation Universität Hannover 1993.

Abu-Amr, Ziad (Fundamentalism), Islamic Fundamentalism in the West Bank and Gaza. Muslim Brotherhood and Islamic Jihad. Bloomington and Indianapolis 1994.

Buber, Martin, (Land), Ein Land und zwei Völker. Zur jüdisch-arabi-schen Frage. Herausgegeben und eingeleitet von Paul R. Mendes-Flohr. Frankfurt a. M. 1983.

Ders., (Zion), Zion als Ziel und als Aufgabe. Gedanken aus drei Jahr-zehnten. Berlin 1936.

Ellis, Marc (Religious Thought), The task before us: Contemporary Jewish religious thought and the challenge of solidarity: European Judaism, vol. 23 No1 (Spring 1990), 30-45.

Ders. (Theology), Towards a Jewish theology of liberation. Maryknoll, NY 1987. Deutsch: Zwischen Hoffnung und Verrat: Schritte auf dem Weg einer jüdischen Theologie der Befreiung, 1992. Textzitate vom Verfasser aus dem Englischen übersetzt.

Flores, Alexander/Schölch, Alexander, Palästinenser in Israel. Frankfurt a.M. 1983.

Friedlander, A.H., Israel und die Diaspora bei Leo Baeck: W. Eckert u.a. (Hrsg.), Jüdisches Volk – gelobtes Land. Die biblischen Landver-heißungen als Problem des jüdischen Selbstverständnisses und der christlichen Theologie. München 1970, 111–119.

Hadad, Yvonne Yazbeck (Islamists), Islamists and the „Problem of Israel": The 1967 Awakening: Middle East Journal, vol. 46, No. 2. Spring 1992, 266–285.

Hamas (Charter), Charter of the Islamic Resistance Movement (Hamas) of Palestine: Journal of Palestine Studies XXII, no. 4 (Summer 1993), 122–134.

Hanafi, Hassan (Theology), Theology of Land. An Islamic Approach: Ders., Religious Dialogue and Revolution. Essays on Judaism, Christianity and Islam. Kairo 1977, 125–173.

Herzl, Theodor, Wenn ihr wollt, ist es kein Märchen. Hrsg. und eingeleitet von Julius Schoeps. Kronberg/Ts. 1978. Enthält Altneuland.
– Der Judenstaat.

Höpp, Gerhard (Lösung), Gibt es immer noch eine islamische Lösung
für Palästina?: asien, afrika, lateinamerika 19,4 (1991), 614–621.

Kahane, Meir (They must go), They must Go. New York 1981.

Karmi, Hasan Sa'id (Palestine), How Holy is Palestine to the Muslims?
Islamic Quarterly 14 (1970), 63–90.

Khoury, Adel; Hagemann, Ludwig; Heine, Peter, Islam-Lexikon A–Z.
Gechichten – Ideen – Gestalten. Freiburg u.a. 2006.

Koran, Der. Übersetzt von Adel Theodor Khoury. Unter Mitwirkung
von Muhammad Salim Abdullah. Vierte Auflage, Gütersloh 2007.

Krochmalnik, D. (Fundamentalismus), Fundamentalismus und Judentum: Aus Politik und Zeitgeschichte: B 33/92, 31–43.

Krupp, Michael, (Zionismus), Zionismus und Staat Israel. Ein
geschichtlicher Abriß. Zweite Auflage Güterloh 1985.

Küng, Hans, Das Judentum. München 1991.

Laqueur, Walter, Der Weg zum Staat Israel. Wien 1975.

Leibowitz, Jeshajahu, Gespräche über Gott und die Welt. Frankfurt 1990.

Leibowitz, Jeshajahu (Judaism), Judaism, Human Values and the
Jewish State. Ed. By Eliezer Goldman. Harvard 1992.

Leibowitz, Jeshajahu (Judenstaat), „Judenstaat" oder „Großisrael"?:
M. Morgenstern (Hrsg.), Kampf um den Staat: Religion und
Nationalismus in Israel. Frankfurt 1989, 236–240.

Marquardt, Friedrich-Wilhelm (Juden), Die Juden und ihr Land.
Hamburg 1975.

Ders. (Eschatologie), Was dürfen wir hoffen, wenn wir hoffen dürften?
Eine Eschatologie. Bd. 2. Gütersloh 1994.

Meyer, Thomas, Fundamentalismus. Aufstand gegen die Moderne.
Hamburg 1989.

Nieswandt, Reiner, Abrahams umkämpftes Erbe. Eine kontextuelle
Studie zum modernen Konflikt von Juden, Christen und Muslimen
um Israel/Palästina. Stuttgart 1998.

Paret, Rudi, Der Koran. Übersetzung von Rudi Paret. Zehnte Auflage,
Stuttgart 2007.

Paret, Rudi, Der Koran, Kommentar und Konkordanz von Rudi Paret.
Siebte Auflage, Stuttgart 2005.

Rad, Gerhard von (Land), Verheißenes Land und Jahwes Land im
Hexateuch: Gesammelte Studien zum Alten Testament, Bd. 1, TB
AT 8,48. München 1958, 87–100.

Raheb, Mitri (Christ), Ich bin Christ und Palästinenser: Israel, seine Nachbarn und die Bibel. Gütersloh 1994.

Sabbah, Michel (Jerusalem), „Erbittet für Jerusalem Frieden!": Weltkirche 10 (1990), 271–284.

Ders. (Land), „Im Land der Bibel heute die Bibel lesen und leben". Jerusalem 1993.

Sohar, Der, Das heilige Buch der Kabbala. Düsseldorf 1982.

Tibi, Bassam, Die Krise des modernen Islam. Eine vorindustrielle Kultur im wissenschaftlich-technischen Zeitalter. München 1981.

Tophoven, Rolf, Der israelisch-arabische Konflikt. Bonn 1990.

Waldenfels, Hans, Kontextuelle Fundamentaltheologie. Paderborn 1988.

Wolffsohn, Michael, Wem gehört das Heilige Land? München 1992.

Yaron, Zvi (Philosophy), The Philosophy of Rabbi Kook. Jerusalem, 2. Aufl. 1992.

Zeittafel

um 7000 v. Chr.	In Jericho existiert eine der ältesten Städte der Menschheit
um 3000 v. Chr.	Semitische Stämme aus der arabischen Halbinsel siedeln sich im „Fruchtbaren Halbmond" an
um 2000 v. Chr.	Erste Erwähnungen von Jerusalem und anderen Städten Kanaans in ägyptischen Texten
um 1200 v. Chr.	Israelitische Stämme siedeln sich im Palästinischen Bergland an, während sich zur gleichen Zeit Philister aus dem Agäis-Raum in der Küstenebene niederlassen; es folgt eine Jahrzehnte dauernde Auseinandersetzung zwischen Israeliten und Philistern, die dazu führt, dass um
1020 v. Chr.	Saul zum ersten König über Israel gekrönt wird;
1000 v. Chr.	David wird König über ganz Israel; Jerusalem wird Hauptstadt
931 v. Chr.	Nach dem Tod König Salomos wird das Reich in ein größeres Nordreich Israel unter wechselnden Herrschern und ein deutlich kleineres Südreich Juda unter der Herrschaft der Nachkommen Davids geteilt
722 v. Chr.	Eroberung und Zerstörung des Nordreichs Israel durch die Assyrer; ein Großteil der ansässigen Bevölkerung wird deportiert und „verschwindet" in der Geschichte
586 v. Chr.	Die Babylonier erobern das Südreich Juda, zerstören den ersten Tempel und verschleppen die Oberschicht ins Babylonische Exil
538 v. Chr.	Das babylonische Exil geht zu Ende. Der Perserkönig Kyrus gibt die Erlaubnis zur Rückkehr der Exilanten und zum Wiederaufbau des Tempels in Jerusalem
332 v. Chr.	Der Makedonier Alexander erobert die Region und errichtet ein kurzlebiges Weltreich

320–198 v. Chr.	Ständige Kämpfe zwischen den Nachfolgern Alexanders, Ptolemäern und Seleukiden, um Palästina
um 250 v. Chr.	Beginn der griechischen Bibelübersetzung (Septuaginta) in Ägypten
167 v. Chr.	Beginn des Makkabäeraufstands gegen die seleukidische Fremdherrschaft
165 bis 63 v. Chr.	Staatliche Unabhängigkeit der Juden unter den Nachfolgern der Makkabäer, den Hasmonäern; in dieser Zeit innerjüdische Auseinandersetzungen um die Legitimität des hasmonäischen Priesterkönigtums
63 v. Chr.	Das Land gerät unter römische Defacto-Herrschaft, vertreten durch die Idumäcr Antipater und dessen Sohn Herodes d. Großen
37 bis 4 v. Chr.	Herodes d. Große regiert das Land; Entstehung vieler heute noch sichtbarer Prachtbauten (Massada, Herodeion u.a.), Ausbau des Jerusalemer Tempels und der Grablege Abrahams in Hebron
7/6 v. Chr.	Geburt Jesu
4 v. Chr.	Tod des Herodes und Aufteilung des Reiches unter seine Söhne
6 n. Chr.	Judäa, Samaria und Idumäa werden römische Provinz unter einem römischen Statthalter
30 n. Chr.	Kreuzigung Jesu in Jerusalem unter Pontius Pilatus
66 bis 70 n. Chr.	Der große jüdische Aufstand endet in der totalen Niederlage und der Zerstörung des Zweiten Tempels in Jerusalem
132 bis 135	Zweiter Aufstand gegen die Römer unter Simon Bar Kochba
135	Kaiser Hadrian benennt die Provinz Judäa in (Syria) Palaestina um
313	Kaiser Konstantin erlaubt das Christentum und fördert seine Ausbreitung; in der Folgezeit die „litur-

gische Besitzergreifung" des Heiligen Landes durch zahlreiche Kirchen- und Klösterbauten an biblisch bedeutsamen Orten, während der Tempelplatz in Jerusalem unbebaut bleibt

638   Muslimische Araber erobern Palästina

691   Fertigstellung des Felsendoms auf dem Tempelplatz in Jerusalem

1099   Eroberung Jerusalems durch die Kreuzfahrer; dabei schlimme Massaker an der nichtchristlichen Bevölkerung

1187   Vernichtende Niederlage der Kreuzfahrer an den „Hörnern von Hattin" durch Sultan Saladin

1265 bis 1517   Herrschaft der ägyptischen Mameluken in Palästina

1517 bis 1917   Herrschaft der türkischen Osmanen

1882–1914   Einwanderung von ca. 60 000 (ost-)europäischen Juden nach Palästina

1896   Theodor Herzl veröffentlicht „Der Judenstaat"

1897   Erster Zionistischer Weltkongress in Basel

1902   Gründung der „Nationalreligiösen Partei" in Wilna

1912   Gründung der „Agudat Israel" in Kattowitz

1914–1918   Erster Weltkrieg

1915/16   Husayn-McMahon-Korrespondenz: Britische Zusagen für die Gründung eines großen arabischen Staates im Gebiet des Osmanischen Reichs

1916–1918   Arabischer Aufstand gegen die Osmanen

1917   Balfour-Deklaration: Zusagen der britischen Regierung an die Zionistische Organisation für die Gründung einer „jüdischen nationalen Heimstätte" in Palästina

1920/22–1948   Britisches Mandat über Palästina (ursprünglich zusammen mit dem heutigen Jordanien); erste gewalttätige arabisch-jüdische Auseinandersetzungen; in dieser Zeit legale und illegale Einwanderung von über 300 000 Juden aus Osteuropa, ab 1933 dem nationalsozialistischen Deutschland und später von jüdischen Überlebenden des Zweiten Weltkriegs

1933–1945   Während der Herrschaft des Nationalsozialismus in Deutschland und im Verlauf des Zweiten Weltkriegs werden etwa sechs Millionen Juden ermordet

1934   Gründung der Neturei Karta

1936–1939   Großer arabischer Aufstand gegen die britische Mandatsherrschaft und gegen sowohl alteingesessene jüdische Bevölkerung wie zionistische Einwanderer

1947   Nach verschiedenen älteren Teilungsvorschlägen stimmt die UN-Vollversammlung für eine Teilung des Palästina-Mandats zu etwa gleichen Teilen bei Neutralität Jerusalems und Betlehems; dies wird von den arabischen UN-Mitgliedern abgelehnt; in Palästina bricht ein Bürgerkrieg aus

nach Beendigung Gründung des Staates Israel; Beginn des Krieges
des Mandats   mit den arabischen Nachbarstaaten, der bis Juli 1949
durch die Briten dauert. Ein palästinensischer Staat wird in der Folge
am 14. Mai 1948 nicht gegründet; etwa 700 000 arabische Palästinenser werden zu Flüchtlingen

1948–1957   Einwanderung von ca. 800 000 Juden aus Osteuropa und den arabischen Ländern

1956   Israelisch-ägyptischer Krieg

1958   Gründung der Fatah-Bewegung

1964   Gründung der Palästinensischen Befreiungsorganisation (PLO)

1967   Sechstagekrieg, vollständige Eroberung des alten Mandatsgegbiets, der syrischen Golanhöhen und des ägyptischen Sinai bis zum Suez-Kanal

1973   Jom-Kippur- bzw. Ramadan-Krieg

1974	Gründung des Gusch Emunim
1978	Israelisch-ägyptischer Friedensvertrag; Gründung des „Islamischen Djihad"
1982	Vollständiger Rückzug Israels aus dem Sinai-Gebiet; bald darauf erster Libanonkrieg
1984	Gründung der Schass-Partei; im gleichen Jahr und noch einmal 1991 werden ca. 25 000 äthiopische Juden nach Israel evakuiert
1987	Ausbruch der Ersten Intifada; die islamistische Hamas wird gegründet
15.11.1988	Proklamation des Staates Palästina durch die PLO
ab 1989	Einwanderung von ca. 600 000 Juden aus der ehemaligen Sowjetunion nach Palästina
1993 und 1995	Unterzeichnung der „Oslo I und II"-Abkommen über eine palästinensische Autonomie im Westjordanland und im Gaza-Streifen, begleitet von zahlreichen palästinensischen und jüdischen Terror-Anschlägen
2000	Ausbruch der Zweiten Intifada
2003	Beginn des Barriere-Baus zwischen Israel und den palästinensischen Gebieten
2006	Sieg der Hamas bei palästinensischen Wahlen und zweiter Libanonkrieg
2007	Gewaltsame Übernahme der staatlichen Gewalt im Gaza-Streifen durch die Hamas und seitdem faktische Zweiteilung der Palästinensischen Autonomie-Gebiete

Palästina-Teilungsplan der UN 1947

- jüdischer Staat
- arabischer Staat
- internatio-nalisierte Enklave

Tel Aviv
Jaffa
Jerusalem
Gaza
Beerscheba
Amman
Totes Meer
Libanon
Syrier
Jordan

Palästina (britisches Mandats-gebiet bis Mai 1948)

Trans-jordanien

Wüste Negev

Ägypten   Eilat   Akaba

Zahlenbilder 872 705, © Erich Schmidt Verlag

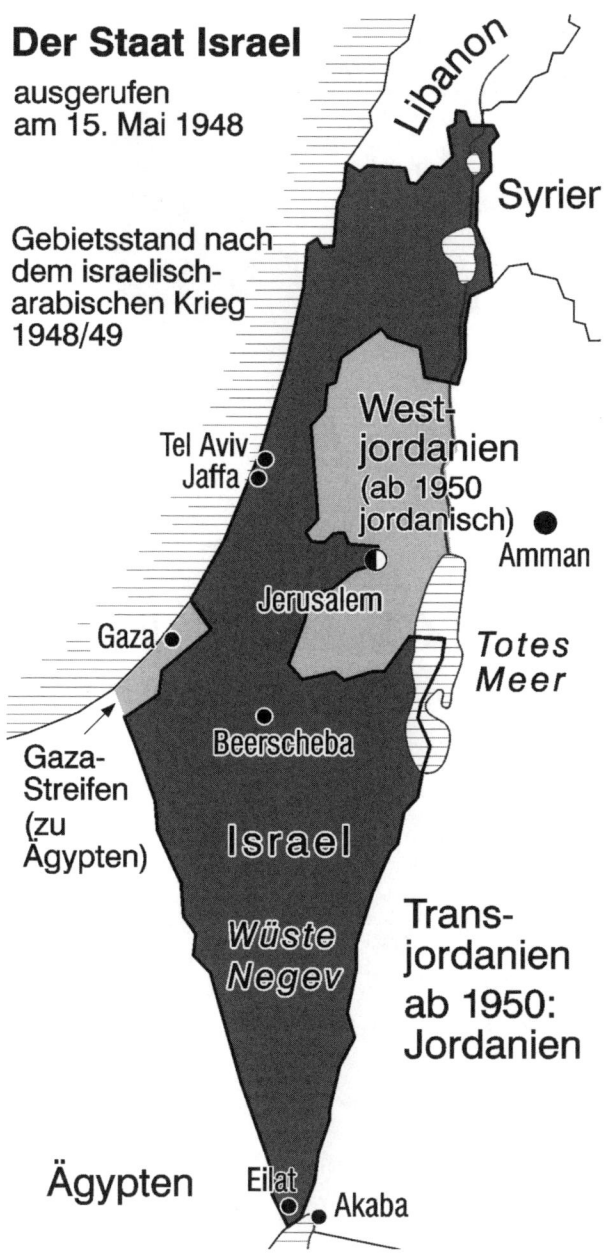

Der Staat Israel
ausgerufen
am 15. Mai 1948

Gebietsstand nach
dem israelisch-
arabischen Krieg
1948/49

Libanon

Syrien

West-
jordanien
(ab 1950
jordanisch)

Tel Aviv
Jaffa

Amman

Jerusalem

*Totes
Meer*

Gaza

Gaza-
Streifen
(zu
Ägypten)

Beerscheba

Israel

*Wüste
Negev*

Trans-
jordanien
ab 1950:
Jordanien

Ägypten   Eilat
               Akaba

Zahlenbilder 872 705, © Erich Schmidt Verlag

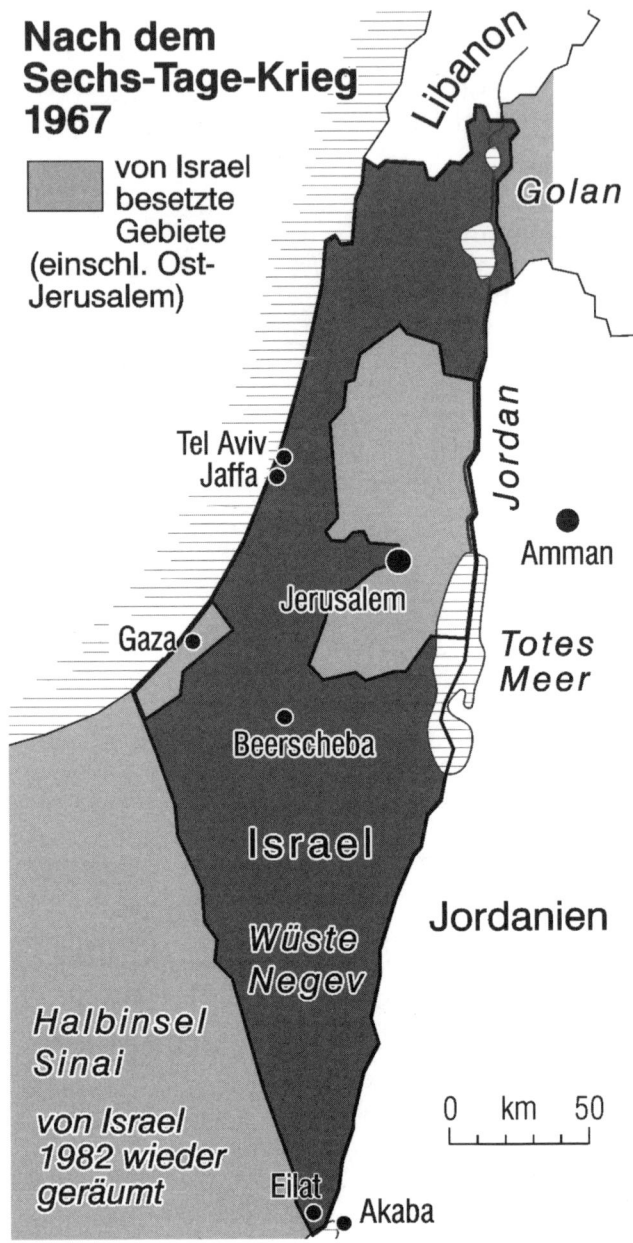

Nach dem Sechs-Tage-Krieg 1967

von Israel besetzte Gebiete (einschl. Ost-Jerusalem)

Libanon

Golan

Jordan

Tel Aviv
Jaffa

Amman

Jerusalem

Gaza

Totes
Meer

Beerscheba

Israel

Jordanien

Wüste
Negev

Halbinsel
Sinai

von Israel
1982 wieder
geräumt

0   km   50

Eilat   Akaba

Zahlenbilder 872 705, © Erich Schmidt Verlag

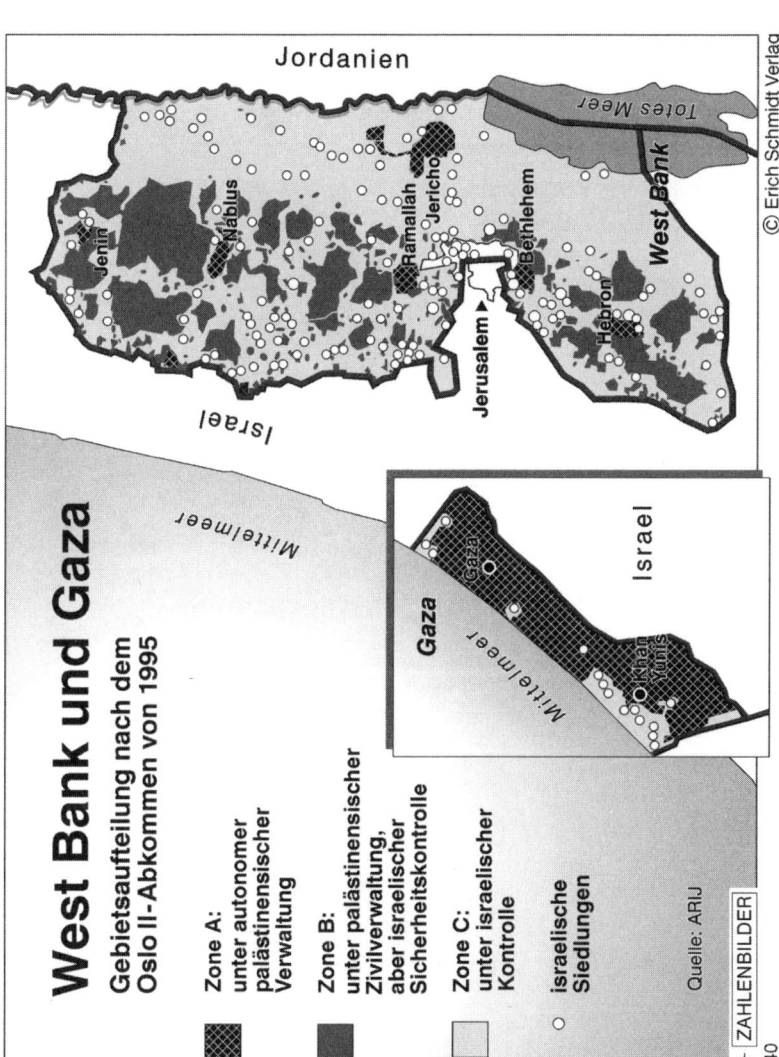

© Erich Schmidt Verlag

West Bank und Gaza

Gebietsaufteilung nach dem
Oslo II-Abkommen von 1995

Zone A:
unter autonomer
palästinensischer
Verwaltung

Zone B:
unter palästinensischer
Zivilverwaltung,
aber israelischer
Sicherheitskontrolle

Zone C:
unter israelischer
Kontrolle

israelische
Siedlungen

Quelle: ARIJ

ZAHLENBILDER

872 740

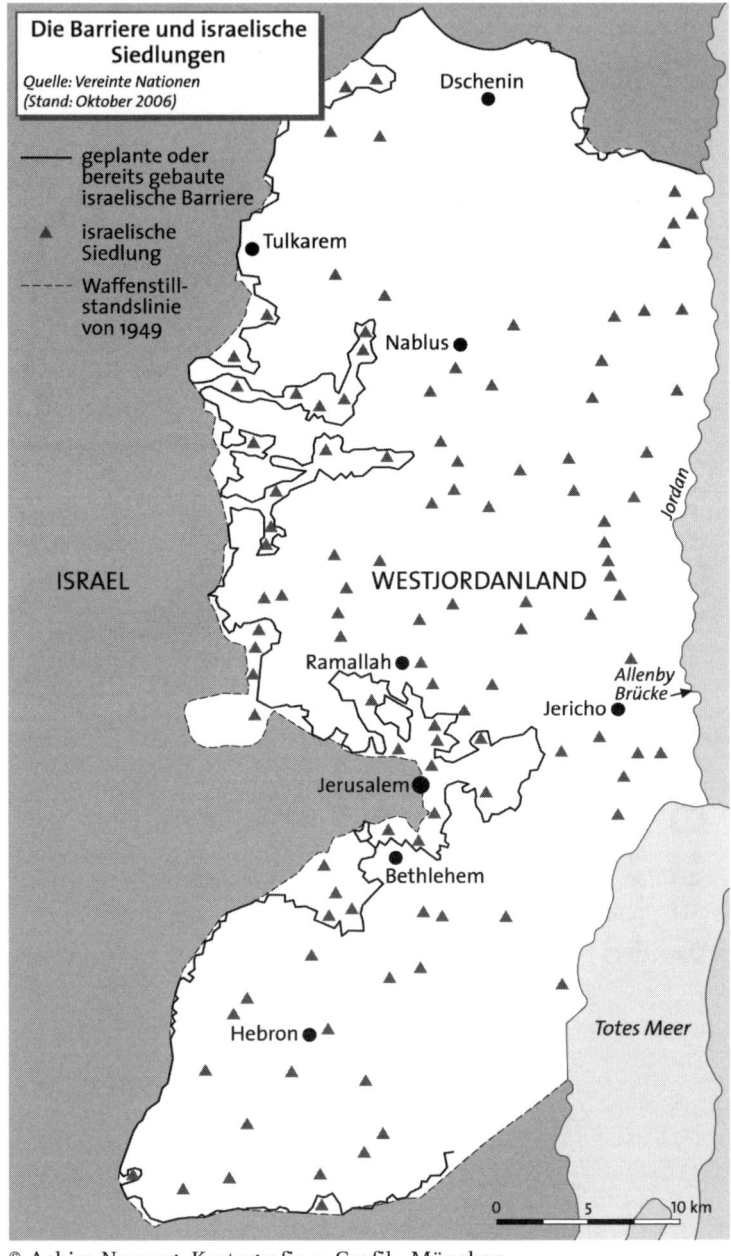

© Achim Norweg, Kartografie + Grafik, München